Annales de Géographie

La revue des *Annales de géographie* a été fondée en 1891 par Paul Vidal de la Blache. Revue généraliste de référence, elle se positionne à l'interface des différents courants de la géographie, valorisant la diversité des objets, des approches et des méthodes de la discipline. La revue publie également des travaux issus d'autres disciplines (de l'écologie à l'histoire, en passant par l'économie ou le droit), sous réserve d'une analyse spatialisée de leur objet d'étude.

Directeur de publication
Nathalie Jouven

Administration et rédaction
Dunod Éditeur S.A.
11, rue Paul Bert, CS 30024, 92247 Malakoff cedex

Rédacteurs en chef
Véronique Fourault-Cauët et Christophe Quéva
annales-de-geo@armand-colin.fr

Traductions en anglais
Géraldine Deries

Maquette
Dunod Éditeur

Périodicité
revue bimestrielle

Impression
Imprimerie Chirat
42540 Saint-Just-la-Pendue

N° Commission paritaire
0925 T 79507

ISSN
0003-4010

Dépôt légal
juin 2024, N° 202405.0192

Parution
juin 2024

Revue publiée avec le concours du Centre national du livre

© Dunod Éditeur
Armand Colin est une marque de Dunod Éditeur

Indexé dans / *Indexed in*
- PAIS International
- CAB International
- Bibliography and Index of Geology
- Geographical Abstracts (Geobase)
- Bases INIST (Francis et Pascal)
- Ebsco Discovery Service (EDS)
- Scopus

En ligne sur / *Online on*
- www.revues.armand-colin.com
- www.cairn.info

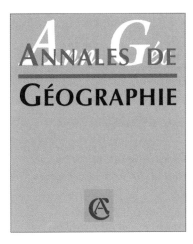

ANNALES DE GÉOGRAPHIE

N° 756-757

Mars-Juin 2024

133ᵉ ANNÉE

Sommaire/Contents

La place du sacré dans la fabrique des territoires contemporains : un impensé spatial agissant ?

The Role of the Sacred in the Construction of Contemporary Territories: An Operational but Unthought Geographical Factor?

Brice Gruet

Maître de conférences en géographie, INSPE/Université Paris Est Créteil, UMR LAVUE 7218 CNRS

Étienne Grésillon

Maître de conférences en géographie, Université Paris Cité, UMR Ladyss 7533 CNRS

Bertrand Sajaloli

Maître de conférences en géographie, Université d'Orléans, EA 1210 CEDETE

Résumé   Dans la fabrique de l'espace et des sociétés contemporaines, le retour au symbolique, aux valeurs spirituelles et, finalement, au sacré est indéniable. Le sacré marque le territoire et constitue même une base qui cimente nos sociétés, mondialisées et sécularisées, confrontées aux multiples crises qui interrogent la fragilité du monde, voire sa finitude. Les acteurs de l'aménagement du territoire, les êtres humains dans leurs pratiques quotidiennes, intègrent ainsi des valeurs non matérielles dans leurs décisions. Les facteurs contingents (coût, disponibilité, accessibilité, etc.), liés en grande partie au libéralisme, rentrent en concurrence avec une recherche d'harmonie, de solidarités environnementales et sociales s'associant à divers degrés, et avec des aspirations spirituelles. Le sacré, multiforme, en perpétuelle redéfinition, est ainsi un agent géographique d'autant plus efficace qu'il n'est pas toujours conscientisé par les acteurs du territoire. Les huit articles réunis proposent des approches extrêmement diverses et mobilisent tout un ensemble de concepts originaux ouvrant de nouvelles perspectives de recherche au croisement inédit de méthodes entre géographie, anthropologie, histoire ou ethnologie, mais aussi de comparaisons entre pratiques similaires, ou aires culturelles différentes.

Abstract   *In the construction of contemporary societies and the spaces they live in, the return to the symbolic, to spiritual values and, ultimately, to the sacred, is undeniable. The sacred leaves marks on the territory and even constitutes a foundation that cements our societies, globalised and secularised, confronted with multiple crises that question the fragility of the world, even its finiteness. Those involved in spatial planning, and all human beings in their day-to-day practices, integrate non-material values into their decisions. Contingent factors (cost, availability, accessibility, etc.), largely linked to liberalism, compete with a search for harmony, environmental and social solidarity, combined to varying degrees with spiritual aspirations. The sacred, which takes many forms and is constantly being redefined, is thus a geographical agent that is all the more effective because it is not always consciously acknowledged. The eight articles in this issue offer a wide variety of approaches and draw on a whole range of original concepts, opening up* *new avenues of research at the unprecedented crossroads of methods between geography, anthropology, history and ethnology, as well as comparisons between similar practices and different cultural areas.*

Mots-clés   sacré, territoire, aménagement de l'espace

Keywords   *sacred, territory, spatial planning*

Évoquer les lieux du sacré, la fabrique de l'espace par le sacré, c'est à la fois s'attaquer à la question difficile des modalités d'existence d'une topographie du sacré et à celle, non moins délicate, de la compréhension du sacré vécu en ses territoires. Ce double défi renvoie aux difficultés de la géographie française à s'emparer de ces thématiques (Grésillon, 2009 ; Sajaloli et Grésillon, 2017), notamment dans les régions prétendument sorties du religieux (Racine, Walter, 2003 ; Bertrand, Muller, 1999). À cet égard, le retour géographique du sacré s'est d'abord effectué à partir des territoires extra-européens : le Japon et l'aire pacifique avec Augustin Berque (1986), Joël Bonnemaison (1992) et Sylvie Guichard-Anguis (2016), l'Inde avec Philippe Cadène (2016) et Frédéric Landy (2020), l'Afrique subsaharienne avec Stephan Dugast (2010) et l'Amérique latine avec Angéliaume-Descamps (2013).

Aujourd'hui, force est de constater que l'appétence des chercheurs pour cette thématique s'affirme, puisque plus d'une trentaine de propositions ont été reçues par *les Annales de Géographie* pour ce numéro. Cet engouement est tout à la fois un appel d'air pour un sujet trop rarement abordé par le passé, et le signe d'une curiosité renouvelée de la part des chercheurs pour la prise en compte du sacré dans les territoires. Expliciter la fabrique de l'espace par le sacré, repérer les lieux du sacré en décrivant le sacré contemporain associe des questions existentielles (vie, mort, au-delà) avec une incarnation spatiale. La géographie concrétise le sacré en travaillant sur les manifestations spatiales de celui-ci (montagnes, mers, zones humides...) et en s'interrogeant sur le lien entre le(s) divin(s) et les lieux : pourquoi ici, pourquoi ainsi, comment et pourquoi ?

1   Le sacré, un agent géographique

Dans la fabrique de l'espace et des sociétés contemporaines, le retour au symbolique, aux valeurs spirituelles et, finalement, au sacré est indéniable. Le sacré marque le territoire et constitue même une base qui cimente nos sociétés, mondialisées et sécularisées, confrontées aux multiples crises qui interrogent la fragilité du monde, voire sa finitude (Fressoz, 2012). Un lien étroit entrelace ainsi l'inquiétude, voire l'anxiété, issue des aléas écologiques planétaires et l'élan vers de multiples spiritualités. Les acteurs de l'aménagement du territoire, tous les êtres humains dans leurs pratiques quotidiennes, intègrent ainsi des valeurs non matérielles dans leurs décisions. Les facteurs contingents (coût, disponibilité, accessibilité, etc.), liés en grande partie au libéralisme, rentrent en concurrence avec une recherche d'harmonie, ou encore de solidarités environnementales et sociales associant à divers degrés des aspirations spirituelles. Ces dernières se cristallisent en des espaces spécifiques composant ainsi des hiérophanies géographiques.

Si la catégorie du religieux est une construction culturelle très européenne, profondément marquée par la conception chrétienne du spirituel (Dubuisson 2020), celle-ci n'en a pas moins modelé nos perceptions et conditionné les catégories fabriquées pour décrire et expliquer ce foisonnement du spirituel en Europe et dans le monde. De fait, le sacré, envisagé comme catégorie dynamique, tant ses acceptions sont nombreuses et ses conceptions polymorphes, favorise le dépassement de cet ethnocentrisme intellectuel chrétien pour embrasser toutes les spiritualités en cherchant à comprendre les effets des croyances sur les pratiques et les perceptions des humains. Avec le terme sacré, exploré par Éliade (1965) et Otto (1968), nous désignons la croyance de l'existence d'une présence immanente ou transcendante qui implique un rapport immatériel aux autres vivants ou non vivants (Grésillon et Sajaloli, 2019a). C'est ce rapport qui, selon nous, sous-tend bien des décisions d'aménagement de l'espace, s'appliquant aussi bien aux milieux naturels (Sajaloli et Grésillon, 2017 ; 2019b) qu'aux aires plus anthropisées (Racine, 1993 ; Vieillard-Baron, 2001). La force du sacré est qu'il permet de dépasser la définition du religieux qui reste attachée à des formes de spiritualités formalisées par des écrits, des règles communes, des cultes déterminés : en s'incarnant dans des monuments, des paysages et des vivants, il est profondément géographique.

2   Le sacré, un insaisissable agissant

En débordant le religieux, en l'englobant – sans que l'inverse soit toujours vrai –, le sacré est lié à des expériences intimes, par essence subjectives et indicibles, et, de ce fait, difficiles à traduire dans le langage, mais néanmoins réelles, car créatrices et vectrices d'expériences, de valeurs, de comportements et d'actions tout à fait concrètes. Il constitue dès lors tout à la fois une borne et un défi pour la recherche en sciences humaines. Or, la place du sacré est longtemps demeurée la grande absente des approches scientifiques, notamment géographiques (Chamussy, 1992), des religions qui ont souvent été réduites, au « fait religieux » (Deffontaines, 1948) à des cultures idéologiques (Claval, 2008). Les effets et les caractéristiques sociales, économiques, idéologiques des religions étaient ainsi abordés, mais l'impalpable, l'indicible, les croyances, et les appropriations individuelles du spirituel étaient quant à eux délaissés. C'est par l'entremise d'autres sciences, telles que l'anthropologie (Descola, 2005) et l'ethnologie, et par d'autres travaux sur des ontologies extra-européennes (Bonnemaison, 1992) que la géographie a pu s'emparer du sujet, pressé par un retour des questions religieuses dans les champs géopolitiques, sociaux et écologiques.

Car le sacré, malgré son caractère insaisissable, offre des pistes d'appréhension des relations entre les êtres humains et le vivant. Tandis que la « sortie de la religion » institutionnalisée a été théorisée et décrite dès les années 1980 (Gauchet, 1985), tout au moins pour l'Europe, le sacré semblait, dans ce diagnostic, appelé à disparaître à plus ou moins longue échéance. Or, la disparition du religieux ne signifie pas l'effacement du sacré, au contraire. Surtout, ce dernier participait d'une lecture encore singulièrement européocentrique, du fait que la plupart des sociétés européennes avaient connu un processus de sécularisation de longue durée qui avait débuté parfois dès le milieu du XVIIIᵉ siècle (Durkheim, 1912 ; Weber, 2006), pour ensuite s'exprimer de manière très contrastée selon les pays et les régions. Mais le reste du monde, même s'il a subi les effets de la colonisation européenne et donc la diffusion de ses idées, a connu des évolutions différentes, qui laissent une place encore prépondérante aux religieux, aux spirituels, et aux sacrés.

3   Le sacré en question : reconfiguration et reformulation

Le sacré s'est plutôt reconfiguré : il participe activement au (ré-)enchantement du monde (Debray, 2012 ; Descola, 2011 ; Flipo, 2017 ; Maffesoli, 2007) qui marque le post-modernisme (Rabot, 2018), la pensée écosophique (Guattari, 2013) et plus globalement la refonte politique, économique et conceptuelle des liens entre les êtres humains et le vivant (Latouche, 2019 ; Latour, 2017 ; Morizot, 2020). Ce (ré-)enchantement du monde se nourrit d'imaginaires gorgés de magie, de surnaturel et de prouesses surhumaines, de désir de « communion » entre l'individu et la nature : bref, de sacré, qui, ainsi, se métamorphose et conquiert de nouveaux territoires (Sajaloli et Grésillon, 2019a). Par ailleurs, la sphère de la « technoscience » propose des formes d'utopie (comme le transhumanisme) qui tentent comme les religions de dépasser le temps, l'espace et le corps et de construire une eschatologie. Mobiliser le sacré déconstruit ces utopies et les replace dans l'histoire des idées.

Aborder le sacré explicite ainsi la manière dont les sociétés se saisissent du monde, du temps (les imaginaires des débuts du monde et les imaginaires de fin du monde). Dans une période dans laquelle les travaux climatologiques et écologiques montrent la possible fin d'un monde, les religions et le sacré offrent un éclairage sur la manière dont les sociétés s'approprient ces discours et envisagent le futur. En plus d'être actrices dans les imaginaires sur le monde, les religions et les spiritualités prennent aujourd'hui parti dans le débat sur le changement climatique et sur la perte de biodiversité (Grésillon et Sajaloli, 2016), ce qui, par effet de retour, a également suscité une réflexion et des débats dans la communauté des géographes sur la place du sacré dans la manière dont les sociétés envisagent le futur. Il semble donc qu'un nouveau rapport dialectique s'établisse entre la géographie et le spirituel : tandis que s'estompe la séparation entre les deux domaines, s'instaure un réel dialogue des récits religieux avec des travaux scientifiques qui ouvre parfois sur une certaine subjectivité spirituelle assumée, voire revendiquée par certains géographes (Piveteau, 1991, 1999 ; Racine, 1999).

Ainsi, comme les pistes proposées par les coordinateurs du numéro l'ont illustré lors du dernier congrès de l'Union Géographique Internationale à Paris de 2022, on assiste à une formidable reformulation de cette question du sacré, accompagnée d'un foisonnement de pratiques qui dénotent, non une perte ou un abandon de l'immatériel, mais tout au contraire une forme de redécouverte, ou de réinvention, des usages, des sensibilités. Celles-ci relatent non seulement des manières différentes d'être au monde, mais aussi de le modeler, de le vivre, en relation avec l'intangible, l'immatériel. Du bouddhisme mondialisé de Thich Nhat Hanh aux pratiques du néo-shamanisme ou la géobiologie en passant par les constructions d'églises chrétiennes en phase avec des considérations écologiques originales, sans oublier un « revival » des pèlerinages de tous types dont saint Jacques de Compostelle est le parangon (Gruet, 2020) tout porte à croire que la catégorie du sacré favorise une approche des pratiques de l'espace aux conséquences majeures et même réinterroge nos savoirs scientifiques (Julien, 2022). Porter le regard sur cet indicible, tenter d'en rendre compte, constitue le défi qui rend l'approche de la place du sacré dans les territoires à la fois difficile et fascinante (Grésillon et Sajaloli, 2020).

Dans ce numéro des *Annales de géographie* qui associe l'immatériel à des formes spatiales par une approche géographique, le sacré est mobilisé comme un exemple achevé de trajection selon la définition donnée par Augustin Berque (2000) : il est en effet simultanément visible comme matérialité et comme symbole ou information. C'est cette double nature qui, à l'instar de la lumière, saisit d'un même mouvement le visible et l'invisible.

4   Les voies du sacré en huit stations

Les huit articles réunis ici proposent des approches extrêmement diverses et mobilisent tout un ensemble de concepts originaux qui ouvrent de nouvelles perspectives de recherche. Ainsi, surgit le croisement renouvelé de méthodes entre géographie, anthropologie, histoire ou ethnologie, mais aussi de comparaisons entre pratiques similaires ou aires culturelles différentes. Il en ressort une impression de vitalité et de diversité du sacré, qui dément l'idée d'un effacement, voire d'une disparition. L'ordre d'apparition de ces contributions procède d'une triple recherche de cohérence.

La première interroge la tension entre mobilité et intangibilité spatiale du sacré et les facteurs sacraux intervenant dans la transformation des territoires. Dans un monde en mouvement, le sacré délimite souvent des pratiques et des lieux intangibles. Les populations se déplacent et conservent avec elles des pratiques et des représentations sacrées. Le cas du Ndon au Cameroun présenté par C. Noubaktep et H. Tchekote, montre comment ce culte est aujourd'hui « l'une des principales causes de mobilité des ressortissants bamiléké vers leur terroir d'origine » et « constitue également une cause importante des migrations de retour au sein de la diaspora nationale et internationale bamiléké ». Dans un monde mondialisé profondément soumis à des transformations rapides et une distinction entre les humains et leurs territoires, il permet aux populations de retrouver une relation avec les ancêtres, la terre, les paysages, des vivants. Il s'incarne dans des lieux sacrés précis qui conservent sur plusieurs générations les mêmes usages.

Dans le même temps, perçu comme une « substance » en mouvement et en transformation incessante, il est également extrêmement mobile. C'est particulièrement net dans le cas du soufisme dans la vallée de l'Indus analysé par R. Delage et D. Ortis, qui insistent sur cet « espace mobile » du soufisme entendu comme mouvement à la fois enraciné, mais aussi fondamentalement lié à une itinérance volontaire. La puissance efficace du sacré agit donc comme un facteur de transformation de l'espace, mais aussi comme une véritable matrice spatiale, avec des personnages qui deviennent ensuite des points d'ancrage attachés à des lieux, des récits et des rites plus ou moins présents, comme c'est le cas avec les jardins Baha'is étudiés par C. Rozenholc.

La deuxième questionne les liens entre patrimonialisation et hiérophanies spatiales et la mobilisation du sacré dans la distinction territoriale.

Dans une période portée par une certaine sécularisation, le sacré se niche dans les espaces patrimonialisés. Le patrimoine cimente le sacré et le profane dans un récit sur un monument, un lieu et des pratiques, de sorte que dans un même lieu, pratiques spirituelles et profanes s'entremêlent. La mobilisation autour de la reconstruction de la cathédrale Notre-Dame de Paris illustre bien ce chevauchement qui, associant des ressorts religieux et laïcs, a favorisé la mobilisation d'importants moyens humains, financiers et vivants (arbres). En interprétant la logique de fonctionnement des sanctuaires catholiques, M.-H. Chevrier montre comment le sacré, à la fois institué et reconnu par les fidèles, résiste à une forme de retrait de la sphère publique, sans qu'il y ait vraiment effacement, mais plutôt, encore une fois, recomposition, une remotivation pourrait-on dire, de figures sacrales qui passent presque toujours par des figures de la sainteté.

En mobilisant le concept de géosymbole proposé par J. Bonnemaison, M. Pigeolet dévoile en quoi, dans la ville de Lima, les marqueurs paysagers sont liés au sacré, y compris dans leurs usages politiques. La question de la mémoire et de la patrimonialisation fait ainsi partie des thématiques récurrentes, car toute pratique pérenne nécessite un support mémoriel exprimé puis transmis selon des modalités variées.

La troisième enfin aborde l'institutionnalisation du sacré et le situe à l'interface du religieux, théologiquement souple, et du social, culturellement mobile.

L'institutionnalisation du sacré pose des questions de légitimité de l'institution formalisant le récit. Qui construit le discours ? Qui choisit les lieux sacrés ? Qui délimite les pratiques associées à ces lieux ? Elle interroge la rigidité des narrations autour du sacré qui, profondément mobile dans le temps, est sans arrêt reconstruit par des sociétés qui évoluent. Le récit patrimonial agit comme une « légitimation seconde » qui renforce la visibilité des sites sacrés et des acteurs concernés, mais aussi les concurrence, voire les subvertit, comme le décrit L. Chapon pour les cultes de la Santería à Cuba.

Tous ces éléments renvoient à la question sous-jacente des ontologies auxquelles se rattachent ces pratiques dévotionnelles, rituelles, voire magiques, comme c'est le cas avec Starhawk. L'article de A. Jégou aborde ainsi clairement la question des rapports entre pratiques rituelles, nouvelles ou anciennes, et action politique, en relation avec à la fois un contexte de remise en cause des religions et spiritualités instituées, notamment le christianisme, mais aussi de repositionnement du féminin au cœur de la réflexion sur notre place en tant qu'humains sur terre. C'est à cette articulation que s'attache, finalement, l'article des coordinateurs de ce numéro, à travers l'analyse de trois postures intellectuelles et scientifiques qui ouvrent sur des ontologies plurielles, ou même des ontologies alternatives à (re-)découvrir à travers différents héritages enfouis ou marginalisés.

Conclure, de manière très provisoire, sur la place du sacré dans la fabrique des territoires contemporains, c'est affirmer que celle-ci joue encore un rôle de premier plan, à des échelles très variées, même si l'objectivation du sacré, sa reconnaissance en tant que facteur géographique, et la valeur d'expérience des acteurs sont encore sous-estimées, voire combattues. La capacité d'adaptation du sacré en son acception spatiale en fait ainsi un objet de recherche en renouvellement constant, qui explicite l'attachement des humains aux lieux et aux vivants.

Inspé de l'académie de Créteil
Maison de la Recherche et de l'Innovation
Rue Jean Macé
94380 Bonneuil-sur-Marne
brice.gruet@u-pec.fr

Université Paris Cité
Bâtiment Olympe de Gouges
Place Paul-Ricœur
75013 Paris
etienne.gresillon@u-paris.fr

Université d'Orléans
10 rue de Tours
BP 46527
45065 Orléans
bertrand.sajaloli@univ-orleans.fr

Bibliographie

Angéliaume-Descamps, A., Blot F., Leroy D. (2013), « Dynamique récente des relations aux zones humides des páramos andins vénézuéliens : entre fonctionnalisme et mystique », *Géocarrefour*, vol. 88/4, p. 285-298.

Berque, A. (1986), *Le sauvage et l'artifice : Les Japonais devant la nature*, Paris, Éditions Gallimard, 315 p.

Berque, A. (2000), *Écoumène : introduction à l'étude des milieux humains*, Paris, Belin, 271 p.

Bertrand, J.-R. et Muller, C. (1999), *Religions et territoires*, Paris, L'Harmattan, 292 p.

Bonnemaison, J. (1992), « Le territoire enchanté : croyances et territorialités en Mélanésie », *Géographie et Cultures*, vol. 1, no 3, p. 79-88.

Cadène, P. (2016), « Les liens entre dieux, société et nature en Inde », *Géoconfluences*, http://geoconfluences.ens-lyon.fr/informations-scientifiques/dossiers-thematiques/fait-religieux-et-construction-de-l-espace/corpus-documentaire/les-liens-entre-dieux-societe-et-nature-en-inde.

Chamussy H. (1992), « Religions dans le monde », dans Pumain D., Bailly A. S., Ferras R., (dir.), *Encyclopédie de géographie*, Paris : Economica, p. 859-872.

Claval, P. (2008), *Religion et idéologie : perspectives géographiques*, Paris, Presses de l'Université Paris-Sorbonne, 235 p.

Debray, R. (2012), *Jeunesse du Sacré*, Paris, Gallimard, 203 p.

Deffontaines, P. (1948), *Géographie et religions*, Paris, Gallimard, 439 p.

Descola, P. (2005), *Par-delà nature et culture*, Paris, Gallimard, 623 p.

Descola, P. (2011), *L'Écologie des autres. L'anthropologie et la question de la nature*, Paris, éditions Quae, 110 p.

Dubuisson, D. (2020), *L'invention des religions*, Paris, CNRS Eds., 235 p.

Dugast, S. (2010), « Bois sacrés, lieux exceptés, sites singuliers : un domaine d'exercice de la pensée classificatoire (Bassar, Togo) », dans Juhé-Beaulaton, (dir), *Forêts sacrées et sanctuaires boisés : des créations culturelles et biologiques (Burkina Faso, Togo, Bénin, Paris)*, Karthala, p. 159-183.

Dupuy, J.-P (2008), *La marque du sacré*, paris, Éd. Carnets Nord, 281 P.

Durkheim, É. (2003), *Les formes élémentaires de la vie religieuse : le système totémique en Australie*, Paris, Presses Universitaires de France, 647 p., première édition 1912.

Eliade, M. (1965), *Le sacré et le profane*, Paris, Gallimard, 186 p.

Flipo, F. (2017), *Réenchanter le monde, pouvoir et vérité. Essai d'anthropologie politique de l'émancipation*, Ed. du Croquant, 274 p.

Fressoz, J.-B. (2012), *L'Apocalypse joyeuse. Une histoire du risque technologique*, Paris, Seuil, 320 p.

Guattari, F. (2013) *Qu'est-ce que l'écosophie*, Paris, Nouvelles Editions Lignes, 592 p.

Gauchet, M. (1985), *Le désenchantement du monde : Une histoire politique de la religion*, Paris, Gallimard, 303 p.

Godelier, M. (2009), *Aux origines des sociétés humaines*, Paris, Albin Michel, 292 p.

Grésillon, E. (2009), *Une géographie de l'au-delà ? Les jardins de religieux catholiques, des interfaces entre profane et sacré*, Thèse de doctorat, Université Paris IV Sorbonne, 378 p.

Grésillon, E. et Sajaloli, B. (2015), « L'Église verte ? La construction d'une écologie catholique : étapes et tensions », *VertigO – la revue électronique en sciences de l'environnement* [*online*], vol. 15, n° 1, mai 2015, online depuis le 15 mai 2015, http://journals.openedition.org/vertigo/15905.

Grésillon, E. et Sajaloli, B. (2016), « Fait religieux et nature : état de l'art et problématiques », *Géoconfluences*, mis en ligne le 18 octobre 2016, http://geoconfluences.ens-lyon.fr/informations-scientifiques/dossiers-thematiques/fait-religieux-et-construction-de-l-espace/fait-religieux-et-nature-presentation.

Grésillon E. et Sajaloli B. (2020), « Environmental Forms: Landscape Sources of Sacred », dans Blanc N., Manola T., Degeorges P. *Forms of Expérienced Environments : Questioning Relations between Humans, Aesthetics, and Sciences*, Cambridge Scholars Publishing « Forms of Experienced Environments », p. 118-141

Gruet, B. (dir.), (2020), « Les grands sites de pèlerinage », *Revue de Géographie Historique*, 16, https://journals-openedition-org.ezproxy.u-pec.fr/geohist/442.

Guichard-Anguis, S. (2016), « Sites sacrés et chemins de pèlerinage dans la région montagneuse de Kii (Japon) », *Géoconfluences*, mis en ligne le 19 octobre 2016, http://geoconfluences.ens-lyon.fr/informations-scientifiques/dossiers-thematiques/fait-religieux-et-construction-de-l-espace/corpus-documentaire/sites-sacres-et-chemins-de-pelerinage-kii-japon.

Julien, E. (2022), *Kogis, le chemin des pierres qui parlent*, Actes sud, 304 p.

Landy, F. (2020), « Entre tropicalité et Anthropocène : « nature » et « culture » dans l'Inde hindoue », *Belgéo*, 3, DOI : https://doi.org/10.4000/belgeo.42761.

Latouche S., 2019, *Comment réenchanter le monde ? La décroissance et le sacré*, Rivages, 96 p.

Latour, B. (2017), *Où atterrir ? : Comment s'orienter en politique*, Paris, La Découverte, 155 p.

Maffesoli M. (2007), *Le réenchantement du monde. Une éthique pour notre temps*, Paris, La Table Ronde, 208 p.

Maffesoli, M. (2020), *Nostalgie du sacré*, Paris, Le Cerf, 354 p.

Morizot, B. (2020), *Manières d'être vivant*, Arles, Actes Sud, coll. Mondes sauvages, 325 p.

Otto, R. (1968), *Le Sacré. L'élément non rationnel dans l'idée du divin et sa relation avec le rationnel*, Paris, Petite Bibliothèque Payot, 238 p.

Piveteau, J.-L. (1991), « Territorialité européenne et christianisme », *Revue Géographique de l'Est*, n° 3-4, p. 229-243.

Piveteau, J.-L. (1999) « Le géographe et la foi », dans Bertrand J.-C., Muller, C., *Religions et territoires*, Paris, L'Harmattan, p. 255-263.

Rabot, J.-M. (2018), « La résurgence du sacré dans la postmodernité », *Sociétés*, n° 1, p. 29-46 https://doi.org/10.3917/soc.139.0029.

Racine, J.-B. (1993), *La ville entre Dieu et les hommes*, Genève, Economica, 355 p.

Racine J.-B. (1999) « Le scientifique et sa foi religieuse ? De l'ordre du monde à sa transformation », dans Bertrand J.-C, Muller C., *Religions et territoires*, Paris, L'Harmattan, p. 265-276.

Racine, J.-B. et Walther, O. (2003), « Géographie et religions : une approche territoriale du religieux et du sacré », *L'information géographique*, n° 3, p. 193-221.

Sajaloli, B. et Grésillon, E. (2016), « L'Église catholique, l'écologie et la protection de l'environnement : chronique d'une conversion théologique et politique », *Géoconfluences*, mis en ligne le 19 octobre 2016, http://geoconfluences.ens-lyon.fr/informations-scientifiques/dossiers-thematiques/fait-religieux-et-construction-de-l-espace/articles-scientifiques/eglise-catholique-ecologie-conversion-theologique-et-politique.

Sajaloli, B. et Grésillon, E. (2017), « Les géographes, la nature et le sacré » dans Moriniaux, V. (dir.), *La nature, objet géographique*, Paris, Atlande, p. 50-51.

Sajaloli, B. et Grésillon, E. (2019a), *Le sacre de la nature*, Paris, Presses Sorbonne Université, 392 p.

Sajaloli, B. et Grésillon, E. (2019b), « Les milieux naturels et le sacré. Esquisse d'une biogéographie spirituelle de la nature », *Bulletin de l'Association de Géographes Français*, n° 96-2, p. 265-281, https://doi.org/10.4000/bagf.5061.

Stiegler, B. (2008), Réenchanter le monde. La valeur esprit contre le populisme industriel, Champs Essais, 178 p.

Tarot, C. (2008), *Le symbolique et le sacré : théorie de la religion*, Paris, La Découverte, 911 p.

Vieillard-Baron, H. (2001), *La religion et la cité*, Paris, PUF, 252 p.

Weber, M. (2006) *Sociologie de la religion*, traduit et présenté par Isabelle Kalinowski, Champs-Flammarion, 512 p.

La pratique du ŋ*don* et ses incidences sociospatiales chez les Bamiléké (Ouest-Cameroun) : une analyse à partir du cas de Bangangté

The Practice of ŋdon *and its Socio-spatial Implications among the Bamiléké (Western Cameroon): An Analysis Based on the Case of Bangangté*

Chapgang Noubactep

Chercheur, université de Dschang-Cameroun, département de géographie, Centre d'études et de recherche en espaces, arts et humanités (CEREAH).

Hervé Tchekote

Enseignant-chercheur, université de Dschang-Cameroun, département de géographie, Centre d'études et de recherche en espaces, arts et humanités (CEREAH).

Résumé

En contrée Bamiléké, le ŋ*don* fait partie d'un ordre social transmissible dont la finalité est de garder en l'état une harmonie bienveillante entre les ancêtres et leurs descendances. Malgré l'ouverture à la mondialisation et aux nouvelles religiosités qui engendrent un peu partout dans la région de nombreuses mutations des modes de vie, il continue encore à influencer fortement le rapport des populations au divin et au sacré. Sur la base d'une revue documentaire, des observations directes et des entretiens semi-structurés, et à partir du cas de Bangangté dans le département du Ndé, la présente étude analyse la contribution de cette pratique dans la construction des territoires. Il en ressort que le ŋ*don* constitue dans cette partie du Cameroun un cadre de normalisation des rapports sociaux entre les membres d'un même lignage ; qu'il favorise à travers l'édification des lieux de rite et leurs interdits la construction d'un ensemble de petits territoires sacrés contrôlés par les successeurs, principaux gardiens des crânes, que l'on retrouve dans presque toutes les concessions rurales et urbaines. Les logiques et les pratiques qui entourent son déroulement favorisent moult interactions socio-économiques entre les acteurs en présence ainsi que des mobilités spatiales au sein de la diaspora nationale et internationale bamiléké. Toute chose qui fait de ce rite un véritable levier des dynamiques sociospatiales.

Abstract

In the Bamileke region, the ŋdon is part of a transmissible social order whose purpose is to maintain a benevolent harmony between ancestors and their descendants. Despite the openness to globalization and the new religiosities that are generating considerable changes in lifestyles throughout the region, it still continues to strongly influence the relationship of populations to the divine and the sacred. Based on a documentary review, direct observations, semi-structured interviews and on the Bangangté case in the Ndé division, this study analyzes the contribution of this practice to the construction of territories. It emerges that the ŋdon constitutes in this part of Cameroon a framework for the normalization of social relations between members of the same lineage ; that it promotes through the construction of conventicle and their prohibitions the construction of a set of small sacred territories controlled by the successors, the main skull guard, that are found in almost all rural and urbans concessions. The logics and practices surrounding its development promote many socio-economic interactions between the actors present as well as spatial mobility within the national and international bamileke diaspora. All of which make this rite a real lever of sociospatial dynamics.

Mots-clés   Bamiléké, lieu de rite, ŋdon, ouest-Cameroun, territoire sacré

Keywords   *Bamileke, conventicle, ŋdon, sacred territory, Western Cameroon*

Toutes les sociétés humaines entretiennent des relations privilégiées avec leurs disparus. Dans de nombreuses sociétés à travers le monde, ces relations dépassent le seul cadre des ritualités funéraires pour s'inscrire dans des schémas très élaborés basés sur l'ancestralisation dont la fin avouée est d'assurer, à partir du sacré et du spirituel qui l'entoure, l'immortalité de l'âme des défunts (Watio, 1986 ; Baudry, 2005 ; Bonhomme, 2008). En Asie Centrale et de l'Est, notamment en Chine (Wang, 2015) et au Japon (Duteil-Ogata, 2021), chaque famille dispose, dans un coin de la maison, un autel pour honorer ses ancêtres qui bénéficient régulièrement des cultes (encens, offrande de nourriture, libation). Ces derniers restent avec les vivants, veillent sur leurs descendants et participent à tous leurs moments importants. En Amérique Centrale, chez les Garifunas du Nicaragua (Vincensini, 2006) les ancêtres sont au cœur de la religion traditionnelle. Selon les croyances de ce peuple, les parents décédés sont les spectateurs secrets des comportements de leurs enfants et peuvent être solidaires de leurs souffrances ou participer à leur bien-être. En Afrique de l'Ouest, chez les Fòn du Sud du Benin (Cantin, 2020), les Mina et les Evhe du Togo et du Ghana (Pazzi, 1968 ; Surgy, 1975) ; de l'Est, chez les Chagga du Mont Kilimandjaro en Tanzanie (Mwangwale, 2021) et Centrale, chez les Mitsogho du Gabon (Gollnhofer et Sillams, 1986), les Koma et les Bamiléké, respectivement du Nord et de l'Ouest Cameroun (Dumas-Champion, 1989 ; Watio, 1986 ; Kuipou, 2005), les mêmes considérations sont observées à l'endroit des ancêtres qui occupent dans ces sociétés une place prépondérante dans la vie des groupes.

Chez les Bamiléké de l'Ouest Cameroun, ce rapport aux ancêtres est ordinairement considéré comme un microcosme d'empirisme hermétique, difficile à cerner, à comprendre et même à expliquer (Noubactep, 2021). Ceci est particulièrement vrai dans la mesure où les traditions, les us et les coutumes ancestrales dans cette contrée du pays ont pendant longtemps été abordés sous des prismes dévoyés. Ce qui a favorisé la production des « pseudo-savoirs » qui, à défaut d'être contextualisés, ne trouvent pas très souvent des fondements pratiques une fois confrontés aux réalités du terrain. Ce déroutant cliché d'un savoir en demi-teinte suggère de mener des recherches complémentaires sur ce rapport aux ancêtres qui marque encore le temps et l'espace et n'a pas à ce jour livré tous ses secrets sur le religieux et le sacré qui le fondent et l'orientent.

Dans la cosmogonie bamiléké en effet, l'univers est représenté comme une combinaison de trois mondes : le monde des hommes qui commence avec la naissance et se termine avec la mort ; le monde des ancêtres qui accueille les défunts après les rites d'ancestralisation et le monde divin, qui est le domaine exclusif du Créateur appelé *Nsi* (Noubactep, 2021). Cet univers tridimensionnel forme un continuum dans lequel le vivant est appelé à devenir défunt puis ancêtre, chacun jouant à son niveau le rôle qui lui est dévolu. Entre les trois mondes, il n'existe pas de passerelles tangibles mais simplement des interconnexions transcendantes qui sont créées et entretenues au travers d'un certain nombre de rites que les Bangangté[1] englobent sous le vocable de *shu'nu* (sollicitations coutumières). Le visage le plus emblématique de ces *shu'nu* est le *ŋdon* qui est un ensemble de rites séculaires permettant d'honorer la mémoire des ancêtres et d'entretenir avec eux des liens privilégiés. Cette pratique atavique repose principalement sur l'assertion selon laquelle les « morts ne sont pas morts » (Bonhomme, 2008), car bien qu'ayant quitté le monde des vivants, ces derniers assurent encore au sein de la communauté des rôles sociaux. C'est par exemple à eux que revient le devoir d'intercéder auprès de *Nsi* en faveur de leurs descendances ou encore de sanctionner leurs agissements à travers des bons ou des mauvais présages (santé, prospérité, maladie, mauvaise fortune ou mauvaise mort, etc.). Tout ceci renforce leurs pouvoirs sur les vivants qui leur vouent un culte par le biais du *ŋdon* lors des cérémonies « commémoratives régulières » (Chendjou Kouatcho Nganso, 1986) ou encore des « rites propitiatoires » (Bonhomme, 2008) que moult auteurs (Watio, 1986 ; Kuipou, 2005) résument sous les vocables de « culte des ancêtres » ou « culte des crânes ».

Ainsi, dans chaque concession, quartier ou village on retrouve ci et là, bien aménagées dans un espace dédié ou au détour d'un chemin choisi à dessein, des cases servant de logis pour les ancêtres, ou du moins à leurs crânes, ainsi que de nombreux lieux sacrés. Au même titre que les maisons d'habitation alentours, ces espaces qui constituent l'un des principaux marqueurs spatiaux dans cet univers culturel sont entretenus avec grand soin, sécurisés et gardés vivants afin de fluidifier la connexion avec l'au-delà. Avec la mondialisation active et l'essor de nouvelles religiosités qui favorisent un peu partout en Afrique une remise en cause de la tradition et de manière singulière de l'eschatologie négro-africaine, on se serait attendu à voir régresser ou même disparaître la pratique du *ŋdon* longtemps considérée par le clergé chrétien comme un rite païen et vigoureusement combattu depuis l'avènement du christianisme en contrée bamiléké autour des décennies 1900 (Watio, 1986). Cependant, cette pratique prend de plus en plus d'importance au point où même certains chrétiens affermis s'y adonnent sans détour. Tout se passe comme si l'ouverture à la modernité et au discours religieux dominant contournait ou esquivait ce rite ancestral qui continue malgré les vents contraires à structurer les systèmes de pensée, les pratiques sociales et territoriales.

---

1   Il s'agit de l'ethnie bamiléké sur laquelle porte l'étude.

Les travaux qui se sont penchés sur le « culte des ancêtres » ou « culte des crânes » jusqu'ici restreignent cette pratique tantôt à un ordre cultuel, spirituel ou religieux traditionnel qui vise à immortaliser les défunts (Watio, 1986 ; Chendjou Kouatcho Nganso, 1986 ; Kuipou, 2005 ; Bonhomme, 2008 ; Noubactep, 2011 ; Wang, 2015 ; Duteil-Ogata, 2021), tantôt à un ensemble de rites magico-mystiques qui allie magie, sorcellerie et divination et dont la portée ne va pas au-delà de la sphère familiale ou de la lignée (Dumas-Gollnhofer et Sillams, 1986 ; Dumas-Champion, 1989 ; Vincensini, 2006 ; Cantin, 2020). Pourtant, dans moult sociétés, la matérialisation de certaines articulations du « culte des ancêtres » mobilise d'une part toute la communauté avec comme fin avouée de renforcer la cohésion sociale, et contribue d'autre part à forger l'espace de vie dont les supports cultuels, l'organisation et l'appropriation des lieux de rite permettent de produire les territoires. Ce dernier aspect de l'analyse, bien que nécessaire pour une compréhension holistique de ce rite, n'a pas encore fait l'objet d'un intérêt particulier dans la littérature. Ainsi, la présente réflexion s'y engage en cherchant à répondre à la question : quelle est la contribution de la pratique du *ŋdon* dans les productions sociospatiales en région bamiléké ? Elle se fonde sur l'hypothèse selon laquelle les pratiques rituelles séculaires bamiléké dépassent les seuls cadres spirituels et ontologiques pour s'inscrire dans une dynamique de construction territoriale avérée.

1 Méthodologie

La présente étude est menée dans l'arrondissement de Bangangté, l'un des quatre que compte le département du Ndé situé au plan géographique dans la partie méridionale de la région administrative de l'Ouest Cameroun.

L'option de faire une étude de cas plutôt que de travailler sur l'ensemble de la région bamiléké tient au fait que bien que le *ŋdon* soit très répandu dans toute la contrée, il existe entre les groupements, et même entre les villages, d'énormes disparités tant dans la déclinaison des rites que dans leurs déroulements, ce qui ne favorise pas de prime abord une analyse globale. Le choix de l'arrondissement de Bangangté a été principalement motivé par le fait que cette localité connaît ces dernières décennies d'importantes reconfigurations dans le déroulement de certains rites ataviques populaires comme le veuvage, la dot ou encore les funérailles, toute chose qui témoigne d'un certain niveau d'émancipation vis-à-vis de la chose cultuelle. Il est donc question de voir si la pratique du *ŋdon* fait également les frais de cette émancipation cultuelle et culturelle plus ou moins affirmée par les Bangangté. Bien que le cadre d'étude soit clairement indiqué, l'analyse ne s'y restreint pas absolument. Elle fait un va-et-vient constant entre l'échelle de la région où elle puise les éléments théoriques d'analyse et celle de l'arrondissement de Bangangté où elle montre de manière pratique les déclinaisons de la pratique étudiée.

Fig. 1 Localisation de la zone d'étude.
Location of the study area.

L'étude mobilise à la fois les données secondaires et primaires. Les données secondaires sont issues de la littérature sur la ritualité et les cérémonies des morts ou liées à la mort en Afrique en général et en contrée bamiléké en particulier. Les données primaires, quant à elles, sont issues d'une part des enquêtes de terrain menées entre novembre 2018 et avril 2019 dans le cadre d'un travail de thèse sur les pratiques des funérailles dans les campagnes bamiléké, et d'autre part d'une enquête complémentaire menée sur le sujet entre décembre 2022 et février 2023 à Bangangté. À l'issue de cette seconde enquête qui s'est structurée autour de l'observation directe et des entretiens semi-directifs, 10 pratiquants des rites du *ŋdon*, 5 patriarches, 2 notables/sous-chefs, 2 commerçants des produits de *contryfaci*[2] et 1 oracle tradipraticien ont été enquêtés, soit un total de 20 personnes. Outre cela, notre propre expérience en tant que témoin de nombreux rites familiaux depuis notre tendre enfance a été également mobilisée. Relativement à l'objectif général de l'étude qui est d'analyser le rôle des pratiques du *ŋdon* dans les productions sociospatiales en contrée bamiléké, la collecte des données s'est organisée autour de trois axes principaux. Les deux premiers se sont effectués autour du rituel du *ŋdon* dans l'optique d'en comprendre la pratique et la structuration. Les informations recherchées dans ce cadre portaient entre autres sur les fondements, le cadre, le déroulement et l'opportunité de cette pratique

2   Terme utilisé pour désigner toutes les pratiques coutumières observées en pays bamiléké.

rituelle. Le troisième axe pour sa part a cherché, à partir de cette ontologie du rite, à mettre en relief le rapport que les populations développent vis-à-vis de cette pratique et partant les incidences que celle-ci a sur leur vécu. Les informations recherchées dans ce cadre tournaient principalement autour des impacts sociaux de cette pratique à partir de certains fondements culturels qui structurent le rite comme la succession, les impacts économiques en rapport avec l'essor de la monétarisation des échanges dans tous les aspects de la vie des campagnes bamiléké et les impacts spatiaux à partir des mobilités que cette pratique suscite. Le traitement des données s'est fait principalement grâce à l'analyse de contenu et la réflexion a été organisée autour de trois points spécifiques à savoir : les fondements de la pratique du *ŋdon* chez les Bamiléké (1), les lieux de rite et leurs inférences symboliques (2) et les incidences sociospatiales de cette pratique séculaire (3).

2   Résultats

2.1 Les fondements du *ŋdon* chez les Bamiléké

Malgré la finalité commune de la pratique du *ŋdon* pour l'ensemble des peuples bamiléké, il n'est pas toujours aisé de situer ses contours dans des proportions assez précises. L'analyse du rapport des populations à la tradition et de leurs discours permet néanmoins de définir trois fonctions de cette pratique dans les représentations collectives : la purification, la filiation et l'action de grâce.

2.1.1 La purification et la réconciliation avec les ancêtres

En première instance, le *ŋdon* est conçu comme un cadre d'expression des relations d'échange et de pouvoir fondé sur le respect de la coutume. Cette dernière est en effet considérée dans l'univers culturel bamiléké comme un credo immuable qui engage tous les membres du groupe et que l'on est tenu de respecter en toutes circonstances. De la sorte, elle demeure la norme pour toutes les activités sociales (dot, mariage, obsèques, funérailles, succession, etc.) en établissant entre les différents membres du corps social les droits et devoirs immuables et successibles ainsi que les codes rituels spécifiques pour encadrer la redistribution des biens permanents ou circonstanciels. L'inobservance de la coutume dans le cadre d'une activité quelconque entraîne un préjudice, mieux encore une rupture de l'équilibre tacite entre les acteurs en présence. On dira alors de l'acteur contrevenant qu'il a *porté le ŋdon*, lequel va se manifester dans sa vie, celle de sa progéniture ou de sa descendance par des mauvais présages (maladie, mauvaise fortune, mauvaise mort, etc.).

La pratique du *ŋdon* prend dans ce contexte le visage d'un rite de purification ou de réconciliation, la fin avouée étant de rétablir un tort ou de marquer le retour à un ordre social rompu. En ces circonstances, le canon rituel revient à immoler des animaux (chèvre et poule principalement), faire des offrandes de nourriture (mets traditionnels) ou d'outils (machette, houe), des oignements à base d'huile rouge et des libations à l'aide de vin de raphia à l'endroit des ancêtres justiciers afin d'apaiser leur colère. Il s'agit pour ainsi dire d'un canal dont dispose un ancêtre pour solliciter de son descendant la réparation de ses bavures terrestres afin de faciliter son entrée dans le panthéon divin. Dans la conception occidentale, les parents sont responsables des actes de leurs enfants (surtout mineurs). Dans la culture bamiléké, les enfants sont à travers le *ŋdon* comme responsables des actes de leurs parents. Dans le premier cas le coupable est inconscient alors que dans le second, il n'est plus de ce monde et la réparation de ses torts fait partie des prérequis du succès de son expérience humaine qui se poursuit dans l'au-delà et de son éternité qui passe par son ancestralisation.

2.1.2 La filiation ou l'identification à un lignage

La réparation d'un préjudice, quelle que soit sa nature, ne met pas en relation comme on vient de le souligner deux personnes vivantes, mais un vivant et un ancêtre « qui estime avoir été lésé, marginalisé ou abusé dans un ouvrage quelconque[3] ». Cet état des choses inscrit la pratique du *ŋdon* dans un processus générationnel où les fils, petits-fils et arrières petits-fils sont régulièrement sollicités pour réparer les préjudices des ascendants qu'ils ont connus ou non. Cette perspective ouvre la voie à l'appréhension du second visage du *ŋdon*, perçu ici comme un rite de filiation ou d'identification. L'observance de cette pratique rituelle obéit en effet à une logique essentiellement lignagère, mieux encore généalogique. Chez les Bangangté principalement, certains aspects du *ŋdon* prennent la forme d'une redevance, mieux encore d'un droit que les enfants doivent payer à leurs aïeuls pour affirmer ou confirmer leur appartenance à la lignée. C'est le cas notamment avec le rite du *gap bom* (*poule de représentation*). Ce rite s'exécute exclusivement dans les concessions natales des géniteurs. L'élément principal du rite est un poussin que l'acteur du rite pose sur sa tête, décline son identité et annonce « sa poule » aux ancêtres puis patiente jusqu'à son envol. Si celui-ci s'envole, cela signifie que l'exécutant est au bon endroit et que son sacrifice est approuvé par ses aïeuls. Si c'est le contraire qui se produit, cela peut avoir au moins trois significations : (1) il est au mauvais endroit, (2) il y a des tiraillements à régler, ou (3) les ancêtres des lieux ne le connaissent pas. Le dernier cas est fréquent pour des enfants adultérins qui se présentent aux ancêtres de leurs pères supposés.

2.1.3 L'intercession et l'action de grâce

Dans la pratique et même dans le discours courant, le sens commun attribue au *ŋdon* une troisième fonction : celle d'un rite d'intercession et d'action de grâce. Un certain nombre d'expressions est usité pour rendre compte de cette attribution et faire référence aux pratiques qui en découlent. On dira par exemple, en prélude d'un rituel à conduire qu'on part *donner la nourriture aux ancêtres*

---

3   Entretien avec Mekep Mbeula'a, sexagénaire, successeur pratiquant les rites du *ŋdon,* le 1er janvier 2023 à Bamena.

ou ouvrir sa route. Ces tournures langagières montrent une conception du *ŋdon* qui obéit davantage à une démarche plus volontariste que contraignante comme c'est le cas avec les deux précédentes. À travers les terminologies utilisées, on peut lire l'expression d'un désir délibéré des personnes concernées de se porter vers leurs ancêtres, d'entretenir avec eux des liens privilégiés et de s'assurer de leur soutien ou de leurs faveurs. Les circonstances qui amènent les uns et les autres à *nourrir les crânes* sont multiples comme le relève l'informateur Mekep Mbeula'a : « On part leur dire merci en cas d'évènements heureux ; les exhorter de penser à nous lorsque nous sommes en difficulté ; remettre nos projets entre leurs mains ; leur demander de veiller sur nous, etc. » La pratique du *ŋdon* se légitime en ce moment comme la clé qui ouvre la porte de l'univers bienveillant des aïeuls, qui les incite à prendre le contrôle de la vie ou des affaires de ceux qui les invitent. Le sel, l'huile rouge, le jujube, la kola, le *tag* (met traditionnel à base de farine de maïs), la pistache et le vin de raphia sont dans ce sillage autant d'éléments utilisés dans l'exécution des rites qui se résument à des oignements et à des libations.

Tab. 1   Quelques aspects du *ŋdon* chez les Bangangté.

Some aspects of ŋdon *among the Bangangté.*

Aspects	Signification littérale	Inférence traditionnelle
Bouh (coq)	Réclamation de la nourriture par un ancêtre de sexe masculin	Allégeance au géniteur
Ban (repas)	Réclamation de la nourriture par un ancêtre de sexe féminin	Nourrir ses parents comme ils l'ont fait pour nous de leur vivant
Mbeuh'Kane	Chèvre du grand-père maternel	Offrande à l'ange gardien
Bouh Ma'a Mbak	Nourriture de la mère du père	Chaque fois qu'on donne un coq a un homme, on est tenu de donner un paquet à sa mère natale
ŋcup (fétiche)	Colère d'un géniteur contre sa progéniture ou d'un mari contre sa femme non apaisée avant la mort	Restituer un ancêtre dans ses droits
Fà (mauvaise mort)	Colère d'un ancêtre décédé des suites de mauvaises morts et donc la descendance ne l'a pas « ancestralisé » Colère d'un ancêtre en quête de reconnaissance	Prendre soin d'un ancêtre qui s'estime oublié ou marginalisé
Gap bom (poule de représentation)	Filiation à un lignage	Établir ou raffermir le lien avec ses ancêtres

Source : données d'enquête de terrain.

Les différentes déclinaisons du *ŋdon* ne se résument pas aux seuls aspects identifiés dans le tableau ci-dessus, mais s'étendent, selon l'informateur Tagni Robert, à toutes « *les situations, raisons ou causes qui peuvent contraindre les vivants à se tourner vers les ancêtres* ». Cette formulation laisse envisager une panoplie de causes allant de la succession non établie aux funérailles non organisées en passant par la dot ou le veuvage dévoyés qui sont à l'observation autant de situations culturelles conflictogènes qui animent le quotidien de toutes les sociétés bamiléké. Partant, le *ŋdon* se présente aussi bien comme un cadre de normalisation des rapports sociaux, de filiation que comme un moyen d'intercession et d'action de grâce. Il est en ce sens différent de la malchance ou de la malédiction à laquelle il est communément associé. La malchance (ou *lin*) dérive des actes irrévérencieux découlant d'une mauvaise conduite individuelle (vol, meurtre, inceste, adultère, insolence, profanation des lieux sacrés, etc.) tandis que le *ŋdon* découle comme on a pu le voir de l'inobservance d'une coutume quelconque qui prive un tiers de la jouissance d'un droit ou du désir de rester en constante harmonie avec ses aïeuls. Quoi qu'il en soit, lorsque la nécessité de conduire un rite se présente, celui-ci se déroule dans les lieux spécifiques érigés à cet effet.

2.2 Les lieux de rite et leurs inférences symboliques

L'activité rituelle met ordinairement en branle trois leviers de l'action : la parole dont le pouvoir rend vivant le rite, le sacrificateur qui par sa légitimité assure la réussite de l'activité et le lieu qui garantit au rite toute sa sacralité. Dans la pratique du *ŋdon*, les lieux de rite se démarquent des configurations ordinaires (temple, monastère, etc.) et nécessitent qu'on mette à jour leur singularité.

2.2.1 Les lieux de pratique du ŋdon, identification et caractérisation

Dans la pratique du *ŋdon*, le choix des lieux de rite fait l'objet d'une considération assez particulière, ceci en rapport avec le caractère sacré que leur confère l'existence des ancêtres. Deux endroits sont prioritairement prescrits chez les Bangangté pour abriter les rites, car considérés comme les portes du monde des ancêtres. Il s'agit notamment du *Ndα ntu* (case des crânes ou case sacrée) et du *Mbwek* (lieu sacré).

La case des crânes est la demeure des ancêtres d'un même lignage. Elle est sollicitée pour abriter les rituels destinés à un ascendant bien identifié (nom, niveau de filiation) dont le crâne y est disposé. Elle est facilement identifiable dans le paysage à travers ses dimensions régulièrement plus modestes (une ou deux pièces de 4 à 6 m² au plus) que celles de toutes les maisons d'habitation avoisinantes. Dans les cases sacrées, on ne mélange pas les crânes des hommes avec ceux des femmes, même si ceux-ci sont des conjoints. Quand bien même on voudrait ranger dans une même pièce les crânes d'un homme et celui ou ceux de son ou ses épouse(s), on s'assure de ne pas les ranger sur le même côté du mur. Ceci se justifie simplement par le fait que ces derniers ne sont pas de la même famille. La notion de famille dans ce contexte a un sens différent de son acception occidentale définie comme étant l'ensemble des personnes ayant un lien de sang ou d'alliance. Elle repose plutôt sur un concept endogène désigné chez les Bangangté par l'expression *bam to* (*le même ventre*), qui regroupe schématiquement une mère, ses enfants, les enfants de ses filles et ceux de ses petites-filles. Ainsi, une famille nucléaire occidentale est en réalité constituée chez les Bamiléké de deux familles au moins si on n'est pas en situation de polygamie : celle du mari et celle de la femme et ses enfants. En situation de polygamie, cette différentiation est encore plus marquée dans la mesure où une seule concession abrite plusieurs familles selon le nombre de femmes. La séparation des crânes dans les cases sacrées participe en ce sens au respect de l'intégrité et de l'intimité de chaque famille.

La case des crânes constitue dans la pratique quotidienne le principal lieu de référence d'où partent toutes les cérémonies traditionnelles qui scandent la vie du groupe (dot, funérailles, etc.). Elle est placée sous la responsabilité du chef de famille qui a l'obligation de la ventiler régulièrement (arroser, nettoyer, réchauffer, verser le sel et le jujube sur les crânes) pour que les ancêtres soient toujours au chaud. Ce dernier est le principal sacrificateur aux crânes dont il a la charge et nul ne peut se rendre dans la case sacrée sans être accompagné par lui ou sans avoir obtenu son approbation. En cas d'indisponibilité, il peut autoriser le recours à un oracle tradipraticien pour conduire le rite. Traditionnellement, les cases sacrées étaient constituées des anciennes cuisines des ancêtres qu'il fallait absolument entretenir pour que cela ne s'écroule pas afin de pérenniser les traces physiques de leur passage terrestre. Malheureusement, suite à la longue guerre d'indépendance qui a duré en contrée bamiléké de 1958 à 1975, de nombreuses concessions ont été abandonnées et détruites. Depuis, l'accalmie, nombre de successeurs se résolvent à restaurer leurs concessions ce qui favorise des aménagements spatiaux un peu partout dans les campagnes. Les maisons construites dans ce cadre sont moins importantes par leurs dimensions ou par leurs formes que par leurs symboliques pour les acteurs en présence. Comme le relève l'informateur Tayou C. :

> « Il est avant tout question de garder une forte attache avec la concession ancestrale qui est le nombril de tout le monde. En les restaurant, nous maintenons vivant notre passé et notre histoire. »

Le lieu sacré, pour sa part, abrite les esprits protecteurs d'un lignage. Il est sollicité pour tenir les rituels destinés à tous les ancêtres d'une famille ou d'un lieu donné (quartier, village). On ne s'y rend presque jamais sans passer, au préalable, par la case des crânes. Au plan spirituel, le pouvoir du lieu sacré est dans l'ordre de grandeur au-dessus de celui des cases sacrées. Le lieu sacré prend des formes diverses (rocher, grotte, chute d'eau, arbre) selon les localités et son importance est fonction du statut de la famille et de l'étendue des pouvoirs magico-mystiques que cette dernière contrôle. Chez les Bangangté, il est généralement représenté par un arbre particulièrement imposant autour duquel est entretenue une végétation sauvage de type forêt. Par essence, les lieux sacrés sont le témoin de l'histoire d'une famille ou d'un quartier. Les esprits qui les habitent étaient là avant que les membres de la famille ne naissent et ils connaissent tout ce qui s'est passé de bon comme de mauvais. Ils savent donc ce qu'il faut arranger et comment il

Fig. 2   Aperçu d'une case des crânes à Bandiangseu.
Overview of a skull hut at Bandiagseu.

faut procéder. D'ailleurs les patriarches estiment que « tout sort du lieu sacré et tout y retourne » (Tayou C.). Les lieux sacrés sont dans cette perspective garants des talents d'une famille qui, même sous exploités par une génération, ne se perdent pas mais retournent à la source et sont réorientés vers les générations postérieures.

Dans la pratique quotidienne, les populations associent à ces deux lieux de rites consacrés deux autres sites subsidiaires à savoir les *Feuak* (sanctuaires des *megni*[4]) et les carrefours. Les *Feuak* sont des sortes de succursales des lieux sacrés qu'on retrouve principalement dans les concessions des *megni* et qui leur servent d'interface entre le monde physique et celui des esprits. L'imagerie populaire voudrait que si quelqu'un a un rite à conduire dans un lieu sacré et que pour diverses raisons il ne peut s'y rendre, il peut conduire le même rite dans le *Feuak* le plus proche de son lieu de résidence. En ce qui concerne les carrefours qui sont des espaces publics, ils ne sont mus en lieux de rites que dans des circonstances particulières ; généralement lorsque les familles ne parviennent pas, après plusieurs recherches, à localiser avec succès les crânes ou les concessions originelles de certains ancêtres pour qui elles sont censées conduire un rite. Dans ces cas de figure, elles se rendent dans les carrefours proches des derniers endroits connus où ces derniers ont résidé pour conduire leurs rituels. L'usage des carrefours dans les rituels du *ŋdon* s'est intensifié depuis la fin des décennies 1970-1980. Les pratiquants des rites qui sollicitent ces endroits sont généralement les descendants des personnes ayant abandonné leur concession pour des raisons de sécurité lors des périodes troubles dites de « maquis » ou de celles qui ont péri dans les rangs des nationalistes. Pour le reste du groupe, les carrefours sont davantage sollicités pour *laver la malchance* et abriter certaines articulations des rites comme

---

4   Prêtre habileté à conduire les rituels dans les lieux sacrés.

le veuvage plutôt que pour conduire le rite du *ŋdon*, toute chose qui confère aux lieux de rite des connotations particulières.

2.2.2 Des lieux hautement symboliques et socialement appropriés

Les lieux de rite du *ŋdon* occupent dans le paysage bamiléké une place assez spécifique. On les retrouve dans toutes les concessions villageoises des chefs de famille quel que soit leur rang social (roi, notable ou roturier). Les endroits où ils sont implantés chez les Bangangté portent le nom de *Tet la'* (centre de la concession) en référence à leur place centrale dans l'armature des concessions. Ils sont généralement situés en contrebas du domaine familial sans doute pour plus d'intimité. Pour de nombreux informateurs, cet emplacement n'est pas fortuit dans la mesure où le basfond est considéré dans les traditions bamiléké comme le point de jonction entre les mondes, le lieu où reposent les esprits bienveillants. Cet argument est cependant très critiqué par certains qui estiment que traditionnellement, les Bamiléké s'installaient sur les flancs des collines, réservant les basfonds pour les raphias et les hauteurs pour les pâturages. Quoi qu'il en soit, dans le sens commun, la référence au bas de la concession (*tùn ndà*) ou au verbe descendre (*swe'*) renvoie à une dynamique positive, au repos, au chez soi et à l'apaisement. Ainsi, on a des expressions populaires abondamment reprises par nos informateurs comme *descendre au village, descendre dans la concession, descendre à la cuisine* qui sont très usitées par tous les ressortissants bamiléké, indépendamment de leur localisation spatiale, pour signifier se rendre au village, se rendre dans la concession ou aller à la cuisine.

Les lieux de rite du *ŋdon* sont loin d'être des espaces neutres dans le champ social. Ils revêtent en effet un certain nombre de fonctions qui en font des éléments structurants des rapports sociospatiaux. De manière triviale, deux rôles fonctionnels leur sont communément attribués par l'ensemble du groupe. Premièrement, ils servent, au plan coutumier, de marquage spatial et confère un droit de propriété absolu au même titre que les maisons d'habitation, les tombes, les haies vives ou toute autre forme de mise en valeur sur un terrain. Ainsi, dans le sens commun, il ne viendrait jamais à l'esprit de quelqu'un de s'approprier indûment un terrain qui abrite une case des crânes, un lieu sacré ou une sépulture comme il est commun de le voir avec les terrains vides, parce qu'il sait à l'avance que les esprits de ces lieux ne le laisseront jamais en paix.

Deuxièmement, on confère aux lieux de rite du *ŋdon* une fonction de protection contre les esprits malveillants et autres forces du mal. Les rites qui y sont exécutés constamment participent au renforcement de cette fonction protectrice. Bien que les droits sur les lieux sacrés soient prioritairement familiaux, il convient cependant de relever que ces espaces ont également une portée communautaire. Leur rôle de protection s'étend en effet à tout le voisinage, au quartier voire au village lorsqu'on se réfère aux lieux sacrés des *megni* ou des chefferies. C'est d'ailleurs pour cette raison que tous les enfants nés dans un quartier ont le devoir d'y offrir une poule de représentation en guise de reconnaissance aux esprits protecteurs de ces lieux qui veillent sur eux.

Le caractère sacré attribué à ces lieux les nourrit d'un certain nombre d'interdits liés aussi bien à la tenue qu'aux pratiques. Dans le premier cas, les dispositions à observer aussi bien dans les cases des crânes que dans les lieux sacrés interdisent de tourner le dos aux crânes ou à tout ce qui matérialise les esprits, d'y sortir avec des objets quelconques, d'y crier ou de se quereller. Dans le second cas, aucune activité agricole ou domestique ne peut être pratiquée dans et autour des lieux sacrés et aucun arbre ne peut y être abattu. Le ramassage du bois de chauffage y est également proscrit. Tout ceci participe à construire autour de ces lieux et les espaces alentours un ensemble de petits territoires sacrés. Ces territoires résistent cependant mal au brassage culturel et à l'urbanisation dans la mesure où : (1) les allogènes n'accordent pas tous le même crédit aux mœurs et pratiques cultuelles locales que les autochtones et (2) le sacré émanant des pratiques coutumières est peu ou pas pris en compte dans les politiques d'aménagement urbain ; leurs lieux de rite ne correspondant pas aux standards de beauté projetés ou associés aux espaces urbains. Sur ce dernier point par exemple, la mise en œuvre de l'opération ville propre à Bangangté au cours des décennies 2000 avait créé un conflit ouvert entre les autorités administratives en charge de ce projet et le roi des Bangangté. La pomme de discorde étant l'instruction préfectorale demandant au roi de couper les arbres de la forêt sacrée proches de la route pour les besoins d'esthétique et de sécurité des populations. Au demeurant, la pratique du *ŋdon* au-delà du rituel a des incidences socio-économiques et spatiales palpables sur le vécu des acteurs qui s'y investissent en tant qu'intervenants actifs ou simples intermédiaires.

2.3 Les incidences sociospatiales de la pratique du *ŋdon*

Le *ŋdon* dans ses principales articulations établit un trait d'union entre les ancêtres et leur descendance. La ferveur sociale qui le sous-tend et surtout les pratiques cultuelles des populations qui l'observent ne sont pas sans incidences sur leurs vécus, leurs interactions sociales ainsi que leurs pratiques socio-économiques et spatiales.

2.3.1 Un levier de renforcement des relations de pouvoir et de cohésion sociale au sein des familles

L'ontologie bamiléké repose principalement sur la croyance en l'immortalité de l'âme. Cette pensée fondatrice se traduit dans les faits par la succession qui permet de manière tangible d'assurer sur tous les plans la continuité de la vie après la mort. Le poids symbolique et le pouvoir économique qui découlent de la succession en font une source de compétition et de tension parfois ouverte et violente au sein des familles. La crainte du *ŋdon* permet dans la pratique de résorber ces tensions et de légitimer à plusieurs égards le droit de succession. Cette fonction régulatrice se fait à deux niveaux. Premièrement, le *ŋdon* établit une relation verticale entre les successeurs et les disparus. Ce faisant, seuls les successeurs légitimes peuvent prétendre entrer en contact avec les crânes et officier en tant sacrificateurs. Les imposteurs, conscients de cette loi immuable ne peuvent se permettre une telle attribution au risque d'en payer le prix de leur santé ou de leur vie. Deuxièmement, le successeur entretient avec ses cohéritiers une relation horizontale construite sur un ensemble de rapports de dépendance et de soumission. Ainsi, lorsqu'il advient qu'un membre de la famille conteste ouvertement un droit de succession, celui-ci se met par la même occasion en mauvaise posture dans la mesure où il aura d'énormes difficultés à bénéficier du successeur contesté la conduite des rites qu'il [le contestataire] pourra être appelé à observer à l'avenir. Le *ŋdon* apparaît dans cette perspective comme une ontologie du respect tant de la volonté des défunts que des rapports de pouvoir autour de la succession.

2.3.2 Un levier de promotion du petit commerce et le renforcement de l'économie sociale

L'observance du *ŋdon* entraîne, au-delà du rituel, des logiques propices au développement d'une économie de subsistance plus ou moins structurée. Deux facteurs majeurs expliquent cette inflexion économique du rite : la rareté de plus en plus criante des biens nécessaires à l'exécution des rituels et la faible connaissance de la plupart des acteurs qui s'y investissent des rouages de cette activité rituelle. En effet, de par le passé, tous les biens nécessaires au déroulement des rituels (chèvre, poule, jujube, vin de raphia, kola, sel, etc.) émanaient directement des activités domestiques des ménages, donc étaient facilement mobilisables. Avec la réorganisation rapide de l'économie traditionnelle, les pratiquants des rites sont désormais contraints de se tourner essentiellement vers les marchés pour se les procurer. La rareté de certains de ces biens au fil des ans favorise l'essor d'une véritable économie de captation tout autour de ces rituels ainsi qu'une hausse graduelle des prix dont chacun cherche à tirer profit. En prenant la fin des années 1990 comme point de référence, on peut voir que le jujube autrefois vendu 25 FCFA l'unité coûte désormais entre 100 et 200 FCFA l'unité selon la grosseur ; le vin de raphia autrefois vendu à 100 FCFA le litre coûte aujourd'hui 300 FCFA, l'huile rouge est passée de 400 FCFA le litre à 1 200 FCFA ; une chèvre qui coûtait autrefois entre 20 000 et 30 000 FCFA se vend aujourd'hui dans les 70 000 FCFA, le prix d'une poule est passé de 1 000 FCFA à 3 000 FCFA. Cette hausse vertigineuse des prix suit certes le rythme de l'inflation, mais permet aussi clairement de poser le problème du coût de cette activité rituelle de plus en plus inaccessible pour les classes modestes. Le coût de certains rites comme le *ŋcup* ou le *Fà* qui nécessitent pour leur exécution une chèvre, de l'huile de palme, du sel, les jujubes et la kola s'évalue parfois à environ 100 000 FCFA hormis les honoraires de l'oracle tradipraticien et les frais de déplacement. Ainsi, il n'est plus rare de voir les familles se mobiliser pour supporter les coûts des rites trop chers plutôt que de tout laisser reposer sur les épaules d'une seule personne fût-elle celle qui subit le plus le courroux des ancêtres. Un tel comportement renforce davantage le primat de la solidarité familiale connue comme une valeur fondamentale dans les traditions bamiléké (Pain, 1984 ; Dongmo Temgoua, 2021).

Au marché « B » de Bangangté, il existe tout un secteur réservé aux commerçants spécialisés dans la vente des produits dit de *contryfaci* ou *shu' la* (les choses du village). Ces derniers exposent et vendent au détail tout le nécessaire pour l'exécution des rites traditionnels (*ŋdon*, malchance, protection, veuvage, etc.). Associés aux commerçants de chèvres et de poules, on ne dénombre pas moins d'une trentaine d'intervenants actifs.

Fig. 3   Aperçu de l'entrée du secteur du marché « B » de Bangangté réservé aux commerçants des « *contryfaci* ».

Overview of the entrance of Bangangté market « B » sector reserved for « contryfaci » traders.

Près de 80 % des commerçants recensés sont de sexe féminin, âgés au moins de 40 ans. Près de la moitié d'entre eux considèrent ces activités comme leurs occupations principales, raison pour laquelle ils commercent tous les jours de la semaine plutôt que les mercredis et les samedis seulement qui sont les principaux jours de marché. En plus de leurs casquettes de vendeurs, ces derniers servent également de conseils aux pratiquants des rites peu avisés ou ne maîtrisant pas les protocoles des rituels. Ils aident dans cette seconde tâche les oracles tradipraticiens qui sont les plus aguerris à cet ouvrage. Cette autre catégorie d'acteurs est spécialisée dans la voyance et la conduite des rituels de toute sorte, surtout les plus complexes. Ce sont eux qui sont généralement au départ de tout engagement dans la pratique du *ŋdon* dans la mesure où c'est après une consultation chez eux qu'ils détectent *ce qui ne va pas*. La consultation peut être volontaire et payante ou alors lors d'une rencontre fortuite au détour d'un chemin. Quel que soit le cas, lorsque leurs services sont sollicités, ces derniers perçoivent selon des modalités négociées à l'avance une rétribution. Autrefois très effacée, cette activité a connu comme un succès et un regain d'intérêt ces deux dernières décennies notamment auprès des jeunes qui semblent y trouver un gagne-pain plus ou moins stable, rapide et facile. C'est dire que la pratique du *ŋdon* déclenche comme on peut le voir toute une série d'activités lucratives qui permettent aux acteurs qui s'y investissent de générer des revenus et de « vivre ».

2.3.3 Un support des mobilités ville-campagnes et des migrations de retour

Comme il a été relevé précédemment, derrière la pratique du *ŋdon* se trouve en premier plan l'idée de filiation. Cette filiation rattache chaque individu à une concession. Le *ŋdon* se déroule principalement dans le lieu d'où l'on est originaire, « chez soi », dans sa concession familiale, auprès de ses ancêtres. Le lien avec le terroir d'origine est créé très tôt à la naissance d'un enfant avec l'inhumation du cordon ombilical dans la concession paternelle. Il est entretenu tout au long de la vie à travers les rites et est scellé à la mort avec l'inhumation de la dépouille au village. Il y a donc une sorte de dépendance au terroir qui est central dans la culture bamiléké et que les pratiques comme les obsèques, les funérailles et le *ŋdon* participent vivement à entretenir. La pratique du *ŋdon* constitue dans cette perspective l'une des principales causes des mobilités des ressortissants bamiléké vers leur terroir d'origine. Les commerçants du marché « B » de Bangangté estiment entre 50 et 65 % de leur clientèle le pourcentage des acheteurs non-résidents dans la localité. L'informateur Tangni Robert n'hésite pas à relever non sans ironie que : « *c'est comme si plus on s'éloigne du village plus ces choses-là nous touchent* ». Le nœud de ces mobilités est porté par les personnes souffrant de pathologies psychosomatiques plus ou moins complexes ou leurs proches, pathologie sur lesquelles le système de santé moderne n'a pas pu poser un diagnostic précis ou définitif ; celles victimes d'accidents ; de vols ou d'échecs à répétition ; etc. Dans tous ces cas de figure, la première chose à faire par tout « bon » Bamiléké est d'abord de rentrer regarder *si cela n'a rien à voir avec le village*.

La pratique du *ŋdon* constitue également une cause importante des migrations de retour au sein de la diaspora nationale et internationale bamiléké. C'est généralement le cas lorsque les personnes concernées sont les successeurs, rois, notables ou chefs de famille. Les rôles sociaux qu'elles sont amenées à assumer les contraignent en effet à élire résidence dans leurs concessions villageoises, proches des leurs et surtout des aïeuls dont ils incarnent le pouvoir. Le retour au village peut relever d'une initiative personnelle tout comme il peut être le résultat d'une contrainte diligentée par les ancêtres. Dans ce dernier cas de figure, la personne concernée n'a pas d'importantes marges de manœuvre car elle fera face à une suite de mauvais présages qui l'obligeront tôt ou tard à retourner s'installer *auprès des crânes*. Nous avons en souvenir l'expérience d'une voisine yaoundéenne qui était tout le temps malade et ne se sentait bien que lorsqu'elle était transportée dans la concession familiale au village. Après plusieurs années de martyr et de va-et-vient constants entre la ville et le village, elle a fini par comprendre qu'elle ne pouvait être à l'aise qu'au village et s'y est finalement installée. Les histoires comme celles-ci où des éléments transcendantaux sont mobilisés avec très souvent une grande conviction pour expliquer un certain nombre de faits vécus ou rapportés, sont revenues plusieurs fois lors des entretiens.

3   Discussion

Le *ŋdon* est l'un des rites ataviques les plus considérés en région bamiléké. Fondé sur le postulat d'une interconnexion évidente entre le monde des vivants et celui des ancêtres, il structure l'essentiel des pratiques cultuelles. Il est observé par la quasi-totalité des populations comme le témoignage d'un engagement individuel et collectif à vivre sur terre tout en respectant les préceptes ancestraux. Ainsi, les systèmes de pensée, l'aménagement spatial et les pratiques sociales portent tous les marques de la présence constante des ancêtres aux côtés des vivants qui non seulement les craignent mais peuvent aussi attirer leur faveur. L'étude menée montre à cet effet que l'observance du *ŋdon* puise ses fondements dans la croyance en la capacité des aïeuls à inférer positivement ou négativement dans la vie de leur descendance et, par conséquent, la nécessité de tout faire pour les apprivoiser. Cette analyse corrobore celles de Thomas (1975) pour qui les rites, à l'instar du *ŋdon*, servent entre autres à authentifier et à entretenir la croyance religieuse au sein d'une communauté. Leurs pratiques permettent aux membres du groupe social de s'unir, de sublimer les tensions sociales et de résoudre les conflits. Dans le même sens, les travaux de Laburthe-Tolra (1985) inscrivent les rites ataviques comme ceux mis en relief dans l'étude dans le cadre d'un échange avec les puissances invisibles afin d'obtenir d'elles, en contrepartie d'un certain nombre de sacrifices, la paix et l'harmonie. Les travaux de Mebenga Tamba (2015) sur les rites funéraires éwondo ne s'éloignent pas de cette perspective. Selon cet auteur, la fonction de l'activité rituelle est de maîtriser les aléas temporels afin d'assurer la continuité du phylum clanique. Le *ŋdon* se positionne dans ce sillage comme une fenêtre ouverte sur un autre monde, une invite aux forces invisibles à contrôler, par divers artifices, les ficelles du monde des vivants et d'en prendre le contrôle dans une certaine mesure. Sa pratique représente pour les traditionnalistes à la fois un outil de contestation contre le christianisme et une invite à l'enracinement et au respect des valeurs traditionnelles (Noubactep, 2011).

L'espace est loin d'être une composante neutre dans ce commerce avec l'invisible (Laburthe-Tolra, 1985). Au contact du rite, il se nourrit de sens et de symboles et son rapport aux ancêtres ou aux esprits bienveillants en fait des lieux sacrés. La sacralité de chaque lieu se construit et prend corps autour des tabous et des interdits auxquels il est associé. Dans les préceptes de la tradition, les lieux sacrés sont intrinsèquement liés au village, et plus précisément aux concessions familiales qui sont au sens de Tchékoté (2015), Paupert (2011) et Kengne Fodouop (2003) le cordon ombilical qui relie tous les ressortissants bamiléké à leurs ascendants. Dans cette perspective, les lieux de rite du *ŋdon* que sont les cases des crânes et les lieux sacrés constituent à la fois des marqueurs spatiaux et des espaces de référence lignagère. Ces fonctions ataviques s'estompent cependant au fil des ans. L'urbanisation sans cesse croissante a en effet raison de ces lieux dont la référence, les interdits et tabous sont graduellement transgressés tant par les autochtones pour qui la vente ou la location des terres deviennent un moyen de subsistance que par les allogènes qui n'ont pas toujours les mêmes référents culturels. En conséquence, on assiste de plus en plus dans les espaces périurbains et périphériques à une délocalisation des lieux sacrés vers l'hinterland rural pour ceux qui y disposent des terres vides ou encore à *l'entrée des crânes* dans les maisons d'habitation pour ceux dont les villages se sont rapidement urbanisés. Ce dernier cas de figure met en relief une forme de cohabitation directe ou une fusion entre les maisons d'habitation et les cases des crânes comme c'est le cas coutumièrement dans certaines localités de la Menoua, à Fongo Tongo notamment, où dans certaines concessions les crânes sont disposés le long des murs adjacents des cuisines.

L'intérêt social observé dans la pratique du *ŋdon* s'accompagne d'une économisation du rite facilement perceptible à travers les petits commerces et les prestations de services qui s'organisent autour de cette activité rituelle. L'inflexion économique de ce rite épouse les mêmes contours que celle des funérailles avec les « économies de la mort » ou les « économies funéraires » (Mebenga Tamba, 2009 ; Kaffo et *al.*, 2019 ; Noubactep et Tchékoté, 2020 ; Noubactep, 2021 ; Tchékoté et Noubactep, 2021). D'ailleurs, dans bien des cas, les acteurs se croisent et se confondent à plusieurs niveaux (marchands de chèvre, oracles tradi-praticiens, etc.). Quoi qu'il en soit, plus que de simples activités commerciales mues par la nécessité, l'essor de « l'économie du *ŋdon* » et celui de la « mort » ou « des funérailles » traduisent le souci ardent des populations, principaux acteurs et adjuvants du déroulement des rites, de rentabiliser les pratiques cultuelles et culturelles locales. Il n'est donc pas surprenant que les intervenants les plus actifs de ces différents secteurs d'activités en font des métiers qu'ils exercent à plein temps quoique leurs poids économiques soient dans l'ensemble relativement modestes.

Au demeurant, contrairement à certains rites qui se sont perdus dans les dédales de l'histoire, le *ŋdon* résiste jusqu'ici tant bien que mal à la modernité et aux nouvelles religiosités qui favorisent en contrée bamiléké, comme partout ailleurs, l'essor des valeurs culturelles occidentales antagonistes aux préceptes coutumiers. Malgré cela, plutôt que d'assister à une vive opposition entre les deux systèmes, on observe un syncrétisme non assumé qui à terme caractérise la spiritualité de l'homme bamiléké actuel (Ngoufo Sogang et Djomou, 2022).

Conclusion

En définitive, le *ŋdon* est un levier d'expression et de ritualisation des rapports d'échange entre les vivants et leurs ancêtres. Cette pratique, très utile au maintien de l'harmonie au sein des groupes, est à la base de la spiritualité bamiléké fondée principalement sur la continuité de la vie après la mort. À travers ses autels que sont les cases de crânes et les lieux sacrés, le *ŋdon* se positionne comme une des pièces maitresses de la construction des territoires aussi bien à l'échelle des concessions qu'à celle des quartiers et des villages. L'adossement de la prise en charge de ces lieux de rite singulièrement sur la personne du successeur, principal médiateur entre le monde des vivants et celui des ancêtres, favorise un vaste système de mobilités et de migrations de retour à connotation essentiellement rituelle en direction des campagnes. Dans bien des circonstances, la construction territoriale autour de ce rite dépasse le seul cadre spatial pour s'inscrire dans le champ socioéconomique à travers ce qu'il convient désormais d'appeler « l'économie du *ŋdon* » qui se nourrit des échanges de biens et de services utiles à la conduite des rites. Au demeurant, les logiques et croyances qui sous-tendent la pratique du *ŋdon* semblent bien s'articuler dans les paradigmes de l'action sociale et de la construction territoriale en région Bamiléké.

Université de Dschang-Cameroun
Département de Géographie
Centre d'Études et de Recherche en Espaces
Arts et Humanités (CEREAH)
BP : 49 Dschang
Cameroun
tatchapzoup@gmail.com
herve.tchekote@gmail.com

Bibliographie

Baudry, P. (2005), « La ritualité funéraire », *HERMÈS*, 43, p. 189-194.

Bonhomme, J. (2008), « Les morts ne sont pas morts », Cros, M. et Bonhomme, J. (éd.), *Déjouer la mort en Afrique. Or, orphelin, fantômes, trophées et fétiches*, L'Harmattan, p. 159-16821.

Cantin, A. (2020), « Faire revenir les esprits des défunts parmi les vivants, tel est la fonction du rite de l'Egoun », en ligne sur https://www.google.com/amp/s/www.geo.fr/voyage/benin-au-coeur-du-culte-des-ancetres-a-la-frontiere-du-royaume-des-morts-201432%3famp.

Chendjou Kouatcho Ngongang, J.-J. (1986), *Les Bamiléké de l'Ouest-Cameroun ; pouvoir, économie et société : 1850-1916*, Thèse de doctorat de troisième cycle en science humaine : spécialité histoire africaine, Université de Paris 1 Panthéon-Sorbonne, 659 p.

Dongmo Temgoua, B. (2021), « Crise, mobilité et développement local : l'exemple du pays bamiléké au Cameroun », Conférence : Université d'été, août 2021, université de Franche-Comté.

Dumas-Champion, F. (1989), « Le mort circoncis. Le culte des crânes dans les populations de la haute Bénoué (Cameroun/Nigéria) », *Système de pensée en Afrique noire* [en ligne], 9/1989, mis en ligne le 15 octobre 2013, consulté le 13 décembre 2022. http://jouurnals.openeedition.org/span/1114 ; DOI :https://doi.org/10.4000/span.1114.

Duteil-Ogata, F. (2021), « Les pratiques funéraires contemporaines japonaises : quels lieux pour les morts et pour la mort au Japon ? », *Essais*, mis en ligne le 17 avril 2021, consulté le 13 décembre 2022. http://journals.openedition.org/essais/8635 ; DOI :https://doi.org/10.4000/essais.

Gollnhofer, O. et Sillams, R. (1986), « Pratiques sacrificielles chez les Mitsogho du Gabon », *Systèmes de pensée en Afrique noire*, mis en ligne le 5 juin 2013, consulté le 13 février 2023. http://journals.openedition.org/spam/626 ; DOI : https://doi.org/10.4000/span.626.

Kaffo, C. et *al.* (2019), « les cérémonies funéraires à l'Ouest-Cameroun : entre mutations des pratiques sociétales, reconstruction des économies locales et aménagement de l'espace », *Géographie et culture*, mis en ligne le 27 novembre 2020, consulté le 23 janvier 2022 sur https://doi.org/10.4000/gc.12127.

Kengne Fodouop, F. (2003), *Citadins et développement des campagnes au Cameroun*, Yaoundé, Presses Universitaires de Yaoundé, 230 p.

Kuipou, R. (2005), « Le culte des crânes chez les Bamiléké de l'Ouest du Cameroun », *Communications* n° 97/2, p. 93-105, consulté le 31 octobre 2019 sur https://www.cairn.info/revue-communications-2015-2-page-93.htm.

Laburthe-Tolra, P. (1985), *Initiations et sociétés secrètes au Cameroun : essai sur la religion Beti*, Paris, Éditions Karthala, 407 p.

Mebenga Tamba, L. (2009), *Anthropologie des rites funéraires en milieu urbain camerounais*, Yaoundé, L'Harmattan, 269 p.

Mebenga Tamba, L. (2015), *Funérailles et mutations sociales en Afrique*, Saarbrücken, Éditions universitaires européennes, 276 p.

Mwangwale, I. (2021), « Chagga religious history : history through religion, rituals and norms practice in Kilimanjaro », consulté le 5 février 2023 sur https://www.cbmtanzania.com/chagga-religous-hystory.

Ngoufo Sogang, T. et Djomou, T. (2022). « Christianisme et antagonismes culturels entre acteurs de la colonisation et populations bamiléké (Ouest-Cameroun) », *African Humanities*, vol 7, p. 112-129.

Noubactep, C. (2011), « There is no place like home : Showing the modern African the path back home », *CDN. G Magazine*, décembre 2011, p. 12-13.

Noubactep, C. (2021), *Pratiques des funérailles dans les campagnes Bamiléké (Ouest-Cameroun) : logiques d'acteurs, implications socio-économiques et spatiales*, Thèse de doctorat Ph. D, département de géographie, Université de Dschang, 318 p.

Noubactep, C. et Tchekote, H. (2020), « Économie des funérailles en période de crise de covid-19 à l'Ouest du Camreoun », *Revue de géographie du laboratoire Leïd*, n° 24, p. 24-40.

Pain, M. (1984), « Le dynamisme bamiléké », *Annales de Géographie*, t. 93, n° 519, p. 590-595 [en ligne], consulté le 15 septembre 2023 sur www.persee.fr/doc/geo_0003-4010_1984_num_93_519_20293.

Paupert, M. (2011), *Les motivations du paysage. Le vide et le plein. Perception paysagère et compétition ethnique dans l'Ouest du Cameroun*, Thèse de Doctorat en Géographie, Université Michel de Montaigne – Bordeaux III, 386 p.

Pazzi, R. (1968), « Culte des morts chez le peuple Mina (Sud Togo), *Cahier des religions africaines*, vol. 2, n° 4, p. 249-260.

Surgy, A. (1975), « Le culte des ancêtres en pays Evhe », *Système de pensée en Afrique noire*, vol. 1, p. 105-128.

Tchekote, H. (2015), « Dynamique de l'habitat « non habité » et construction des « villages-tombeaux » dans l'Ouest Cameroun : une lecture des mutations sociospatiales post crise café », *Revue des Hautes Terres*, n° 5, p. 223-236.

Tchekote, H. et Noubactep, C. (2021), « Pratique des funérailles et émergence du commerce de proximité dans les hautes terres de l'Ouest-Cameroun : Analyse à partir du cas de l'arrondissement de Bangangté », Tchalefac, M. (dir.), *Ressources, risques et vulnérabilités au Cameroun : dynamiques et paradoxes*, Yaoundé, Édition CLE, p. 91-108.

Thomas, L.-V. (1975), *Anthropologie de la mort*. Paris, Payot, 540 p.

Vincensini, C. (2006), « Tambours africains, voix amérindiennes : les caraïbes noirs d'Amérique centrale », *Nuevo Mundo Mundos Nuevos* [en ligne], Debates, publico el 03 febrero 2006, http://journas.openeditions.org/nuevomundo/1794.

Wang, J. (2015), « Où sont passés les ancêtres ? », *L'Homme* [en ligne], n° 214, mis en ligne le 18 mai 2017, http://journal.openedition.org/lhomme.23850.

Watio, D. (1986), *Le culte des ancêtres chez les Ngyemba (ouest Cameroun) et ses incidences pastorales,* Thèse de doctorat de troisième cycle, Département des sciences des religions, Université de Paris Sorbonne (Paris IV), 429 p.

L'« espace mobile » du soufisme dans la vallée de l'Indus : circulations, limites et transformations

The "Mobile Space" of Sufism in the Indus Valley: Movements, Limits and Transformations

Rémy Delage

Chercheur au CESAH (CNRS-EHESS)

Delphine Ortis

Chargée de cours à l'INALCO, Chercheure associée au CESAH

Résumé   Cette contribution s'intéresse aux rapports entre mobilité, espace et soufisme dans une région du globe, la vallée de l'Indus couvrant plusieurs provinces du Pakistan, où cette forme de religiosité musulmane est fortement ancrée. Une contextualisation historique permet tout d'abord de comprendre comment le soufisme en tant que mouvement dévotionnel s'est diffusé avec l'avancée de l'islam dans cette région, le long de plusieurs « fronts pionniers » (économique, urbain, religieux) et selon divers régimes de mobilité (conquête militaire, itinérance, commerce). Ensuite, à travers l'étude du cas d'une catégorie de soufis en particulier, celle de renonçants de type *qalandar*, dont l'un de ses représentants est ancré dans une petite localité de la province du Sindh, nous analysons l'articulation entre circulation itinérante et implantation locale du culte des saints. Enfin, grâce à l'outil conceptuel de l'« espace mobile », la dimension mouvante de la complexe organisation rituelle et spatiale de cette localité est mise au jour au-delà de la fixité apparente du grand sanctuaire où repose la dépouille mortelle du saint.

Abstract   *This paper focuses on the relationship between mobility, space and Sufism in a region of the world, the Indus Valley encompassing several provinces of Pakistan, where this form of Muslim religiosity is strongly rooted. A historical contextualisation will first enable us to understand how Sufism as a devotional movement spread with the advance of Islam in this region, along several 'pioneer fronts' (economic, urban, religious) and according to various forms of mobility (military conquest, wandering, trade). Then, through a case study of one category of Sufis in particular, that of Qalandar renunciants, one of whose representatives is rooted in a small locality in the province of Sindh, we analyse the relationship between itinerant movement and the local establishment of the cult of saints. Finally, using the conceptual tool of 'mobile space', the moving dimension of the complex ritual and spatial organisation of this locality is brought to light beyond the apparent fixity of the large sanctuary where the mortal remains of the saint rest.*

Mots-clefs   soufisme, sanctuaire, itinérance, front pionnier, espace mobile, circulations, Pakistan

Keywords   *sufism, shrine, wandering, pioneer front, mobile space, circulations, Pakistan*

Cette contribution s'inscrit dans le cadre du renouvellement des approches géographique et anthropologique du fait religieux, celles plaçant le mouvement et la mobilité spatiale sous toutes ses formes, qu'il s'agisse d'itinérance, d'activité missionnaire, de pèlerinage, de circulations dévotionnelles, processionnelles ou encore de tourisme religieux, comme facteurs premiers de production des lieux et de l'espace des sociétés dans lesquelles celles-ci se déploient. Cette démarche n'est pas complètement nouvelle si l'on suit l'évolution récente de certains paradigmes de la mobilité en géographie et en sociologie[1] et, plus particulièrement, dans le champ pluridisciplinaire des recherches consacrées au pèlerinage[2]. Poursuivant l'exploration des faits religieux à travers la mobilité, à l'instar de l'étude de l'espace du pèlerinage envisagé comme « territoire circulatoire » et le sanctuaire comme carrefour temporalisé de mobilités (Delage, 2016a), par emprunt à la notion développée par le sociologue des migrations Alain Tarrius, nous privilégions ici l'outil théorique de l'« espace mobile », et ses possibilités méthodologiques tels que définis par le géographe Denis Retaillé (2005, 2011, 2013), que nous appliquerons au soufisme sud-asiatique, où cette doctrine mystique et ésotérique propre à l'islam est devenue une pratique dévotionnelle et populaire centrée sur le culte de saints intercesseurs (*walî*). À la différence d'autres régions du monde musulman, la caractéristique actuelle du soufisme sud-asiatique est de vivre principalement dans des sanctuaires (*dargâh*), lieux de dévotion et d'extase, plutôt que dans des couvents, hospices ou loges soufies (*khânqâh*), lieux d'étude et d'accomplissement spirituel. Nous nous intéressons donc ici aux rapports entre mobilité, espace et soufisme dans une région du globe, la vallée de l'Indus couvrant plusieurs provinces du Pakistan, où cette forme de religiosité musulmane s'est durablement implantée peu de temps après l'arrivée de l'islam.

Le soufisme est un objet géographique pertinent à bien des égards, si l'on considère à la fois ses lieux de culte établis autour d'une figure de sainteté et ses lieux d'enseignement, mais aussi plus largement les juridictions spirituelles, plus ou moins territorialisées, administrées par des lignées de maîtres spirituels et à l'intérieur desquelles évoluent les communautés de fidèles. Comme nous allons le voir plus loin, l'installation et le développement du soufisme en Asie du Sud se sont tout d'abord opérés selon des régimes de mobilité qui leur sont propres (le voyage d'étude et l'itinérance, au premier chef), et à l'intérieur d'espaces de mouvement liés à l'expansion de l'islam entre son berceau originel dans le monde arabe et de nouveaux espaces à conquérir en Asie et, dans un second temps, selon les pratiques circulatoires que génère le culte des saints soufis. C'est pourquoi l'outil conceptuel de l'« espace mobile » permet d'aborder ici l'objet du soufisme en ce qu'il postule le renversement de la perspective d'analyse, en accordant la primauté au mouvement, à la mobilité et aux circulations sur la fixité des lieux et une topographie du sacré en apparence stable.

---

1   Voir entre autres les travaux de Tarrius (1993) ; Markovits, Pouchepadass et Subrahmanyam (2003) ; Sheller et Urry (2006).

2   Voir Sopher (1968) ; Bhardwaj (1978) ; Gold (1988) ; Frey (1998) ; Werbner (2003) ; Coleman et Eade (2004, 2018) ; Bajc, Coleman et Eade (2007) ; Delage (2017) ; Trouillet et Lasseur (2016).

Nous commencerons donc par décrire d'abord les conditions historiques qui ont présidé à la structuration de l'espace du soufisme dans la vallée de l'Indus, en recourant notamment à la notion de « front pionnier » mobile. Dans un deuxième temps, nous nous focaliserons sur une catégorie de soufis en particulier, celle de renonçants de type *qalandar*, dont la circulation itinérante est consubstantielle à leurs pratiques, et qui précède leur ancrage local et leur institutionnalisation en tant que saints dans un sanctuaire. Les traces laissées de leur passage, visibles et matérielles, dessinent des cartographies rituelles sans cesse réactualisées ou renouvelées par ceux qui suivent leur voie. Enfin, à une échelle plus locale, celle de Sehwan Sharif située le long de l'Indus, nous verrons que, derrière l'apparente stabilité de la forme spatiale générique de son mausolée ou de la localité, le sens et la valeur attribués à ce lieu saint, identifié aujourd'hui par le saint patron qui y réside et le pèlerinage de masse qui lui est dédié, ont fortement varié dans le temps long, un processus qui s'est fortement accéléré au cours des dernières décennies suite à la mise en œuvre de politiques publiques de réaménagement. En effet, il s'agira de montrer comment ce lieu de pèlerinage s'organise, fonctionne et se transforme selon des régimes de circulation et d'interactions quotidiennes, redessinant en permanence de nouvelles limites ou intersections entre des groupes d'acteurs et des lieux internes ou extérieurs à la localité[3].

1   Brève histoire de l'espace mobile du soufisme dans la vallée de l'Indus

La première phase de l'expansion de l'islam en direction du sous-continent indien s'est déroulée avec la conquête du Sindh par les Arabes emmenés par Muhammad b. Qâsim dès le VIIIᵉ siècle. Des missionnaires ismaéliens imposeront ensuite leur pouvoir politique dans la région à partir du Xᵉ siècle. Cette région, dont l'étymologie sanskrite renvoie au fleuve Indus (*Sindhu*) qui la traverse du nord au sud, constituait alors une sorte d'interface ou d'espace frontalier entre le monde arabo-musulman, l'empire perse et le monde indien-hindou, désigné dans la littérature arabe par l'appellation *al-Hind*. Le Sindh n'était autre qu'un confins du monde musulman, un espace marginal tantôt inclus, tantôt exclus de *al-Hind* dans les sources historiques. Au final, *al-hind* constituait moins une entité géographique qu'une catégorie proprement politique, gouvernée et administrée par des rois hindous ou bouddhistes, qui exerçaient leur autorité sur des territoires politiques imbriqués les uns aux autres, aux frontières assez lâches et ouvertes (Wink, 1990, p. 192). Il s'agissait donc bien d'une représentation politique qui prenait la forme d'une limite fluctuante et ouverte au monde situé

---

3   Les données présentées ici sont le fruit de plusieurs séjours de recherches menés par les deux auteurs entre 2008 et 2013 au sein de la mission interdisciplinaire française du Sindh (MIFS, initiée et coordonnée par Michel Boivin), et poursuivis jusqu'en 2022 par des terrains individuels. La méthode d'enquête privilégiée a été celle de l'ethnographie combinant la conduite d'entretiens, les observations directes, la fouille documentaire, ainsi qu'un suivi dans le temps long des différents acteurs de la localité.

au-delà. En revanche, le Sindh, même si ses contours géographiques n'étaient pas toujours bien définis, correspondait à l'ensemble des territoires situés le long des deux bords du fleuve Indus dans sa partie méridionale. Il est également important de rappeler que le bouddhisme puis l'hindouisme brahmanique étaient déjà bien implantés le long de l'Indus durant cette période et que le fleuve ne constituait pas, en dépit de son franchissement souvent difficile pour des troupes armées, une limite fermée et imperméable aux influences religieuses extérieures, bien au contraire. Aussi la domination du Sindh permettait-elle de contrôler le commerce globalisé à l'échelle transocéanique, puisque la maîtrise des circulations de biens et de marchandises le long de l'Indus facilitait l'accès à la mer d'Oman. Dans ce cadre, la petite localité de Sehwan bénéficiait d'une position éminemment stratégique le long du fleuve, raison pour laquelle elle fut tant convoitée tout au long de son histoire, notamment durant la première phase des premières conquêtes musulmanes.

C'est aussi dans ce contexte d'expansion de l'islam que le soufisme fit son apparition dans le sous-continent indien à partir des XIIᵉ et XIIIᵉ siècles, qui virent tout d'abord arriver les premiers mystiques musulmans, entre autres des mendiants errants et saints hétérodoxes en provenance du Moyen-Orient puis d'Asie centrale, pour s'installer dans la vallée de l'Indus. Ceux-ci constituaient une catégorie bien particulière de mystiques, à savoir celle des *be-shar* (« hors la Loi révélée ») dont les pratiques transgressives (tenues vestimentaires et comportements excentriques, célibat et abstinence sexuelle, consommation de substances illicites, pratiques de la danse et de la musique, etc.) contrastaient fortement avec celles préconisées par un islam sunnite et orthodoxe. Ils s'opposaient ainsi à la loi coranique (*sharî'a*) ou la prenaient à l'envers, en vivant à l'écart de la cité, manifestant une désapprobation générale vis-à-vis de l'ordre social et politique dominant mais aussi vis-à-vis des grands ordres confrériques établis, eux-mêmes en étroite interaction avec la sphère politique (Watenpaugh, 2005). Cette catégorie de mystiques est encore présente au Pakistan sous les appellations de *qalandar*, *jalâli* ou *malang* (Digby, 1984 ; Ewing, 1984 ; Papas, 2020b). Ils étaient aussi connus pour interagir avec les milieux d'ascètes-renonçants hindous ou *yogis*, dont ils s'appropriaient certaines des pratiques (Matringe, 1995, p. 170-178). Le mouvement des *qalandar*, ou *Qalandariyyâ* (Karamustafa, 2006 ; Papas, 2020a), semble s'être développé au XIIIᵉ siècle en réaction à la mainmise de l'autorité politique, en l'occurrence celle du sultanat de Delhi, sur le soufisme, en train de s'institutionaliser et se solidifier avec l'établissement de grands ordres ou « voies » (*tarîqah*) créés par les disciples après la mort de leur fondateur éponyme depuis le XIIᵉ siècle. Durant cette phase, qui s'étire jusqu'au XVIᵉ siècle, le soufisme a contribué à l'urbanisation de la vallée de l'Indus avec la fondation de nombreux sanctuaires (*dargâh*) dessinant de nouvelles géographies islamiques, très souvent à côté de réseaux de temples hindous préexistants (Schimmel, 1980 ; Boivin, 2008).

La diffusion de l'islam et l'implantation du soufisme se sont ainsi opérées sur plusieurs « fronts pionniers », à l'image de ceux décrits par Richard Eaton (1993) dans la région du Bengale. Il en est de même pour la région du Sindh, où l'espace mobile du soufisme s'est formé dans la longue durée d'expansion de l'islam à travers plusieurs « fronts pionniers », eux-mêmes mobiles : économique (commerce transocéanique, agriculture, marchés et foires), urbain (hospices, mausolées) et religieux/dévotionnel (réseaux de clientèle, pèlerinages et rassemblements). En effet, le mouvement de conquête de nouveaux territoires visait en premier lieu à dynamiser le commerce maritime des Arabes à travers l'Océan indien. Il s'est accompagné pour cela d'un côté, de la sédentarisation d'une partie des groupes mobiles de pasteurs-nomades évoluant dans les steppes arides et d'un autre côté, d'une accélération du processus d'urbanisation densifiant ainsi les réseaux économiques urbains sur lesquels les conquérants pouvaient alors s'appuyer dans leur entreprise commerciale[4]. Si l'islam a longtemps été minoritaire, au moins jusqu'à l'avènement de la période moghole, le soufisme a certainement été un vecteur important d'islamisation des populations locales[5], notamment hindoues. Ce processus a vu dans le Sindh précolonial le renforcement progressif du pouvoir social, politique et économique des maîtres spirituels soufis descendants de saints en milieu urbain, parallèlement au développement de l'agriculture irriguée le long de l'Indus (Ansari, 1992). Les hospices ou loges soufies, en tant que centres de transmission de la mystique musulmane entre maîtres spirituels (*pîr*, *murshîd*, *sajjâda nashîn*) et disciples (*murîd*) constituaient les premiers lieux d'ancrage de la pratique soufie. L'épicentre de la vie spirituelle s'est ensuite déplacé à partir du XVe siècle des hospices vers les grands sanctuaires (*dargâh*), un processus d'institutionnalisation lié au développement des ordres soufis (Ansari, 1992 ; Matringe, 1995, p. 170), qui prend forme autour de la dépouille mortelle des hommes remarquables de l'ordre considéré comme ami de Dieu (*walî*) et qui, à ce titre, sont doués de pouvoir thaumaturge. Graduellement, ces *dargâh* devinrent de riches et puissantes institutions qui s'appuyaient sur un « marché » grandissant de l'activité du pèlerinage et des foires (*melâ*) organisées à l'occasion des fêtes des saints. Les élites socioreligieuses jouaient un rôle important dans le contrôle et la redistribution des ressources qui y transitaient (Delage, 2018 ; Ortis, 2021). Ces élites bénéficiaient également d'un fort soutien économique de la part des souverains et des sultans sous forme de donations aux sanctuaires ou aux familles de maîtres spirituels. Parallèlement, ceux-ci maintenaient leur influence en collectant auprès de leurs disciples résidant en milieu rural une contribution indispensable au maintien de l'activité sociale et rituelle dans les établissements qu'ils administraient, sanctuaires comme hospices, des pratiques qui perdurent jusqu'à aujourd'hui.

Nous l'avons vu, durant toute la période d'expansion de l'islam, la mobilité a joué un rôle fondamental dans l'établissement de nouvelles limites sur le plan

---

4   Contrairement au monde arabe, il n'existait pas de réelle densité urbaine dans la vallée de l'Indus, indispensable au développement de réseaux économiques. La plupart des villes fortifiées avaient déjà périclité à la suite de catastrophes naturelles (inondations, changements du cours de l'Indus, etc.).

5   Toutefois, les sources historiques indiquent qu'il n'y a jamais eu, au moins jusqu'au début de la période moderne, de conversion de masse et donc pas d'islamisation homogène des populations mais plutôt une accommodation entre les souverains musulmans et les gouvernants locaux.

politique (Sindh versus *al-Hind*), économique (fronts maritimes et agricoles) et religieux (adhésion croissante au culte des saints, développement des grands sanctuaires urbains). Les pays de l'Indus formaient alors un ensemble hétéroclite de territoires politiques à l'intérieur d'un espace de circulation très ouvert et beaucoup plus vaste dans lequel le nomadisme des steppes et des mers prédominait sur la sédentarité des populations d'agriculteurs. Cette double frontière, telle que l'a désigné André Wink (2020, p. 1-7), maritime d'un côté, entre nomades et sédentaires de l'autre, s'est refermée au crépuscule de la période Moghole avec l'arrivée des Britanniques qui prirent le pouvoir sur les mers et sur une grande partie du sous-continent indien. De nouvelles cartographies religieuses se sont dessinées au fil des siècles le long de l'Indus, dans les régions du Pendjab et du Sindh, fortement soumises aux interactions, plus particulièrement entre hindous, soufis et sikhs, donnant lieu bien souvent à des formes de religiosité hybrides. Aussi la nouvelle stabilité territoriale du soufisme à travers ses ordres contrastait-elle dès lors avec les pratiques circulatoires de nombreux soufis venus s'établir dans la vallée de l'Indus.

2   Hagiographies, circulation itinérante et ancrage local du culte des saints

Parmi ces circulants religieux figuraient les *Qalandar*, une catégorie de renonçants itinérants et hétérodoxes qui présentait des similitudes avec les ascètes hindous, shivaïtes comme vishnouites, sur le plan de certaines pratiques hérétiques et jugées immorales dans les milieux orthodoxes. Toutefois, il existe des différences de représentation de la mobilité dans le soufisme et l'hindouisme. L'itinérance des renonçants a en effet toujours été survalorisée dans la société hindoue par rapport à la sédentarité, car le renoncement (*samnyâsa*) correspond au stade ultime de la vie, c'est-à-dire celui invitant à se détacher du monde d'ici-bas et des contingences matérielles. S'appuyant sur l'exemple des Nâth Yogis, un mouvement sectaire hindou aux pratiques tantriques, Véronique Bouillier (2016) montre que l'itinérance ascétique précède toujours l'ancrage dans un lieu fixe comme un monastère ou un lieu de retraite. *A contrario*, la mobilité n'occupe pas la même importance dans toutes les sociétés musulmanes. Si le voyage vers les hauts lieux de l'islam pour accomplir le pèlerinage (*hajj*) ou étudier est valorisé, pour autant l'itinérance des soufis (hétérodoxes ou non) y est plutôt mal perçue ou dévalorisée autant par la société que par les milieux confrériques fortement ancrés dans leurs institutions. Pour ces raisons, le mouvement mystique Qalandarî,[6] est d'autant plus intéressant par l'importance qu'il accorde à l'itinérance, dont il a fait une injonction pour ses renonçants. Ceux-ci pratiquent donc la circulation sur les routes en demandant l'aumône contre travail (une spécificité des Qalandar) et prennent toujours leur repos à l'écart de la cité, dans des lieux périphériques

---

6   La *Qalandarîyyâ* sous sa forme confrérique a aujourd'hui disparu.

et inhabités, très souvent répulsifs comme les cimetières, les ruines et les déserts. Si les pérégrinations de son éminent représentant en Asie du Sud, La'l Shahbâz Qalandar (LSQ), ne sont pas exceptionnelles en soi, l'étude de leur tracé en revanche peut nous aider à mieux comprendre les cartographies rituelles qui se sont dessinées ultérieurement autour de son culte.

Il est difficile de retracer la vie de 'Uthmân Marwandî (le nom d'origine de LSQ), car les sources historiques sont rares et elliptiques, les sources hagiographiques tardives et les légendes actuelles protéiformes et contradictoires[7]. Quoi qu'il en soit de la « véritable » vie de ce personnage, ce qui nous intéresse ici ce sont, d'une part, ses multiples déplacements avant de s'installer à Sehwan à la fin de sa vie et, d'autre part, ceux qu'il a accomplis dans cette cité. Pour ces derniers, nous nous appuierons surtout sur les discours locaux ou sources orales associées aux traces matérielles de sa présence dans les sites qu'il est supposé avoir assidûment occupés. D'après les sources hagiographiques, 'Uthmân Marwandî naît en 1143 (ou en 1178) en Perse à Marwand/Marand (important centre commercial à l'époque) situé près de Tabriz (Azerbaïdjan)[8]. Il est le descendant du sixième Imâm chiite (Ja'far al-Sâdiq) par son fils Ismâ'îl ; cette généalogie le lie donc au chiisme septimain ou ismaélien pour qui Ismâ'îl est le premier Imâm caché. Sa conception miraculeuse au mausolée de Husayn à Kerbala le lie aussi au chiisme duodécimain, qui est devenu aujourd'hui une des facettes majeures de sa personnalité. Du point de vue de la géographie historique du soufisme, la généalogie de LSQ le rattache donc au monde irano-chiite, et rappelle ainsi la centralité persane de l'islam sud-asiatique, tant aux plans religieux que culturel.

Toutefois, jeune il renonce à sa religion, l'ismaélisme et aux désirs temporels pour se consacrer à la contemplation et au soufisme. Sa vie est une longue pérégrination entre l'Irak et le nord du sous-continent indien, où il arrive dans un contexte marqué par les débuts de la propagation des ordres soufis. Le tracé de ses errances n'est pas clair mais elles le mènent auprès de différents maîtres à l'intérieur d'un espace de circulation constitué de trois grands pôles : les grands lieux du chiisme (Najaf et Kerbala en Irak, Machhad en Iran, mais aussi en Égypte), du sunnisme (Jérusalem, La Mecque et Médine) et ceux du sous-continent où il se rend ensuite en suivant la côte du golfe Persique, traversant le Makran, c'est-à-dire la côte du Baloutchistan pakistanais. Il traverse ensuite le Sindh et atteint la ville de Multan, principal foyer soufi de la vallée de l'Indus à l'époque. Il y rencontre ses trois principaux compagnons, qui appartiennent aux deux grands ordres confrériques déjà installés, la Suhrawardiyyâ et la Chishtiyyâ. Puis lors d'un passage dans le nord de l'Inde, un célèbre maître de l'époque, Bû 'Alî Qalandar (1210-1324), lui recommande d'aller s'installer à Sehwan. Il s'exécute et entre dans la ville en 1272 (ou en 1251), selon certains récits à la

---

7   Pour un panorama des sources historiques et hagiographiques de cette figure, voir les travaux de Michel Boivin (2012) mais aussi ceux de Qazi (1971) et Mohammad (1978).

8   D'autres versions le situent près de Hérat (Khorasan afghan).

tête d'une armée de renonçants (*faqîr*), pour y passer les deux dernières années de sa vie.

En approchant de Sehwan, LSQ aurait d'abord demandé l'autorisation de s'y établir à un soufi local, Sayyed Shah Sadr Lakki[9]. Celui-ci lui aurait recommandé de résider dans un premier temps à quelques kilomètres au sud de la localité. LSQ se serait donc installé aux abords de la cité, qui commençait tout juste à se développer en dehors de sa forteresse surplombant l'Indus, et qui abritait une population majoritairement hindoue. Toutefois, ce n'est pas seulement à l'opposition de cette dernière qu'il doit faire face mais aussi à celle des soufis orthodoxes déjà installés dans les lieux. Du point de vue doctrinal et en contraste avec ses opposants, il n'est pas étonnant pour un Qalandar de rester en périphérie de la cité et plus particulièrement dans la partie méridionale, une zone généralement associée dans l'hindouisme au pays des morts. D'ailleurs jusqu'aux années 1980, période récente d'urbanisation, toute cette partie de la localité était occupée par des cimetières et d'anciens mausolées (Delage, 2016b ; Ortis, 2019). Durant son séjour aux marges de Sehwan, LSQ laissa des traces visibles et matérielles de sa puissance dans le paysage local, dans et autour de la localité, et qui font l'objet aujourd'hui de dévotion intégrée à son culte. Ces lieux, devenus « sacrés » grâce à ses miracles (*karâmât*) accomplis en faveur de la population locale, marquent tout autant son extériorité à la société locale qu'ils rappellent qu'il y passa la fin de sa vie en retraite méditative. Ce sont la présence de *chillâ-khâna* ou *chillâ-gah* (lieux de pénitence, de méditation et de retraite), que l'on trouve sur ces sites-traces et qui dessinent la topographie légendaire du saint, qui l'attestent aujourd'hui. Le sacré est ici en lien avec la force (*tāqat*) de LSQ, avec sa capacité à agir sur le réel et à le transformer (Ortis, 2017). La puissance de ces sites-traces produit chez les pèlerins et les dévots un rapport « numineux » qui s'apparente au sacré tel que défini par Otto (1917).

Les deux sites d'importance dans la topographie légendaire du saint et la vie religieuse locale, encore pour peu de temps à l'extérieur de la ville, sont le « Jardin [du] Rouge » (*lâl bagh*) et les « Quatre Piliers » (*cho tombî*), situés à quelques centaines de mètres l'un de l'autre (Ortis, 2017). Dans ces deux endroits, LSQ a accompli ses miracles les plus remarquables (parfois les mêmes) dont les traces continuent d'attirer les dévots, qui s'y rendent au cours de leur visite pieuse (*ziyârat*), en commençant par *lâl bagh*. Là, à l'arrivée de LSQ à Sehwan, il n'y avait rien. Mais, en frappant le sol de son bâton, le saint homme fit faillir une source qui devint rivière et transforma une partie du site désertique en jardin, d'où son nom[10]. L'endroit, particulièrement arboré et vert, tranche avec le reste du paysage marqué par le climat sec de cette région aride. Ce

---

9   Un important lignage de maîtres spirituels, les Lakkiyarî, qui garde jusqu'à aujourd'hui un droit de regard sur le culte de LSQ, serait originaire de Lakki, à plusieurs dizaines de kilomètres au sud de Sehwan.

10 La couleur rouge dans l'expression « Jardin [du] Rouge » (*lâl bagh*) fait référence au surnom LSQ, le « Faucon rouge ».

miracle n'est évidemment pas neutre dans ce type de milieu, où l'eau est une denrée rare et un gage de prospérité. L'eau n'est pas la seule fortune que LSQ a apportée à ce lieu. Les gouttes d'eau tombées de sa longue chevelure à la suite du bain qu'il prit dans la rivière, se transformèrent en rubis, que ses plus proches dévots peuvent avoir encore la chance de dénicher malgré les années passées. Sur le site, ces derniers peuvent aussi trouver des graines végétales et un arbre *miswak* (*Salvadora persica*) supposés faciliter la fécondité des couples rencontrant des difficultés à enfanter. Enfin, un troisième site, nommé « foyer » (*match*), marque le lieu où LSQ aurait cuisiné un repas pour un nombre important de convives avec très peu de matière première. Alors que le jardin de *lâl bagh* fut longtemps un lieu de rencontre entre renonçants, autrefois hindous, puis hindous et musulmans et aujourd'hui uniquement musulmans, ils sont actuellement en train d'être transformés pour les visiteurs en un espace d'agrément (aires de pique-nique et de repos). Néanmoins, pendant la grande fête d'anniversaire de la mort du saint (*'urs*), ces lieux continuent de remplir une fonction cultuelle, puisqu'ils servent de campement aux pèlerins et surtout de point de départ au grand pèlerinage annuel sur les traces de LSQ, vers Lahût Lamakan dans les monts Kirthar de la province voisine du Baloutchistan. Mais avant de s'engager sur le chemin, les renonçants *malang*, appartenant à différentes loges soufies de Sehwan (cf. ci-dessous), se rassemblent en ce lieu et se préparent à l'épreuve en partageant du cannabis et du thé.

Plus important encore que ces jardins, de l'autre côté de la rivière longeant *lâl bagh*, en recul par rapport à la route se trouve le curieux site nommé « Quatre Piliers ». Assez étendu, il se compose de quelques bâtis construits sur les dernières crêtes peu élevées de la Lakki Range, de forme conique et d'un ensemble d'étendards chiites (*'alam*) disséminés dans l'aride campagne. Ce complexe fait directement face à Sehwan et à la citadelle que l'on aperçoit au loin, à quelques kilomètres au nord. Le site se compose d'une grotte sur la principale crête nommée un pilier (*ek tombâ*), qui servait à LSQ de lieu de retraite méditative (*chillâ-khâna* ou *chillâ-gah*). En empruntant les deux cavités dans la paroi de cette grotte, il avait l'habitude de plus l'habitude de se rendre à Médine et de revenir à Sehwan[11]. La grotte est encore surmontée d'une plateforme nommée « trône » (*takht*), point culminant du site, où il s'asseyait pour rendre la justice et s'entretenir avec ses trois amis soufis (cf. supra). Se rendre en ce lieu donne accès non seulement à LSQ mais aussi à ces trois saints majeurs des XIIe-XIIIe siècle, et à travers eux à l'histoire de l'islam dans la région. À quelques mètres de cette grotte se trouve le Rocher de l'Imâm 'Alî, sur lequel se sont inscrits son épée et le sabot de son cheval en témoignage de sa rencontre avec LSQ, que Dieu lui a offert, selon son souhait, pour le récompenser d'une retraite méditative de quarante jours. Positionnés sur le rocher en direction de la ville, les visiteurs peuvent également adresser d'ici leur prière au saint, dont ils aperçoivent au loin

---

11 Ce vol mystique accompli par LSQ est souvent comparé au vol du prophète (*mi'râj*), ce qui renvoie au surnom du saint, Shahbâz, qui signifie « faucon royal ».

le grand dôme doré de son mausolée. Enfin, en contrebas de la grotte, se trouve le « four » (*tandûr*) de LSQ, sous la forme d'une petite cavité ronde dans la terre, maçonnée et encerclée de briques, et remplie de pétales de roses. C'est là qu'il prépara un unique pain d'1,25 kg pour nourrir cent mille personnes, dont les habitants de la localité et un nombre important de renonçants ou de prophètes. Devant le « four » se trouve encore une pierre de forme allongée peinte en rouge et dressée dans une cavité en terre. Il s'agit de la pétrification du cobra (*nâg*) local, dont LSQ a su apaiser et se rendre maître en l'invitant justement à son banquet (*langar*) ; par le miracle de ce nourrissage, le serpent menaçant est devenu le disciple apaisé de LSQ. La construction ressemble curieusement à un *lingam* (le serpent) figé dans une *yoni* (la cavité), soit respectivement à la représentation de Shiva (le cobra étant une manifestation de cette divinité) et de sa parèdre Parvati[12]. Comme on le voit ici, il y a un redoublement du miracle de nourrissement de LSQ, offrant ainsi aujourd'hui à chacun des agents de son culte en concurrence (maîtres spirituels *versus* ministère des fondations pieuses, cf. ci-dessous) l'opportunité de profiter des dons des visiteurs qui laissent leur obole sur tous les sites où les mène leur visite. Ce miracle est réactualisé tous les ans par les renonçants de la loge soufie de Bodlo Bahâr, son premier et plus cher disciple, qui organisent sur ce site une fête collective (*Bhukî*), qui donne lieu au plus grand rassemblement annuel de *malang* et de maîtres *qalandarî* au Pakistan.

Mais, ce qui rend les « Quatre Piliers » (*cho tombî*) si attirant pour les dévots de LSQ est qu'il est le lieu de son miracle le plus marquant, celui qui l'inscrit dans la localité sur le mode de la rupture politique, puisque c'est depuis son trône, soutenu par les quatre piliers, qu'il renversa fou de rage le fort (*qilâ*) de Sehwan et son souverain hindou, Charbat, présenté dans les légendes comme particulièrement immoral et cruel vis-à-vis de ses sujets. En effet, celui-ci prit ombrage de la popularité croissante du Qalandar et chercha à l'affaiblir. Pour ce faire, il s'attaqua à Bodlo Bahâr, qu'il fit découper en petits morceaux et cuisiner par son boucher. En souvenir de la fin du règne du roi hindou, les visiteurs ont coutume de jeter des pierres sur un monticule au pied de la grotte, et considéré comme la tombe de Charbat. Les pèlerins visitent aujourd'hui le site de *cho tombî* autant pour voir le lieu depuis lequel le saint a renversé le fort que celui où a eu lieu sa rencontre avec 'Alî et ses trois amis.

Au bilan, la circulation itinérante de LSQ, faite de visites temporaires ou de séjours en compagnie ou non d'autres saints dans des lieux de pouvoir comme dans des espaces non domestiqués, a dessiné toute une chaîne de lieux d'étape réactualisés par les *malang* renvoyant, d'une part, aux lieux emblématiques du sunnisme et du chiisme répartis entre le monde arabo-musulman et le sous-continent indien et, d'autre part, à l'étrangeté de sa figure en tant que Perse et *Qalandar*. Toutefois, le lieu principal de son culte se situe bien aujourd'hui dans

---

12 Comme l'a montré Boivin (2008), LSQ est vénéré par les hindous sous le nom de Raja Bharthari, qui fut un des maîtres d'une secte de renonçants shivaïtes, les Nathpanthi Jogi, et vécut à Sehwan.

la petite ville de Sehwan, dans le sanctuaire où il est supposément enterré, en lieu et place d'un temple shivaïte. Comment s'organise, se structure et s'anime l'espace social et rituel de Sehwan autour de ce grand mausolée ? Quels sont les facteurs de production de cet espace singulier de la sainteté *qalandarî* ? En quoi celui-ci est-il mobile ?

3   Le culte du saint et l'espace rituel en mouvement

Aujourd'hui, l'épicentre de la vie religieuse locale est sans nul doute la *dargâh* de LSQ qui se situe maintenant au cœur de la ville historique. A partir du XIIIe-XIVe siècle environ, celle-ci se forme en dehors de la forteresse et absorbe un espace marginal jusque-là inhabité ou occupé par les cimetières, suivant en cela un mouvement plus général d'urbanisation à travers l'institutionnalisation des ordres soufis mais aussi de normalisation de la figure du Qalandar (Watenpaugh, 2005). Aujourd'hui, aux côtés du sanctuaire, il existe aussi une multitude d'hospices ou loges soufies (*kâfî*) qui sont autant de lieux où s'exprime la religiosité *qalandarî*. Comment s'articulent alors cette centralité de la *dargâh* avec ces loges situées aux abords ou à distance de celle-ci dans l'espace local ?

Au sommet de la hiérarchie des saints de Sehwan se trouve naturellement LSQ, dont le pouvoir thaumaturge et la filiation directe avec 'Alî (le premier Imâm chiite mais aussi dans les représentations populaires, le premier des Qalandar), attire des centaines de milliers voire des millions de visiteurs de tout le Pakistan en quête d'un meilleur salut, indépendamment de leur affiliation confessionnelle. Son sanctuaire abrite non seulement son mausolée mais aussi les tombes de ses premiers lieutenants (*khalîfâ*). Il aimante l'essentiel des circulations quotidiennes de publics aussi bien locaux qu'extérieurs et offre l'opportunité à chacun de participer le soir dans la grande cour du sanctuaire à la danse extatique inventée par LSQ lui-même (*dhamâl*), que le développement des communications (médias et transports) a rendu célèbre dans tout le pays (Ortis, 2023). Cette *dargâh* est une institution ouverte à tous les publics, sans restriction d'appartenance religieuse ou sociale.

Dans le Sindh, comme ailleurs dans le reste du Pakistan, les sanctuaires les plus rémunérateurs, en raison de leur attractivité liée à leur prestige, ont été nationalisés à partir des années 1960, privant ainsi les familles de maîtres spirituels, qui en avaient alors la charge, de leurs droits d'administration directe du culte des saints (Umber Bin Ibad, 2018). En les faisant passer d'une gestion privée à une gestion bureaucratique et étatique, le gouvernement cherchait surtout à limiter la capacité d'influence sociale et politique des maîtres spirituels. Toutefois, la situation actuelle montre que l'État n'y est pas parvenu véritablement. Dans le cas de Sehwan, la nationalisation de la *dargâh*, qui date de 1962 n'a pas remis en cause l'influence des familles de maîtres spirituels, car celle-ci ne reposait pas uniquement sur la gestion du sanctuaire mais aussi sur celle de loges soufies[13]. En effet, le culte de LSQ ne peut fonctionner que par l'entremise de ces maîtres qalandarî, en raison de leur rôle d'intercesseur entre le saint et ses dévots. Et, c'est à la tête de leurs loges qu'ils exercent cette autorité spirituelle, indépendamment de la nationalisation de la *dargâh* de LSQ. Comme nous allons le voir, si la *dargâh* jouit d'une position centrale dans la cité, la loge occupe une place essentielle dans la vie religieuse de Sehwan en tant que lieu de transmission spirituelle et d'intermédiation, mais aussi comme espace de vie de la Qalandarî. À ce titre, la répartition du charisme du saint entre les différents maîtres spirituels a une fonction d'opérateur de structuration de l'espace local et régional (Stauth et Schielke, 2008 ; Werbner, 2003), en le délimitant et en le hiérarchisant.

Au nombre d'une vingtaine, ces loges sont aujourd'hui disséminées dans la ville. Si chacune a sa propre configuration spatiale, et est associée à l'un des lieux de vie de LSQ ou l'un de ses attributs, toutes sont en revanche construites autour de deux éléments : la tombe d'un compagnon de LSQ venu avec lui à Sehwan ou bien qui l'a reconnu comme son maître tout en étant adepte d'un autre ordre soufi, et un trône (*gaddâ*) devant justement être occupé par un maître spirituel (*sajjadâ nashîn*). La transmission du trône est fondée théoriquement sur le principe de la « chaîne initiatique » (*silsilâh*) de « maître » (*murshîd*) à « disciple » (*murîd*), plus particulièrement à un disciple qui a renoncé à la vie mondaine pour se consacrer totalement au culte de LSQ, en l'occurrence un *faqîr*. Mais, au fil du temps, le principe de transmission exclusivement spirituelle a disparu au profit des liens de sang, c'est-à-dire d'une transmission au sein de la parentèle. La fonction est désormais le plus souvent confiée à l'aîné du lignage patrilinéaire. De fait, la plupart des maîtres spirituels sont aujourd'hui membres d'un des deux lignages dominants de *Sayyed*[14] de la ville, les Lakkiyarî et les Sabzwarî, anciens propriétaires et administrateurs du sanctuaire de LSQ, ou bien sont leurs disciples. Au cours du temps, ces deux lignages ont pris sous leur coupe les loges les plus prestigieuses et peu d'entre elles demeurent aujourd'hui indépendantes. Leur dominance, comme il a été dit, repose sur leurs liens privilégiés qu'ils sont supposés entretenir avec LSQ, dont témoignent leurs anciens droits sur le sanctuaire et la possession pour certains d'entre eux de reliques du saint, mais aussi ou surtout à leur position de patrons ayant tissé de vastes réseaux de clientèle avec l'arrière-pays rural où résident la plupart de leurs disciples. À ces titres, ils sont les dépositaires de la voie *qalandarî* et reçoivent en audience, justement dans leur loge (se passant ainsi de la *dargâh*), leurs disciples qui viennent chercher auprès d'eux une part de charisme et des conseils concernant autant la pratique spirituelle que des problèmes liés à la vie mondaine (gestion des relations au sein de la famille, question d'emploi, de santé, litiges, etc.). Ces *silsilâh* patrilinéaires sont donc dotées d'une dimension spatiale puisqu'elles se déploient à l'intérieur

---

13 Celles-ci demeurent privées et continuent d'être gérées directement par les familles de maîtres spirituels.

14 Les *Sayyed* constituent le groupe de statut le plus haut hiérarchiquement dans l'organisation sociale musulmane du sous-continent. Ils se réclament les descendants de la famille du prophète Muhammad.

des limites d'une ou de plusieurs loges soufies, et ce sont ces multiples loges, facteurs de division de l'espace rituel, qui rendent l'organisation de cette localité si complexe.

Au fil du temps, le nombre de loges soufies s'est donc démultiplié passant d'un nombre limité aux premiers successeurs du saint à plus d'une vingtaine aujourd'hui[15], structurant la « ville rituelle » selon une armature d'établissements soufis particulièrement dense autour du sanctuaire principal[16]. C'est le plus important lignage des Lakkiyarî qui patronne la plupart des loges de Sehwan ainsi que les multiples branches qu'il a créées, soit une quinzaine de lieux. Cette démultiplication des pôles de vie rituelle a entraîné certaines formes de concurrence entre familles de maîtres spirituels vis-à-vis du partage du prestige social et politique associé à leur fonction. Ainsi, si la Katcheri *kâfî* est aujourd'hui indépendante, un petit cimetière où sont enterrés des membres du lignage Lakkiyarî situé dans un coin de la loge témoigne que la loge leur a longtemps appartenu. D'autres loges soufies patronnées par des familles hindoues ont périclité à la suite de la partition du sous-continent indien en 1947 et à la migration de la plupart des hindous ailleurs au Pakistan ou en Inde. De même, la loge associée à la caste des bateliers de l'Indus (Mohana), qui fit autrefois la fortune de Sehwan, ne joue plus aujourd'hui qu'un rôle marginal dans la localité à l'instar de ce groupe social. D'autres au contraire se sont développés au point de devenir des pôles majeurs de la spiritualité locale comme la loge de Bodlo Bahâr, que l'on peut considérer aujourd'hui comme un sanctuaire à part entière, et dont le maître spirituel sindhi, implanté dans diverses localités de la région, a su attirer, en plus de ses clients ruraux sindhis, les dévots pendjabis de LSQ, tous de fervents chiites duodécimains. Pareillement, la loge Pathan *kâfî* était jusqu'aux années 1950 la possession du lignage Sabzwarî sous le nom de Sakhi Sarvar ; elle leur a été ravie par leur grand *faqîr* pathan et attire aujourd'hui quantité de Pathans de Karachi (une communauté de langue pachtoune originaire de la zone frontalière entre le Pakistan et l'Afghanistan), et bien d'autres communautés de cette ville par ses distributions quotidiennes de repas (*langar*). Le développement de ces deux loges est à l'origine de deux nouveaux lieux de dévotion majeurs dans la ville, en dehors du cercle originel des hospices locaux.

Ces loges sont essentielles au maintien de la Qalandarî, car elles sont aussi le lieu où les *faqîr malang* se fixent par intermittence pour se parfaire (Ortis,

---

15 Nous trouvons également des loges soufies de type communautaire, associées à des groupes sociaux en particulier : les Makrani, par exemple, ou à des familles hindoues toujours impliquées dans l'organisation rituelle du culte du saint et à la tête également d'hospices soufis.

16 Sehwan a longtemps été épargnée par la vague d'attaques djihadistes qui ont touché nombre de centres soufis au Pakistan à la fin des années 2000, motivées par la « corruption » que représente le culte des saints pour les courants fondamentalistes de l'islam, notamment en raison de cette organisation locale singulière qui protégeait le sanctuaire. Toutefois, Sehwan a subi le 16 février 2017 un attentat, qui a causé la mort d'une centaine de personnes, revendiqué par l'Etat islamique au Khorasan, un nouvel acteur de la sphère djihadiste dans la région. On peut ajouter parmi les raisons derrière cette attaque le fait que ce sanctuaire est un lieu partagé entre sunnites, chiites et hindous, et enfin qu'hommes et femmes se mêlent dans l'accomplissement des rituels.

2020), en ce sens elles sont aussi un lieu de formation. Le rôle des *faqîr* ne consiste pas simplement à tenir le lieu mais aussi à y faire vivre le message de la Qalandarî, en mettant en pratique ses règles, notamment d'hospitalité. Il s'agit aussi d'attirer de nouveaux disciples potentiels pour leur maître. Ce lieu est donc un espace de sociabilité masculine, de rencontres électives où certains habitants de Sehwan et visiteurs extérieurs ayant noué des liens interindividuels avec un *faqîr* se retrouvent le soir autour de son feu pour manger la nourriture de la *langar*, boire du thé et fumer son cannabis, tout en se remémorant les exploits de LSQ. Les visiteurs viennent aussi chercher auprès de ces *faqîr* des conseils de natures très diverses qui ne sont pas forcément en relation avec la spiritualité. De ce point de vue, la loge est à la fois un refuge (hors-du-monde), un lieu d'expérimentation et enfin un endroit où l'on peut prendre du bon temps. L'attrait d'une loge dépend du charisme de ses *faqîr*. Plus ces derniers seront nombreux et présenteront des personnalités singulières et remarquables, plus la loge attirera de monde et plus le maître pourra initier de nouveaux disciples. Ainsi, chacune de ces loges est un lieu de dévotion à part entière dont la position dans le système local varie dans le temps.

Ce système fonctionne, se reproduit et s'endo-régule à travers de multiples circulations quotidiennes impliquant aussi bien des personnes (les divers acteurs de la Qalandarî : maîtres spirituels, *faqîr*, disciples et visiteurs) que des objets rituels (provenant du mausolée de LSQ ou des loges de ses compagnons). Par exemple, certaines reliques de LSQ sont données à voir à tous dans l'espace public lors de processions rituelles, ou bien lors de rassemblements électifs dans des loges ne concernant, cette fois, que certains maîtres spirituels et leur assemblée de disciples. De la même manière, les *faqîr* de Awladî Amîr *kâfî*, loge des Lakkiyarî la plus importante de la ville, continuent de fabriquer quotidiennement le turban (*dastar*) de LSQ, posé sur sa tombe au cours du rituel matinal du bain[17]. Chaque matin, en échange du nouveau turban, l'ancien leur est rendu et, c'est là un des privilèges de cette loge, il est posé un temps sur la tombe d'Awladî Amîr avant d'être donné à différentes loges de la ville, qui elles-mêmes le font circuler sur leurs propres tombes. Ce turban peut voyager très loin puisqu'il est transporté jusqu'à la tombe du Qalandar Bari Imâm à Islamabad (capitale politique du Pakistan), soit à environ 1 200 km, comme présent de LSQ pour la grande fête de ce saint. Ce n'est pas seulement la coiffe du saint qui est mobile mais aussi les étoffes recouvrant sa tombe qui circulent sur les tombes des loges ou servent à décorer divers types d'espaces festifs ou commémoratifs dans la ville durant les grands rituels collectifs (Ortis, 2021). À travers ces objets mobiles, c'est la puissance thaumaturge du Qalandar que l'on fait circuler. Ces circulations matérielles s'insèrent aussi bien dans la localité de Sehwan que dans l'espace plus vaste du paysage de la sainteté pakistanaise (Lahût Lamakan au Baloutchistan, Lahore et Islamabad au Pendjab). La circulation du nom et de la puissance de

---

17 Bien que la gestion du sanctuaire de LSQ soit entre les mains de l'État, certains de ces *faqîr* demeurent directement impliqués dans l'exécution des rituels quotidiens à côté des fonctionnaires.

LSQ contribue ainsi à renforcer sa renommée et à élargir la base de recrutement des maîtres spirituels qalandarî à des populations non sindhies. Allant même, comme l'a montré Boivin (2012), porté le culte de LSQ jusqu'à un haut lieu de l'hindouisme situé en Inde, Haridwar dans le piémont himalayen, rappelant par la même les conjonctions entre soufisme et hindouisme.

Conclusions

Le soufisme s'inscrit dans le champ des études de la mobilité en ce sens qu'il repose sur une dialectique du mouvement et de l'ancrage, de la circulation itinérante et de la fixité des lieux. Allant dans le sens de l'inversion des ordres de représentation, l'espace du soufisme et plus précisément ici celui de la Qalandarî est résolument mobile étant donné que ses limites et ses formes changent en permanence (Retaillé 2011). Nous l'avons vu, selon un mouvement d'expansion continue de l'islam en direction du sous-continent indien et de l'Asie, la maîtrise des distances et de la mobilité, sur les mers comme sur terre, dans les domaines militaire et économique, constituait un avantage comparatif sur les sociétés sédentaires pour les nouveaux conquérants, les Arabes puis les Turco-Mongols, etc. Même durant la période de domination moghole dans cette vaste région du globe, entre les XVIe et XVIIIe siècles, les capitales ou centralités politiques de l'empire étaient des garnisons militaires itinérantes à l'intérieur d'un espace de circulation en pleine extension (Gaborieau, 1995). Dans la vallée de l'Indus comme dans le reste du sous-continent, le soufisme s'est lui diffusé avec pour limites mouvantes des « fronts pionniers » économique (agriculture et sédentarisation), urbain (croissance des sanctuaires et des loges) mais aussi dévotionnel (adhésion croissante au culte des saints, pèlerinages). En effet, avant la territorialisation de la vallée par les confréries soufies en milieu urbain, qui s'est opérée à travers la multiplication des lieux d'enseignement de la mystique musulmane et le développement de nombreux lieux de culte centrés sur des figures de sainteté, les renonçants itinérants dont les *qalandar* constituaient une catégorie particulière de religieux dont la mobilité était inhérente à leur *être-au-monde* et leur anti-conformisme un facteur de structuration de leur rapport à l'espace. Leurs pérégrinations précédaient leur ancrage temporaire dans des lieux périphériques ou durables dans un sanctuaire. Plusieurs régimes de mobilité (nomadisme, conquête militaire, itinérance ascétique, commerce) ont ainsi coexisté pendant un millénaire et dessiné un espace circulatoire ouvert, dont la frontière externe s'est progressivement refermée avec l'avènement de la Compagnie des Indes orientales puis de la couronne Britannique dans le sous-continent.

Poursuivant notre analyse de l'espace du soufisme à travers le prisme du mouvement, le culte des saints en général comme celui de LSQ en particulier produit de l'espace rituel et se reproduit à travers un régime de mobilité qui lui est propre : circulations de *faqîr*, de disciples et de visiteurs, circulations processionnelles et matérielles, soit différents types de circulations dont la qualité et l'intensité varient en fonction des saisons, du calendrier rituel mais aussi parfois de la conjoncture politique ou économique. Sans visites ni circulations, point de lieu de culte ni de sanctuaire qui puisse s'animer et donc exister. Le modèle d'organisation spatiale en cercles concentriques, qui verrait les loges soufies les plus importantes localisées à proximité du sanctuaire (premier cercle) et les loges secondaires à distance (deuxième cercle), selon un principe de structuration spatiale fondé sur les radiations émises par le charisme du saint (Boivin, 2011), ne tient donc pas dans un tel contexte de mobilité, pas plus que le modèle centre (le sanctuaire) — périphérie (les loges et leurs maîtres spirituels). Si le système complexe d'organisation de la ville rituelle soufie a pu varier dans le temps, il s'agit plus d'un réseau polycentrique et hiérarchisé (Delage 2016b) avec de nombreuses ramifications à l'extérieur de la localité (les sites-traces, par exemple mais aussi des lieux-répliques). Plus loin encore, l'espace de la *Qalandarî* montre plusieurs centralités mouvantes, l'importance du sanctuaire pouvant être supplantée par celle d'une loge soufie à l'occasion d'un événement, et voit donc sa forme changer en fonction des positions hiérarchiques que les circulations et rassemblements font émerger, temporairement ou durablement. Les individus ou groupes de dévots qui s'inscrivent de manière éphémère et transitoire, que ce soit le temps du grand pèlerinage annuel ou des commémorations chiites de Moharram comme lors de visites pieuses, par exemple, dans cet espace résolument mobile se situent alors « dans une frontière (dans une aire frontalière) qui serait telle qu'elle constituerait tout l'espace de mouvement et d'interaction du pèlerin » (Décobert, 2005). Clôturant notre exploration de l'espace du soufisme et de la religiosité *qalandarî* à l'aide de l'espace mobile comme outil méthodologique, nous appellerons cette limite « lieu », plutôt qu'une « aire » frontalière ou même une « localité », c'est-à-dire la circonstance spatiale qui place en divers points d'étape du parcours (pas seulement la destination) les innombrables groupes de fidèles en situation de coprésence, maximisant ainsi les échanges avec d'autres pèlerins ordinaires, avec les *faqîr* de différents ordres, les maîtres spirituels d'obédience diverses (sunnites, chiites, hindous), mais aussi avec l'administration bureaucratique du sanctuaire (une fenêtre sur l'État !), etc. et induisant des repositionnements permanents à l'intérieur comme à l'extérieur d'une communauté de croyants.

CESAH (CNRS-EHESS)
2 cours des Humanités
93322 Aubervilliers
remy.delage@ehess.fr
delphine.ortis@inalco.fr

Bibliographie

Ansari, S. F. (1992), *Sufi Saints and State Power : The Pirs of Sind, 1843-1947,* Cambridge, Cambridge University Press, 178 p.

Bajc, V., Coleman, S., Eade, J. (2007), « Mobility and Centering in Pilgrimage », *Mobilities,* vol. 2, n° 3, p. 321-329.

Bhardwaj, S. (1978), *Hindu Places* of Pilgrimage in India : A Study in Cultural Geography. Berkeley, University of California Press, 258 p.

Boivin, M. (2008), « Shivaite Cults and Sufi Centers : A Reappraisal of the Medieval Legacy in Sindh », in Boivin M. (dir.), *Sindh through History and Representations. French Contributions to Sindhi Studies,* Karachi, Oxford University Press, p. 23-41.

Boivin, M. (2011), *Artefacts of Devotion. A Sufi Repertoire of the Qalandariyya in Sehwan Sharif, Sindh, Pakistan.* Karachi, Oxford University Press, 166 p.

Boivin, M. (2012), *Le soufisme antinomien dans le sous-continent indien. La'l Shahbâz Qalandar et son héritage XIIIe-XXe siècle,* Paris, Cerf, 240 p.

Boivin, M. (2012), « Muršid Mulaṇ Šāh (1883-1962) : A Sufi Itinerary from Sehwan Sharif in Pakistan to Haridwar in India », in *Oriente Moderno, 92* (2), Brill, p. 289-310.

Boivin, M. (2015), *Historical Dictionary of the Sufi culture of Sindh in Pakistan and India,* Karachi, Oxford University Press, 359 p.

Bouillier, V. (2016), « Enracinement monastique et itinérance. L'exemple des Nāth Yogīs », in Claveyrolas, M. et Delage, R. (éd.), *Territoires du religieux dans les mondes indiens. Parcourir, mettre en scène, franchir,* Paris, Editions de l'EHESS, coll. « Purusartha » (n° 34), p. 125-148.

Claveyrolas, M. et Delage, R. (éd.) (2016), *Territoires du religieux dans les mondes indiens. Parcourir, mettre en scène, franchir,* Paris, Editions de l'EHESS, 339 p.

Coleman, S. et Eade, J. (éd.) (2004), *Reframing Pilgrimage : Cultures in Motion,* Londres et New York, Routledge, 212 p.

Coleman, S. et Eade, J. (éd.) (2018), *Pilgrimage and Political Economy. Translating the Sacred,* New York-Oxford, Berghahn, 206 p.

Décobert, C. (2005), « Conclusion. Le marché du pèlerin », in Chiffoleau S.et Madœuf A. (dir.), *Les pèlerinages au Maghreb et au Moyen-Orient. Espaces publics, espaces du public,* Damas, Presses de l'IFPO, p. 397-406.

Delage, R. (2016a), « L'espace du pèlerinage comme « territoire circulatoire » : Sehwan Sharif sur les rives de l'Indus », *Les Cahiers d'Outre-Mer,* n° 274, p. 77-102.

Delage, R. (2016b), « Soufisme et espace urbain. Circulations rituelles dans la localité de Sehwan Sharif », in Claveyrolas, M. et Delage, R. (éd.), *Territoires du religieux dans les mondes indiens. Parcourir, mettre en scène, franchir,* Paris, Editions de l'EHESS, p. 149-175.

Delage, R. (2017), « Le pèlerinage contemporain en sciences sociales : moments, bifurcations, nouveaux horizons », *Archives de sciences sociales des religions,* n° 180, p. 155-167.

Delage, R. (2018), « Sufism and the Pilgrimage Market : A Political Economy of a Shrine in Southern Pakistan », in Coleman, S. et Eade, J. (éd.), *Pilgrimage and Political Economy. Translating the Sacred,* New York-Oxford, Berghahn, p. 59-74.

Digby, S. (1984), « Qalandars and Related Groups. Element of Social Deviance in the Religious Life of the Delhi Sultanate of the Thirteenth and Fourteenth Century », *in* Friedmann Y. (éd.), *Islam in Asia,* Jerusalem, The Magnes Press of the Hebrew university, p. 60-108.

Eaton, R. (1993), *The Rise of Islam and the Bengal Frontier, 1204-1760,* Berkeley and Los Angeles, University of California Press, 359 p.

Ewing, K. (1984), « Malangs of the Punjab : intoxication or adab as the path to God », in Metcalf B. D. (éd.), *Moral conduct and authority : the place of adab in South Asian Islam*, Berkeley, University of California Press, p. 357-371.

Frey, N. L. (1998), *Pilgrim Stories. On and Off the Road to Santiago, Journeys Along an Ancient Way in Modern Spain*, Berkeley, University of California Press, 298 p.

Gaborieau, M. (1995), « Villes de toile et villes de pierre, les capitales mogholes étaient-elles des camps ? », in Clément P., Clément-Charpentier S., Goldblum C. (dir.), *Cités d'Asie, Les Cahiers de la recherche architecturale*, Paris, éd. Parenthèses, p. 15-34.

Gold, A. (1988), *Fruitful Journeys : The Ways of Rajasthani Pilgrims*, Berkeley, University of California Press, 333 p.

Karamustafa, A. T. (2006), *God's Unruly Friends. Dervish groups in the Islamic Middle Period 1200-1550*, Oxford, Oneworld Publications, 159 p.

Markovits, C., Pouchepadass, J., Subrahmanyam, S. (2003), *Society and Circulation. Mobile People and Itinerant Cultures in South Asia, 1750-1950*, Delhi, Permanent Black, 364 p.

Matringe, D. (1995), « Pakistan », in Chambert-Loir H. et Guillot C., (éd.), *Le culte des saints dans le monde musulman*, Paris, Presses de l'Ecole Française d'Extrême-Orient, p. 167-191.

Mohammad, I. (1978), *Hazrat Lal Shahbaz of Sehwan Sharif*, Karachi, Royal Book Company, 180 p.

Ortis, D. (2023), « Dancing to show love, practicing to show authority. The practice of *dhamāl* in the Qalandārī Sufi order (Sehwan Sharīf, Pakistan) », *Journal of Sindh Studies*, Brill, 23p.

Ortis, D. (2021), « De la richesse des sanctuaires musulmans en Asie du Sud : la circulation des étoffes des saints », *Mousson* n° 37, n° 1, p. 79-103.

Ortis, D. (2020), « Building up Oneself as an Ascetic in the Shadow of Devotional Artifacts : The Case of the *malañg-fuqarā* of Pakistan », *Journal of Material Cultures in the Muslim World*, n° 1, p. 309-325.

Ortis, D. (2019), « La tombe, miroir de la destinée des morts ? Analyse de différents espaces funéraires dans une ville de pèlerinage pakistanaise (Sehwan Sharīf, Sindh) », in Parsapajouh S. et Terrier M. (éd.) *Cimetières et tombes à la croisée du religieux, du politique et de l'urbain*, REMMM 146, p. 47-70.

Ortis, D. (2017), « From Potent Dead to Potent Places ? Reflections on Muslim Saint Shrines in South Asia », *The Asia Pacific Journal of Anthropology*, Routledge. p. 483-500.

Otto, R. (1968 [1917]), *Le sacré. L'élément non-rationnel dans l'idée du divin et sa relation avec le rationnel*, Paris, Payot, 238 p.

Papas, A. (2020a), « Antinomianism (*ibāḥa, ibāḥiyya*) », in *The Encyclopaedia of Islam (three)*, Leiden, Boston : Brill, p. 22- 27.

Papas, A. (2020b), « Malang », in *The Encyclopaedia of Islam (three)*, Leiden, Boston : Brill, p. 117-120.

Qazi, N. B. G. (1971), *Lal Shahbaz Qalandar. ʿUthman Marwandi*, Lahore, R.C.D. Cultural Institute, 64 p.

Retaillé, D. (2005), « L'espace mobile », in Antheaume B. et Giraut F. (éd.), *Le territoire est mort. Vive les territoires !* Paris, IRD, p. 175-201.

Retaillé, D. (2011), « Du paradigme sahélien du lieu à l'espace (mondial) mobile », *L'Information géographique*, vol. 75, n° 1, p. 71-85.

Retaillé, D. (2013), « Mobile (Espace) », in Lévy J. et Lussault M. (éd.), *Dictionnaire de la géographie et de l'espace des sociétés*, Paris, Belin, p. 675-676.

Schimmel, A. (1980), *Islam in the Indian Subcontinent,* Leiden-Köln, E.J. Brill, 303 p.

Sheller, M. et Urry, J. (2006), « The New Mobilities Paradigm », *Environment and Planning A*, vol. 38, p. 207-226.

Sopher, D. E. (1968), « Pilgrim Circulation in Gujarat », *Geographical Review*, vol 58, n° 3, p. 392-425.

Stauth, G. et Schielke, S. (éd.) (2008), *Dimensions of Locality : Muslim Saints, their Place and Space*, Bielefeld, Transcript Verlag, 192 p.

Tarrius, A. (1993), « Territoires circulatoires et espaces urbains : différenciations des groupes migrants », *Les Annales de la recherche urbaine*, n° 59-60, p. 51-60.

Trouillet, P. Y. et Lasseur, M. (éd.) (2016), « Prier aux Suds – Des lieux de culte entre territoires et mobilités du religieux », *Cahiers d'Outre-Mer*, n° 274.

Umber Bin Ibad (2018), *Sufi Shrines and the Pakistani State. The End of Religious Pluralism*, New-York, Londres, I. B. Tauris, 264 p.

Watenpaugh, H. Z. (2005), « Deviant Derviches : Space, Gender, and the Construction of Antinomian Piety in Ottoman Aleppo », *International Journal of Middle East Studies*, vol. 37, n° 4, p. 535-565.

Werbner, P. (2003), *Pilgrims of Love : The Anthropology of a Global Sufi Cult*, Londres, Hurst, 348 p.

Wink, A. (1990), *Al-Hind, the making of the Indo-Islamic world*, vol. I : *Early medieval India and the expansion of Islam, 7th-11th centuries*, Leiden, Brill, 396 p.

Wink, A. (2020), *The Making of the Indo-Islamic World c.700 – 1800 CE*, Cambridge, Cambridge University Press, 308 p.

Fabrique de la ville et archipélisation du territoire : cent cinquante-cinq ans de présence et de mobilités religieuses transnationales baha'ies en Israël

The Making of the City and the Archipelagoisation of the Territory: One Hundred Fifty-Five Years of Baha'i Presence and Religious Transnational Mobility in Israel

Caroline Rozenholc-Escobar

Maître de conférences en géographie (Ville et Territoires) à l'ENSA Paris-Val de Seine, Centre de recherche sur l'habitat-UMR 7218 LAVUE

Résumé   Qui s'est déjà rendu à Haïfa, en Galilée, a forcément vu ou visité les jardins baha'is ! « Pièce urbaine » construite sur plus d'un siècle par excavations et terrassement successifs du mont Carmel, espace vert privé mais dédié au public, ces jardins participent d'un ensemble de lieux baha'is inscrit au patrimoine mondial de l'Humanité. Emblématiques de la ville, ils sont aussi et surtout un lieu saint : le cœur spirituel et administratif d'une communauté internationale de cinq à huit millions de fidèles qui accueille, en Galilée, pèlerins et bénévoles venus du monde entier. Ainsi, les jardins baha'is constituent l'élément central d'une topographie sacrée qui se déploie de Haïfa (le lieu d'inhumation du Bab, le prophète émissaire du baha'isme) jusqu'au nord de Saint-Jean d'Acre (le lieu d'inhumation de Baha'Ullah, le prophète baha'i) ; une topographie dont le présent article souhaite pointer le développement archipélagique, en îles déterritorialisées. L'article interroge, ainsi, cette façon de s'inscrire dans le territoire et de faire la ville – est-elle paradigmatique ? – et démontre la puissance de spatialisation et d'aménagement du religieux et du sacré, à partir des mobilités internationales qu'il engage.

Abstract   *Who has ever been to Haifa, in Israel, has necessarily noticed, or even visited, the Baha'i gardens ! A very official emblem of this Judeo-Arab city – the third city of Israel by its population and the home of its greatest international port –, the gardens are both a very outstanding and polysemic place. It is as much an "urban piece" progressively built over more than a century by successive excavations and earthworks of the Northern slope of the Carmel, a holy and sacred place for to the Baha'is of the world and a private green space dedicated to the city and its visitors and to "Humanity" at large. The gardens host several buildings, among which a golden-roofed superstructure where rest the remains of the Bab, the emissary prophet of the Baha'i faith. They also host the administrative buildings and the spiritual organs (The Universal House of Justice) of the Baha'is, a transnational community of five to eight million people. As such, the gardens welcome continuous flows of international pilgrims and hundreds of volunteers coming, every year, for few months and, sometimes, decades. But these gardens don't stand alone. They are one element of a group of Baha'i places outspread in the Northern Galilee, listed as World Heritage Sites since 2008 in a sacred topography which extends from Haifa to Akko, North of which Baha'Ullah, the*

Baha'i Prophet is buried. This sacred topography, the article argues, seems to be developing as an archipelago of de-territorialised Baha'i islands in Israeli "waters". The article thus questions this specific, but maybe paradigmatic, way of "making" today's cities and territories, in the long run of centuries. It wishes to contribute to demonstrate the spatial and planning power of religion, looking at it from the perspective of the transnational mobilities it often, and here specifically, involves.

Mots-clefs   géographie urbaine, mobilités transnationales, tourisme religieux, pèlerinage, archipélisation du territoire, Baha'i, Haïfa, Galilée, Israël

Keywords   *urban geography, transnational mobility, religious tourism, pilgrimage, territorial archipelagoisation, Baha'i faith, Haifa, Galilee, Israel*

Si l'on s'intéresse à la place et au rôle qu'occupent, aujourd'hui, le religieux et le sacré dans la fabrique de la ville et des territoires, l'exemple baha'i[1] en Israël, bien que peu connu, est particulièrement instructif. En effet, les Baha'is ont produit, depuis le dix-neuvième siècle et de manière continue, en Galilée, une région dite mixte (c'est-à-dire judéo-arabe) située au nord d'Israël, un certain nombre de lieux considérés aujourd'hui comme sacrés et inscrits, en 2008, au patrimoine mondial de l'humanité par l'Unesco. Dispersés entre Haïfa (plus grand port industriel et troisième ville du pays) et Saint-Jean d'Acre (voir figure 2 et tableau 1), nous verrons que cet ensemble de lieux entremêle non seulement des enjeux patrimoniaux mondiaux, mais aussi de développements urbains locaux, de design territorial régional et de mobilités touristico-religieuses transnationales inhérentes aux lieux saints. On postule, ici, que cet entremêlement de sens, d'échelles et d'usages, spécifique et situé, est caractéristique, voire paradigmatique de la manière dont le « sacré marque le territoire » et « s'incarne » en lui[2].

C'est précisément cet entremêlement d'enjeux et leurs jeux d'échelles spécifiques que voudrait pointer cet article, pour poursuivre une réflexion sur le rôle et la place des lieux du religieux dans la définition de régimes de spatialité de l'espace public au XXIe siècle : un ordre sociospatial touristico-religieux dont on voudrait comprendre s'il est en continuité ou en rupture avec un ordre spatial laïc, public ou privé. L'article puisera pour ce faire dans les apports de connaissance d'une recherche au long cours sur les modalités de production symboliques et matérielles (Lefebvre, 1974)[3] de ce que j'ai proposé d'appeler des « lieux de mobilité » (Rozenholc, 2010 ; Rozenholc, 2017 ; Barrère et Rozenholc, 2018 ; Rozenholc, 2021). Il puisera également dans les données recueillies lors de terrains récents en France – entretiens avec des pèlerins, des administratifs et des personnes ayant « servi » au Centre mondial baha'i de Haïfa – et en Israël : observation et visites

---

1   Les baha'is sont adeptes du baha'isme, une religion née en Perse au XIXe siècle.

2   Voir l'appel à articles (2023) pour le présent numéro des *Annales de géographie*.

3   Henri Lefebvre (1974) montre dans son ouvrage séminal sur « La production de l'espace » que l'espace n'est pas un « milieu vide », mais une réalité coproduite par celles et ceux qui le conçoivent, le perçoivent et le pratiquent.

guidées en 2016, puis 2022 et 2023 dans le cadre du projet « Migrations de spécialistes religieux et fabrique transnationale de la compétence »[4].

1   Lieux, territoire, espace public : comment traiter du religieux en géographie ?

Avant de rendre compte, dans cet article, des premiers résultats sur l'étude des mobilités baha'ies en Galilée vers ce qui constitue – curiosité historique ou réalisation des prophéties – leur centre spirituel et administratif, il faut expliciter la manière dont cette recherche en géographie urbaine envisage le sacré et le religieux. Elle le fait, d'abord, en considérant le sacré comme une question spatiale (Eliade, 1965), comme un facteur majeur d'organisation et de production de l'espace et comme une « entreprise spatiale » (Prorok, 2007). Elle le fait, ensuite, en considérant le religieux, cette pratique sociale de la piété et de la foi, comme une question éminemment urbaine. Jean-Bernard Racine (1993 : 7) insiste, d'ailleurs, sur le fait que le religieux est « consubstantiellement lié à l'idée de ville » et qu'il devrait avoir, à ce titre, un statut central au sein de la discipline ; statut qu'il n'a pas encore acquis.

Racine prolonge, ce faisant, l'analyse pionnière en géographie de Pierre Deffontaines (1948) sur le poids du religieux sur le site, la forme, les fonctions et le statut des villes. On sait ainsi, depuis Deffontaines, que le religieux contribue à faire la ville et à façonner le paysage urbain (Chiffoleau et Madœuf, 2005) et c'est également ce que montrent les travaux, plus récents, de David Garbin (2022 et 2023) à partir de l'Afrique subsaharienne chrétienne. Si le religieux fait la ville, c'est aussi « en ville », dans les espaces publics (Willaime, 2008), que le fait religieux se recompose (Alsayyad, 2011 ; Endelstein *et al.*, 2010), parfois violemment. Si ce dernier constat vaut certainement pour Israël, il vaut également pour la France qui l'avait, pourtant, renvoyé de longue date aux sphères familiales et privées (Davie et Hervieu-Léger, 1996).

Dernier point de méthode, le religieux est surtout étudié, en géographie urbaine, pour ses effets sur l'espace public (Pagès-El Karaoui, 2005 ; Endelstein, 2010 et 2013 ; Trouillet, 2015 et 2016 par exemple). On le considèrera, ici, aussi comme un puissant levier de production matérielle, voire infrastructurelle (Garbin *et al.*, 2022) de lieux et de localités ; là où nombre de travaux sur la question traitent du « lieu » de manière indirecte, métaphorique (Baussant et Bousquet, 2007 ; Bava et Capone, 2010 ; Capone, 2004 ; Imbert *et al.*, 2014 pour les mobilités) ou par le biais de l'expérience (Agnew et Duncan, 1989 ; Amphoux *et al.*, 2004 ; Buttimer et Seamon, 1990 ; Kaizig et Masson, 2016 ; Labussière, 2009 ; Thibaud et Grosjean, 2001), à la manière du *sense of place*

4   Ce travail a bénéficié du soutien financier de l'Institut Convergences MIGRATIONS porté par le CNRS, référence ANR-17-CONV-0001. Le projet MISTIC (2022-2024, https://mistic.hypotheses.org/) est porté par J. Picard et P.-Y. Trouillet (UMR Passages, Université de Bordeaux).

des Anglo-saxons (Relph, 1976). Cet état de fait explique peut-être, d'ailleurs, pourquoi Jean-Luc Piveteau (2010 : 158), interrogé sur ce « en quoi la religion est un terrain privilégié pour une réflexion sur le lieu », répondait avoir été frappé par la lacune gigantesque que constitue « ce registre », sans pouvoir expliquer « ce qui spécifie l'intérêt heuristique de la religion comme objet ou instance du rapport au lieu ».

Cet article souhaite donc contribuer à clarifier ce lien en spécifiant en quoi la religion – en particulier en tant qu'elle est vectrice de mobilités inter ou transnationales – est une instance forte du rapport au lieu. Pour ce faire, il traitera des formes et des récits qui ont contribué à l'installation d'une topographie sacrée ou « légendaire » (Halbwachs, 1941) baha'ie en Israël, moins des pratiques anthropologiques que l'on observe, dans ce cas, difficilement. Il proposera une grille de lecture multidimensionnelle des lieux (symbolique et matérielle et, donc, également temporelle et politique) qui n'est pas clairement établie dans les études urbaines alors qu'elle apparaît cruciale pour saisir toute la complexité, la profondeur de ce qui fait ou est un lieu. Elle permettra, ainsi, de contribuer à renforcer le lien heuristique entre forme matérielle et contenu social des lieux, puisque c'est bien leur combinaison qui donne aux usagers des « prises » pour agir sur l'espace (Joseph, 1997)[5] et construire leurs récits.

2   Lire la fabrique de la ville à l'aune des mobilités religieuses transnationales

De ce point de vue, l'étude des mobilités religieuses inter ou transnationales (tourisme et pèlerinages) nous éclaire sur plusieurs dimensions caractéristiques de l'urbain contemporain : coprésences exacerbées, recours récurrent au « récit » dans la fabrique de la ville (Fijalkow, 2017), mise en tourisme généralisée (Matthey, 2007), importance des processus patrimoniaux – M. Gravari-Barbas (2012) parle de « patrimondialisation » – et privatisation grandissante de l'espace public (Delbaere, 2010). Mais c'est aussi l'articulation du local au global, la dimension transnationale du fait religieux à laquelle les mobilités participent (Argyriadis et al., 2014 ; Bava et Capone, 2010 ; Capone, 2004), qui fait de ces dernières une catégorie d'analyse intéressante pour comprendre le rôle du religieux et du sacré dans la production de l'urbain et des territoires. Ajoutons que cette production peut aussi bien se traduire par des constructions, des transformations, des rénovations ou par la destruction de formes et d'espaces existants.

Il s'agit donc d'interroger les effets spatiaux locaux de mobilités temporaires et cycliques qui suivent des calendriers spécifiques (sauf pour les Baha'is dont les pèlerinages en Israël ne sont pas liés à une liturgie particulière) et dont

---

5   C'est ainsi que Joseph traduit le terme d'*affordance* développé par Gibson (1979) dans ses travaux sur la perception visuelle.

la particularité est de mettre en mouvement, vers les mêmes destinations, des individus toujours différents. Reconsidérer l'urbain à l'aune du fait religieux et du sacré, en s'intéressant à la dimension transnationale du phénomène, permet, alors, de répondre à des questions sur les lieux et les types de lieux produits par les mobilités religieuses, sur la manière dont ces lieux contribuent à la fabrique de la ville et, si c'est le cas, sur les régimes de spatialité dont ils relèvent : ont-ils des caractéristiques que l'on peut rapprocher des religions concernées ou de celles d'autres lieux de l'industrie touristique ?

Il est important de souligner que les mobilités touristico-religieuses ne sont pas anecdotiques, exceptionnelles ou limitées à certaines religions ou aires géographiques. Elles ont, au contraire, massivement crû ces dernières décennies, amplifiées par la mondialisation des moyens de communication et de transport. À titre d'exemples, les Kumbh Mela hindous rassemblent désormais jusqu'à cent millions de fidèles tous les trois ans[6] et environ six millions de Chrétiens font, chaque année, le pèlerinage de Lourdes. Au Moyen-Orient, le religieux est l'une des causes principales de mobilités (Chiffoleau, 2003)[7] et c'est également vrai d'Israël qui reste, malgré l'insécurité qui règne dans la région, une destination de premier choix. Touristes et pèlerins sont particulièrement présents et visibles dans le « paysage » social israélo-palestinien – sauf en temps de guerre ouverte où l'accès même à cet espace géographique est restreint – : ils le façonnent de par leur présence physique, la lecture qu'ils ont de ce territoire, la manière qu'ils ont d'y circuler et les services qu'on leur dédie. On ne peut donc envisager les lieux du religieux, en Israël comme ailleurs, de manière univoque, seulement par l'ancrage et la durée ou par leurs habitants et usagers « à l'année ».

Une lecture résolument dynamique du lieu permet d'en souligner la force d'attraction, de convergence et de transformation : transformation matérielle et symbolique, mais aussi transformation de celles et ceux qui en font l'expérience (Turner, 1973). Ces lieux, même lorsqu'ils sont patrimoniaux, ne sont, ainsi, jamais figés. Ils sont des « scènes » (Silver et Clarck, 2016) inscrites dans des logiques plurielles d'ancrage, de relations et de mouvements qui dépassent leurs spécificités et appréhensions locales. Ils ne se réduisent pas à une seule échelle et articulent, au contraire, réalités locales, régionales et internationales. Cette articulation prend des formes parfois surprenantes, comme c'est le cas pour le tourisme évangélique américain en Israël[8] où religion et politique se confondent (Feldman, 2014).

Si la dimension politique des mobilités religieuses est particulièrement aiguë en Israël et demande une analyse attentive de sa spatialisation, elle n'est donc pas

---

6   Ce pèlerinage est organisé tous les trois ans à tour de rôle dans les villes saintes de Allahabad, Haridwar, Ujjain et Nasik. Une Maha (grande) Kumbh Mela a lieu tous les 144 ans. La dernière s'est déroulée en 2013.

7   Ce n'est plus vrai depuis le début de la guerre en Syrie en 2011 qui a déplacé des millions de personnes.

8   Depuis l'arrivée de la droite au pouvoir en 1977, les autorités israéliennes promeuvent ouvertement le tourisme évangélique américain dans l'idée de faire de ces pèlerins des ambassadeurs d'Israël aux États-Unis, voire des lobbyistes de la colonisation juive dans les Territoires occupés (Batut-Lucas, 2014).

propre à ce pays. Luc Chantre *et al.* (2014) montrent ainsi comment, depuis le dix-septième siècle, le pèlerinage sert toujours, directement ou indirectement, la diplomatie, les politiques d'influence et le financement des autorités locales ou nationales. C'est, d'ailleurs, en amont, l'ampleur même des mobilités induites qui confère au pèlerinage une dimension géopolitique (Chiffoleau, 2003). Comme le tourisme, il génère des flux qui participent « à la transformation des rapports sociaux, des représentations, des normes et des institutions » (Boukhris et Chapuis, 2016 : 2). Ce point permet de décloisonner le sujet des mobilités religieuses en Israël qui relève aussi de thématiques touristiques, patrimoniales et géopolitiques plus larges (Isaac *et al.* 2016). C'est également le cas des travaux de Maurice Halbwachs (1941) qui montre, dans *Topographie légendaire des Évangiles en Terre Sainte,* la dimension évolutive des lieux saints et le rôle que jouent les mobilités transnationales[9] dans leur production en tant que lieux saints. Ils permettent, de ce point de vue, de désenclaver et de dé-singulariser l'espace israélo-palestinien. Halbwachs montre, en effet, comment les lieux saints, bien que particulièrement « situés », résultent à la fois de contextes et de traditions locales et de l'image que l'on s'en fait à l'étranger[10].

Cette « approche transnationale » des lieux s'inscrit dans une perspective contemporaine globale du religieux qui articule, à l'instar de ce que propose Lilly Kong (2010), les niveaux d'analyse « micro » de l'expérience, « méso » de la production des lieux et « macro » des relations internationales. Cette « dialectique » se retrouve dans les études transnationales du religieux qui pointent, elles aussi, la nécessité de sortir des situations micro-locales pour étudier la mondialisation (la déterritorialisation et la relocalisation) des pratiques religieuses (Argyriadis *et al.*, 2014). C'est elle que je poursuis dans l'étude des lieux baha'is en Israël et des emboîtements d'échelle qu'ils produisent du micro-local au plus mondial.

3   Le terrain israélien : catalyseur des mobilités internationales dans la fabrique de la ville ?

Aussi incontournables que soient Israël et la Palestine lorsque l'on traite de la fabrique de la ville par le religieux, la prégnance du conflit qui les oppose, les effets tragiques de sa durée, l'asymétrie des rapports de pouvoir qui l'anime et l'instrumentalisation du religieux dans la non-résolution de ses enjeux géopolitiques semblent tenir cet espace quelque peu à distance de la littérature scientifique sur la question ; une distance renforcée par l'actualité particulièrement violente

---

9   Le terme est anachronique concernant les travaux d'Halbwachs, mais pertinent quant à son objet d'étude.

10   De retour de Palestine dans les années 1930, Halbwachs cherchera à théoriser la notion de construction de la mémoire collective à partir des lieux saints chrétiens en Palestine – notamment le Chemin de Croix à Jérusalem – et de leur construction par échanges matériels et symboliques avec leurs répliques européennes.

de ces derniers mois et la difficulté d'accéder à ce terrain depuis le 7 octobre 2023. Dans ce temps confus, que dire sur le sujet qui nous préoccupe ici ? Que le religieux, comme le politique, y est omniprésent, très médiatisé, mais aussi – ce que l'on sait moins – qu'il reste particulièrement divers. Y sont implantés et plus ou moins intensément visités, des lieux saints musulmans, juifs et chrétiens (eux-mêmes particulièrement divers[11]) ou encore samaritains, druzes et baha'is.

Cette diversité, le nombre de ces lieux, leur importance aussi au regard de chacune des confessions citées et leur attractivité mondiale permettent de mieux comprendre les chiffres liés au tourisme en Israël : 4 500 000 entrées en 2019, année record, puis 2 500 000 en 2022 selon les chiffres du ministère du Tourisme israélien après deux années creuses en 2020-2021, alors que nombre de gouvernements prenaient des mesures drastiques pour limiter les mobilités locales et internationales lors de l'épidémie de Covid-19. Ces chiffres sont considérables si on les rapporte à la population locale (huit millions d'habitants[12]) et à un conflit très largement médiatisé dans la presse et sur les réseaux sociaux qui ne conduit pas, pour autant, à tarir les flux touristiques. Il en est, cela dit, un élément de transformation et de recomposition majeur et l'évolution de la structure des chiffres liés au tourisme religieux sont, ainsi, à lire à l'aune des « crises » politiques régionales successives.

Ainsi, si l'Italie, le Portugal et la Pologne ont longtemps été les principaux pourvoyeurs de pèlerins vers Israël-la Terre sainte, la seconde Intifada a complètement reconfiguré cette donnée. En trois ans, entre 1999 et 2002, le nombre d'entrées en provenance de ces pays de pèlerinages catholiques dits « traditionnels » s'est effondré : moins 80 % à 90 %. Ont alors émergé des pays protestants comme les États-Unis et le Brésil (Collins-Kreiner *et al.*, 2006), avec une vigueur telle que Feldman et Ron (2011) parlent « d'américanisation » de la Terre sainte par les pèlerins protestants, dans le pays et en Cisjordanie occupée (Rozenholc, 2021). S'il est difficile d'anticiper sur les effets à long ou moyen termes des violences régionales actuelles sur le tourisme, on peut tout de même souligner que les chrétiens constituaient, jusqu'au début de la guerre, la moitié des entrées touristico-religieuses en Israël avec, parmi eux, une part croissante (20 %) d'évangéliques : un acteur transnational, désormais, majeur de la recomposition des lieux sur place. Cette prépondérance s'explique par la centralité de la Terre sainte dans la liturgie chrétienne (catholique ou protestante) et l'encouragement politique et le soutien financier, déjà évoqué, au tourisme évangélique, mais également par les restrictions israéliennes aux mobilités en provenance des pays arabo-musulmans et par le fait que les touristes juifs, y compris lorsqu'ils visitent des lieux saints, se définissent rarement comme pèlerins (Fleischer, 2000).

---

11   Sossie Andézian (2010) dénombre treize « églises » au sein de la seule église israélo-palestinienne.

12   L'État israélien catégorise sa population selon l'origine dite ethnique (*edah* en hébreu). Elle compte ainsi des « Juifs » (environ 80 %), des « Arabes » (environ 20 %), des « Druzes » et des « Bédouins ». Ces catégories invisibilisent des disparités socio-économiques et politiques fortes en leur sein, que ce soit entre Arabes chrétiens et musulmans, entre juifs religieux et laïcs, « Occidentaux » et « Orientaux » ou entre nouveaux et anciens migrants.

Dans ce contexte, que nous apprennent les pèlerinages baha'is, moins nombreux et, de fait, moins visibles, mais aussi moins identifiables en Israël ? Peu étudiés, ils marquent pourtant fortement le territoire, et ce alors même qu'il n'y a pas de communautés baha'ies en Israël car on ne peut, à ce jour, être baha'i[13] et de nationalité israélienne. Les Baha'is interviewés dans le cadre de ma recherche expliquent cette incongruité par la volonté des institutions baha'ies de maintenir une présence réduite en Israël, de faire « profil bas »[14] et d'éviter toutes formes de prosélytisme. L'administration baha'ie est, d'ailleurs, tout à fait explicite sur le sujet : elle n'autorise la présence de Baha'is en Israël que temporairement, sur demande écrite, et uniquement en cas de pèlerinage ou de service au Centre mondial de Haïfa. Les villes de Haïfa et de Saint-Jean d'Acre voient ainsi, chaque année, des millions de pèlerins baha'is affluer alors que seuls quelques centaines de bénévoles résident au Centre mondial baha'i ; un centre mondial transnational dépourvu d'ancrage et « d'hinterland » local !

4   Les Baha'is : une communauté déterritorialisée productrice d'une topographie sacrée

Mais qui sont les Baha'is et qu'est-ce que le baha'isme ? Le baha'isme est une religion née de l'islam chiite persan au dix-neuvième siècle qui prône l'unité spirituelle de l'humanité et sa diversité et reconnaît l'ensemble des religions et leurs prophètes respectifs. Elle compte des fidèles sur tous les continents et dans plus de 187 pays[15]. Ces fidèles sont historiquement et statutairement dépourvus de clergé[16] et de liturgie ; c'est assez rare pour être noté. Ils s'appuient sur un important corpus de textes et de prières rédigés par le prophète de la foi baha'ie, Baha'Ullah (la Gloire de Dieu en persan[17]), son fils aîné Abdul'Baha[18] (le serviteur de Baha en persan) qui lui succédera à la tête de la communauté après son décès et Shoghi Effendi, l'aîné des petits-fils d'Abdul'Baha, que ce dernier choisi pour diriger l'ordre administratif baha'i lorsqu'il décède à son tour. Lorsque Shoghi Effendi meurt subitement en 1957, il n'a pas désigné de successeur[19] et c'est le signal que la communauté se donne pour, enfin, commencer à structurer une

---

13 La foi baha'ie est déclarative. Les Baha'is se déclarent auprès du Centre mondial de Haïfa qui leur transmet une « carte de créances » leur permettant d'élire représentants nationaux et mondiaux.

14 L'expression est de K., membre de la *National Spiritual Assembly* baha'ie des États-Unis, dans un entretien téléphonique du 3 octobre 2023.

15 Des communautés baha'ies sont présentent dans 47 pays d'Afrique, 41 pays d'Amérique, 16 pays d'Australie et Nouvelle Zélande, 40 pays d'Asie et 47 pays d'Europe : https://www.bahai.org/national-communities.

16 C'est, toutefois, munis du visa A/3 dit *clergy visa* délivré aux travailleurs religieux étrangers en Israël que les Baha'is peuvent entrer et résider dans le pays le temps de leur service (Warburg, 2006).

17 Mirza Husayn-Ali Nuri, à l'état civil, est né à Téhéran en 1817 et meurt à Saint-Jean d'Acre en 1892.

18 Abbas Effendi, à l'état civil, est né à Téhéran en 1844 et meurt à Haïfa en 1921.

19 Shoghi Effendi naît à Saint-Jean d'Acre en 1897. Il meurt pendant une « tournée » à Londres, à l'âge de 67 ans.

« Maison Universelle de Justice », l'institution que Baha'Ullah avait décrétée dans son livre de lois (1873) pour guider la communauté. Cette Maison – un corps de neuf hommes élus par les représentants des assemblées nationales – siégera pour la première fois en 1963. Renouvelée tous les cinq ans, elle statue, depuis, sur l'ensemble des questions administratives et spirituelles « non explicitement formulées dans les textes sacrés de la Foi »[20] depuis le Centre mondial de Haïfa que les *Tablettes du Mont Carmel* « révélées » à Baha'Ullah en 1880 désignaient déjà comme lieu d'implantation du futur Centre mondial.

Ces quelques éléments permettent de comprendre comment la topographie sacrée baha'ie en Israël prend forme ; une topographie construite autour des lieux de vie, d'écriture et de prophétisation des « Figures centrales de Foi », mais également de leur inhumation. Les Baha'is du monde entier se tournent, en effet, dans leur prière quotidienne vers Saint-Jean d'Acre, le lieu le plus saint du baha'isme car c'est là qu'est inhumé Baha'Ullah. Vient ensuite Haïfa dans cet ordre de la sacralité, car c'est là que sont inhumés le Bab[21] et Abdul'Baha. Le Bab (la « porte » en persan) est la quatrième figure incontournable pour comprendre l'inscription géographique et le narratif baha'i en Israël. Né en 1844, il est le fondateur du Babisme, une religion millénariste annonciatrice du baha'isme. Il est, à ce titre, considéré par les Baha'is comme le « prophète-émissaire » qui a « préparé » l'avènement de Baha'Ullah. Persécuté par les autorités persanes, il est assassiné en 1850. Ses disciples sont alors forcés à l'exil ou à l'emprisonnement et, parmi eux, Baha'Ullah. Exilé à Bagdad, ce dernier sera ensuite conduit plus loin dans l'empire ottoman : à Constantinople (aujourd'hui Istanbul), puis Andrinople (aujourd'hui Edirne) et finalement Saint-Jean d'Acre où il est incarcéré, avec sa famille en 1868. Il y est emprisonné deux ans, puis obtient de résider en liberté « surveillée » et, finalement, de s'installer à Bahji, un domaine où il vivra jusqu'à sa mort. C'est donc, notamment, parce qu'il est inhumé à Bahji et que les restes du Bab ont été déposés dans le mausolée de Haïfa (voir figure 1), qu'Israël est devenu le centre spirituel, puis administratif des Baha'is. Ainsi, contrairement aux monothéismes chrétien ou juif, ce n'est pas l'ensemble de la terre d'Israël qui est sainte pour les Baha'is, mais des lieux précis liés à leur histoire sociale et religieuse ; des lieux qui conservent et rayonnent de la sainteté de leurs « Figures centrales », indépendamment du territoire (Israël comme État ou comme Terre sainte) où ils sont inscrits. B. expliquait, ainsi, lors d'un entretien réalisé à son domicile en décembre 2023, que « quand on dit terre sainte, par exemple, sur le plan baha'i, sur le plan baha'i, déjà la sainteté c'est de reconnaître que des êtres qui ont été des prophètes majeurs, qui ont apporté des livres fondateurs de religion [...] d'étapes de civilisation de l'humanité ont vécu ou ont, ont... sont venus ici [...] Donc là où ce message a été révélé, c'est-à-dire là où Baha'Ullah a vécu, là où il a écrit des livres, révélés [...] qui sont l'héritage spirituel euh... pour

---

20 https://www.bahai.org/fr/the-universal-house-of-justice/.

21 Sayyid Ali Muhammad Sirazi, à l'état civil, naît à Shiraz en 1819 et meurt à Tabriz en 1850.

l'ensemble de l'humanité, c'est sacré » (B., retraitée, région parisienne, extrait du quatrième entretien, 22 décembre 2023).

Source : C. Rozenholc-Escobar, juin 2016.

Au premier plan, les jardins et leur esthétique spécifique d'essences plantées, couleurs, fontaines et vues. Au second plan, en milieu d'image, le mausolée du Bab reconnaissable à son dôme doré et le pont qui assure la continuité entre les dix-neuf terrasses jardinées du site. L'ensemble est organisé autour d'un axe réaligné, dans les années 1990, avec la rue Ben Gourion qui va jusqu'à la mer. Les terrasses descendent, ainsi, en volées d'escaliers successives, la pente nord du mont Carmel sur 1 kilomètre et 225 mètres de dénivelé.

Fig. 1   Le centre mondial baha'i avec le mausolée du Bab, la ville et le port de Haïfa en contrebas.

        The Baha'i World Centre, also known as the Baha'i Gardens or Baha'i Terraces, with a view of the Mausoleum of the Bab and the city and port of Haifa below.

5   Lieux saints baha'is et pèlerinage en Israël : la fabrique d'un territoire archipélagique ?

Ces lieux saints baha'is, liés à des récits souvent épiques et légendaires au sens d'Halbwachs (1941), forment en Galilée une sorte d'archipel. Une succession de lieux, de taille et de sacralité différents relie ainsi Haïfa (le double tombeau-mausolée du Bab et d'Abdul'Baha) à Nahariya (les jardins de Junayn où Baha'Ullah avait l'habitude de se promener) en passant par Saint-Jean d'Acre (le tombeau de Baha'Ullah) ; les Baha'is considérant Haïfa et Saint-Jean d'Acre comme deux villes jumelles reliées moins par la géographie ou le contexte local que par l'histoire baha'ie et ses renvois aux prophéties bibliques. Le terme d'archipel – ensemble d'îles groupé sur une surface maritime plus ou moins étendue, dit le dictionnaire – semble donc adéquat pour qualifier ces lieux, leurs liens et la manière dont ils s'inscrivent dans le territoire.

En effet, il y a, d'abord, la proximité entre des lieux, des « îles » de surface distincte, vastes ou confidentiels (juste un jardin ou, au contraire, une véritable « pièce urbaine »). Ensuite, ces îles forment un ensemble dont la cohérence est au cœur, à la fois, de la pratique baha'ie et de l'argumentaire du dossier d'inscription des « Lieux saints baha'is à Haïfa et en Galilée occidentale » au patrimoine mondial de l'Unesco. En 2008, cet « ensemble » est inscrit au titre de deux critères (*iii* et *vi*) car « Le mausolée de Baha'u'llah et le mausolée du Bab, les lieux les plus saints de la foi baha'ie, qui attirent chaque année des milliers de pèlerins venus du monde entier, constituent un témoignage exceptionnel des fortes traditions culturelles de pèlerinage baha'ies, et les communiquent avec force » et « Les deux mausolées baha'is sont des lieux tangibles d'une grande signification pour l'une des religions du monde »[22]. Enfin, ces îles sont inscrites dans une mer, un contexte israélien à dominante judéo-arabe (chrétienne et musulmane), avec lequel les relations sont bonnes et soigneusement entretenues par les responsables religieux – Baha'Ullah, Abdul'Baha et Shoghi Effendi, en leur temps, puis la Maison Universelle de Justice depuis 1963 – mais les interactions individuelles peu soutenues. Pour les pèlerins, comme pour ceux qui servent en Israël (environ 700 personnes), la vie baha'ie se déroule, d'île en île, au sein d'un archipel dont les relations avec « l'extérieur » se limitent, *a priori*, à leurs abords. En témoignent la gestion pragmatique et très « en interne » des bénévoles servant à Haïfa, complètement pris en charge par le Centre mondial[23], et les frayeurs et mauvaises expériences rapportées par certain-es enquêté-es qui s'étaient éloigné-es, dans leurs déambulations, des sentiers « battus » par les instances baha'ies en Israël.

6   Le pèlerinage baha'i au cœur de la pratique baha'i et du dossier Unesco !

Le sujet du pèlerinage irrigue l'ensemble du dossier de classement des sites baha'is à l'Unesco (les termes *pilgrim* et *pilgrimage* y sont cités soixante-deux fois) ; le pèlerinage venant justifier et traduire, en acte, l'importance, l'intégrité et l'authenticité des lieux inscrits. Le pèlerinage y est décrit comme une pratique historique, bien documentée et prescrite par Baha'Ullah lui-même. Dès son exil à Edirne, il enjoint, en effet, ses fidèles à se rendre en pèlerinage à Shiraz dans la

---

22 https://whc.unesco.org/fr/list/1220/.

23 Pour ce faire, le Centre mondial a d'ailleurs acquis près de 300 appartements dans Haïfa (Warburg, 2006 : 459) ce qui en fait, même si les chiffres demandent à être actualisés, un propriétaire foncier local important.

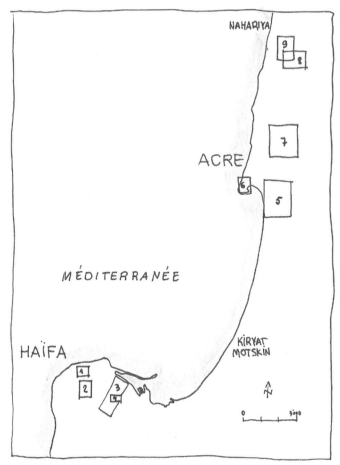

Auteur : C. Rozenholc-Escobar, 2023. Source : dossier d'inscription Unesco 2001.

Fig. 2 Localisation des lieux saints baha'is en Israël (les chiffres renvoient au tableau 1).
Location of Baha'i holy sites in Israel (figures refer to table 1).

maison du Bab (détruite en 1979) et à Bagdad dans sa propre maison (Warburg, 2006 : 449). Des pèlerins arrivent, par ailleurs, en Terre sainte pratiquement dès l'arrivée de Baha'Ullah à Saint-Jean d'Acre[24]. À la mort de ce dernier, l'objet du pèlerinage se déplace, ensuite, de sa personne vers le Mausolée du Bab. Ce déplacement de personne à lieu se renforce lorsque Shoghi Effendi stipule, après le décès d'Abdul'Baha, que le pèlerinage doit désormais s'attacher, en premier lieu, aux Mausolées de Baha'Ullah et du Bab.

24 Les premiers pèlerins dits « d'Orient » (Perse et Empire ottoman) viennent rencontrer Baha'Ullah alors qu'il est encore incarcéré. Les premiers pèlerins « occidentaux » sont accueillis par Abdul'Baha dès 1898.

Tab. 1 L'archipel baha'i du sud au nord de la Galilée, de Haïfa à Nahariya.

The Baha'i archipelago from the south to the north of Galilee, from Haifa to Nahariya

	Nom	Fonctions	Année de construction	Surface propre et zone-tampon (ha)		Municipalité
1.	Cimetière baha'i	Cimetière	1911 pour la première tombe (cousin du Bab)	0.55	3.1	Haïfa
2	Lieu de la révélation des Tablettes du Carmel	Lieu saint	1971 pour la construction de l'obélisque marquant cet emplacement	3.6	20.1	Haïfa
3	Mont Carmel, pente Nord	Lieu saint : Mausolée du Bab et tombe provisoire d'Abdul'baha + Centre administratif mondial	1899-1909 : mausolée 1948-1953 : superstructure et dôme du mausolée 1990-2001 : terrasses 1953-2001 : Arc et bâtiments	25.2	31.3	Haïfa
4	Quartier perse	Ensemble d'habitations		3.0	4.1	Haïfa
5	Rivdan	Jardins		9.3	56.1	Saint-Jean d'Acre
6	A. Maison d'Abdu'llah Pasha	Habitation		0.79	25.1	Saint-Jean d'Acre
	B. Maison d'Abud	Habitation		0.07		
	C. Forteresse de Saint-Jean d'Acre	Prison		0.06		
7	Bahji	Lieu saint : mausolée de Baha'Ullah + habitation et jardin	1821 pour le premier étage. 1868 pour le second	12.9	67.9	Saint-Jean d'Acre
8	Mazra'ih	Habitation		4.7	25.3	Mateh Asher et Al Mazra
9	Junayn	Jardins		0.81	4.8	Nahariya

Source : dossier d'inscription Unesco 2001.

Aujourd'hui, le pèlerinage combine visite des lieux saints (les mausolées-sanctuaires) et des lieux liés à la vie des « Figures Centrales de la Foi » (jardins, maisons, etc.). Il dure neuf jours et se prévoit plusieurs années à l'avance, sur inscription auprès du Centre mondial de Haïfa. La liste d'attente étant particulièrement longue et les demandes si nombreuses que les groupes de pèlerins (jusqu'à 400 à 500 personnes, réparties en sous-groupes linguistiques) se succèdent en flots quasi-continus. Une fois sur place, le pèlerinage constitue, comme les premiers pèlerins enquêtés en France le disent, un moment très intime, une expérience individuelle difficile à raconter (« expliquer ce qui est indescriptible, ce que tu ressens, c'est pas facile[25] ») et parfois fondatrice (« Et donc là, ben là, il s'est passé quelque chose quoi, enfin j'ai, j'ai ressenti une très, une très forte émotion [...] et donc je, je suis devenu baha'i en fait quand on est rentré en France, je me suis déclaré[26] »). Le pèlerinage est décrit comme un temps privilégié de connexion spirituelle, d'approfondissement de ses connaissances et de clarification. Il s'agit d'aller « en pèlerinage justement pour éveiller, approfondir, affiner ces, ces, une capacité spirituelle et mieux comprendre la réalité historique qu'ont vécue les fondateurs et les grandes figures de la foi bahá'ie[27] » et être transformé : « ça donne un coup de [...] je, je suis plus pareille, en, en rentrant je veux plus, je veux faire ceci, je veux faire cela ». T. explique également que c'est d'accéder finalement aux lieux saints dont elle avait vu nombre d'images et sur lesquels elle avait beaucoup lu qui « fait quelque chose ».

Tout comme son organisation en amont, le déroulement du pèlerinage est particulièrement réglé. Il est fixé par un programme reproduit dans le dossier Unesco (section *Baha'i pilgrimage. A cultural tradition*[28]). On y lit, d'abord, la prééminence du sanctuaire-mausolée de Baha'ullah. C'est le premier lieu à être visité à l'arrivée des pèlerins en Israël, et il est présenté, dans les écrits baha'is et dans le dossier Unesco, comme étant doté d'un statut « similaire dans sa sainteté au Mur des Lamentations de Jérusalem pour les juifs ou à la Kaaba de la Mecque pour les Musulmans »[29]. On lit, ensuite, dans ce document, l'importance du double sanctuaire-mausolée du Bab que les pèlerins visitent le deuxième jour[30] et la place qu'occupe la Maison Universelle de Justice, comme organe administratif et spirituel, dans la foi baha'ie : visites et rencontres avec des membres de la Maison sont ainsi organisées le deuxième jour de pèlerinage. Le troisième jour est dédié à la visite des Archives où sont conservés les milliers de manuscrits rédigés par Baha'Ullah, Abdul'Baha et Shoggi Effendi et certains de leurs effets personnels (habits du Bab), reliques (cheveux et sang) de Baha'Ullah et portraits du Bab et de Baha'Ullah qui ne sont montrés qu'aux pèlerins baha'is (Warburg, 2006 : 441).

Vient ensuite, quatrième et cinquième jours, la visite de la prison-forteresse de Saint-Jean d'Acre où Baha'Ullah fut incarcéré, des maisons dites d'Abud, Mazrahi et Abdula'Pasha où il rédigea certains de ses textes majeurs, de la

---

25 T., retraitée, extrait d'entretien du 30 mars 2023 à son domicile en région parisienne.

26 D., retraité, extrait d'entretien du 30 mars 2023 à son domicile en région parisienne. B. et T. sont mariés.

27 B., retraitée, extrait du premier entretien, 31 mars 2023, région parisienne.

28 https://whc.unesco.org/fr/list/1220/documents/.

29 Dossier Unesco *Nomination of Bahá'í Holy Places*, section « Statement of Oustanding Universel value », p. 6. Ce lieu est, depuis l'automne 2023, fermé au public pour protester contre la demande de la municipalité de Saint-Jean d'Acre d'en faire un lieu touristique.

30 Abdul'Baha n'est que temporairement enterré dans ce mausolée, puisqu'un mausolée dédié est en cours de construction sur une parcelle attenante à celle des jardins dits de Ridvan à Saint-Jean d'Acre.

propriété de Bahji où il résida jusqu'à la fin de sa vie, des jardins de Ridvan (« paradis » en persan) qu'Abdul'Baha avait fait aménager pour lui après ses années d'incarcération et de la maison de celui-ci à Haïfa. Le sixième jour est, lui, dédié à des visites individuelles, toujours en des lieux prescrits, tel le lieu-dit de la révélation des *Tablettes du Mont Carmel*. Ce lieu, marqué par un obélisque érigé en 1971 indique l'emplacement d'une future maison dite d'adoration[31]. Il montre, par-là, la vision planificatrice et prospective qui préside à la gestion des lieux baha'is, car si l'on ne sait pas quand cette « maison » a vocation à être construite (lorsqu'une communauté baha'ie, *per se*, existera en Israël), ses plans ont été approuvés et publiés par Shoghi Effendi dès 1952[32].

À cette organisation minutieuse du pèlerinage collectif répond la possibilité d'effectuer, non pas des visites libres, mais un pèlerinage individuel de trois jours. Il requiert, lui aussi, l'autorisation préalable du Centre mondial de Haïfa et peut être organisé à tout moment de l'année[33]. Dans tous les cas, la prise en charge totale (sauf l'hébergement qui revient à chacun-e) des pèlerins par l'institution et le fait que certains lieux ne soient ouverts au public que partiellement (seuls certains espaces, à certaines heures, sont visitables) tranchent avec d'autres pèlerinages où l'on peut voir et entendre la pratique religieuse, la piété, avoir lieu et prendre place. L'observation même du pèlerinage en ces lieux baha'is est donc limitée, d'autant que l'on ne peut pas non plus « voir les gens voir », par exemple, les artefacts de la Maison des Archives montrés aux seuls pèlerins. À l'inverse, le partage entre coreligionnaires issus de communautés locales qui voyagent ensemble renforce la portée du lien qu'opère le pèlerinage entre évènements de l'histoire baha'ie et lieux concrets de leur avènement. Cette expérience est, pour la sociologue des religions M. Warburg (2006 : 453), ce qui permet aux pèlerins de développer des « souvenirs communs » et, plus encore, un « paysage de mémoire urbaine ».

Cette mémoire est donc fabriquée collectivement, sur place, puis partagée et reformulée par les pèlerins à leur retour dans leur communauté d'origine. Ces allers-retours entre lieux réels et lieux du récit et les transformations des uns par les autres, de même que le récit construit par une esthétique architecturale bien définie et par une politique d'acquisition foncière des lieux qui touchent à l'histoire baha'ie (en Israël comme en France) est précisément ce dont parle M. Halbwachs (1941) et, à sa suite, D. Iogna-Prat (cité par D. Chevalier et A. Herzog, 2018, p. 3) qui rappelle à quel point « "l'espace matériel et symbolique" conditionne le travail de mémoire [...] et comment la "continuité

---

31 Chaque continent est pourvu d'au moins une maison de prière collective. À celle de Willette (États-Unis) ont succédé celles de Kampala (Ouganda) et de Sidney (Australie) en 1961, de Francfort (1964), Panama-City (1972), des Îles Samoa (1984), de Delhi (1986) et de Santiago du Chili (2016). En 2023, une dernière maison a été inaugurée à Kinshasa.

32 Voir https ://file.bahai.media/b/b8/BW_Volume12.pdf.

33 « Baha'is may request to come for a brief visit to the Holy Land. Whatever the purpose their travail to Israel, Baha'is must have the permission of the Universal House of Justice for their visit » (https://pilgrimage. bwc.org/visits/).

topographique" permet d'assurer et de consolider une "unité symbolique" » ;
continuité topographique à laquelle les Baha'is semblent aspirer !

7   Les jardins baha'is de Haïfa : le centre mondial de la foi bahai'e

Dans cette unité symbolique, les jardins baha'is de Haïfa occupent une place
singulière. Plus qu'un jardin, c'est un ensemble de lieux et de bâtiments,
d'époques et de factures différentes, construits, à partir de 1909, sur vingt hectares
de la pente nord du Mont Carmel. Le premier bâtiment à y être construit est
le mausolée du Bab, voulu et planifié par Baha'Ulla lui-même dès 1891. Il sera
initié huit ans plus tard par Abdul'Baha, en 1899, une fois les parcelles nécessaires
acquises, et achevé en 1909. Abdul'Baha y procède alors à l'inhumation des
restes du Bab qu'il avait fait venir et garder dans le plus grand secret à Saint-Jean
d'Acre depuis 1899[34].

Dès cette « mission » accomplie, Abdul'Baha entreprend d'acquérir les parcelles qui seront nécessaires à l'organisation des terrasses, elles aussi prescrites
par Baha'Ullah, pour conduire, du quartier des Templiers allemands installé en
contrebas des jardins, au mausolée. Il faudra, cependant, attendre vingt ans, 1930,
pour qu'une première volée d'escaliers soit construite sous l'égide de Shoghi
Effendi avec la contribution de l'urbaniste écossais Patrick Geddes ; le même
qui, en 1925, dessinait le plan de Tel-Aviv. En 1948, Shoghi Effendi entreprend
ensuite de transformer profondément le mausolée du Bab. Il y fait adjoindre trois
pièces, une superstructure octogonale et un dôme doré (voir figure 1). Les transformations durent cinq ans et s'achèvent en 1953. En 1990, de grands travaux
démarrent à nouveau pour créer les terrasses que nous connaissons aujourd'hui.
Conduits par l'architecte canadien d'origine iranienne Fariborz Sahba, ils sont
achevés en 2001 ; date de l'ouverture des jardins au public.

Outre le mausolée du Bab, les jardins baha'is « hébergent » plusieurs bâtiments : la maison des pèlerins orientaux (1909), les tombes de la « Sainte Famille »
(la femme de Baha'Ullah, deux de leurs enfants et la femme d'Abdul'Baha) érigées
entre 1932 et 1938, l'obélisque qui marque l'emplacement de la révélation des
Tablettes du Carmel (1971) et plusieurs bâtiments administratifs qui constituent
ce que les Baha'is appellent l'Arc. Il s'agit de quatre bâtiments, construits en arc
de cercle ; un tracé que Shoghi Effendi choisit pour transcrire, matériellement, les
prophéties baha'ies qui annoncent un temps à venir où Dieu conduira son Arche
(*Ark* en anglais) jusque sur les flancs du Carmel. La maison des archives (figure 3)
est le premier des bâtiments à y être construit. Bâtiment de facture néoclassique
grec avec colonnes et chapiteaux ioniques et construit sur les proportions du

---

34   Voir le récit de Shoghi Effendi (1944) dans *God Passes By*, Wilmette, Baha'i Publishing Trust, chap. 18
« Entombment of the Bab's Remains on Mt. Carmel », p. 157-159 pour la version en ligne : https://www.
bahai.org/library/authoritative-texts/shoghi-effendi/god-passes-by/god-passes-by.pdf?cbd5e97f.

Parthénon, il fixe les règles architecturales des bâtiments qui suivront. Livrée en 1957 après trois ans de travaux, sa construction fut supervisée par Shoghi Effendi[35].

Source : Caroline Rozenholc-Escobar, septembre 2023 et commentaire : Patrick Céleste.

Les jardins ont, dans un contexte de forte déclivité, ménagé une aire singulière, organisée en deux séquences. La première, rectiligne, du Carmel vers la mer ; la seconde profitant d'un élargissement du terrain pour inscrire, dans une demi-lune, les bâtiments administratifs. Dans le contexte urbain actuel, le style architectural retenu pour ces bâtiments ne manque pas d'étonner : toit de tuiles vertes, marbre blanc immaculé, emmarchements, colonnes et portiques, chapiteaux et frontons. Il reprend un style classique, né il y a 2500 ans en Méditerranée qui pouvait s'inscrire « naturellement » en un tel site, mais en appelle surtout à un universalisme relatif dont le XVIIIe siècle a pourtant assuré l'hégémonie en Europe et outre-Atlantique.

Fig. 3   La Maison des Archives, le premier des quatre bâtiments de l'Arc à être construit.

The Maison des Archives, the first of the Arc's four buildings to be constructed.

Après la maison des archives est édifié le siège de la Maison universelle de justice. Construit, lui aussi, dans un style néoclassique et orné de colonnades corinthiennes, il est achevé en 1983 après huit ans de travaux. Il occupe la place centrale de l'arc et sert de bureau aux neuf élus qui gouvernent la communauté baha'ie. Est ensuite venu le Centre pour l'étude et la traduction des Textes dont les travaux, annoncés en 1987, démarrent en 1992 et s'achèvent en 1999. C'est une bibliothèque installée dans le flanc même de la montagne et dont plusieurs étages sont, de ce fait, enterrés. En 2000, sort de terre le dernier des

---

35 ICOMOMOS, file:///Users/carolinerozenholc/Downloads/1220rev-ICOMOS-1581-fr.pdf.

quatre bâtiments de l'Arc. C'est le Centre international d'enseignement, dessiné, comme la Maison universelle de Justice et le Centre pour l'étude des Textes, par l'architecte H. Amanat.

8   Les jardins baha'is : une « pièce urbaine » pour Haïfa ?

Si cet article n'est pas le lieu pour étudier en détails tous les lieux baha'is de Galilée, on peut tout de même développer la question des jardins bahai's, dont on vient de brosser l'histoire sur plus de cent ans à grands traits. Ces jardins nous intéressent, ici, d'abord parce qu'ils manifestent véritablement la place et le rôle du religieux dans la fabrique de la ville et du territoire : de par l'espace qu'ils occupent dans la ville (vingt hectares), leur situation (une implantation sur les hauteurs du mont Carmel), leur visibilité (notamment celle du dôme doré du mausolée-sanctuaire du Bab) et leur architecture au sens large ; c'est-à-dire l'organisation, l'esthétique et le soin porté aux jardins, mais aussi la matérialité et la facture des bâtiments en rupture forte avec le contexte urbain (voir figures 1 et 3). Ensuite, ces jardins témoignent de la manière dont la place du religieux dans la ville et les territoires n'est pas figée. Elle évolue dans l'espace *et* dans le temps. Elle est mouvante. Les jardins, tels qu'ils apparaissent aujourd'hui, sont, on l'a dit, le fruit de transformations progressives et parfois majeures de l'existant (constructions, réorganisation spatiale, entretien et « embellissement ») conduites par une vision à long terme, conditionnée par les opportunités d'achat foncier et donc incertaines.

Ce faisant, les jardins baha'is de Haïfa ont, depuis la vision qu'en a eue Baha'Ullah à la fin du XIXᵉ siècle, également profondément transformé la ville ; transformation matérielle et symbolique accélérée par l'inscription, portée par Israël comme État partie, du patrimoine baha'i sur les listes de l'Unesco. Les jardins baha'is, de par leur présence même et la définition de zones tampons à leurs alentours pour en protéger le caractère sacré et non mercantile et la « beauté », témoignent directement de la manière dont les lieux du religieux structurent et organisent leur environnement immédiat, mais aussi, à une autre échelle, la ville et le territoire. Le fait que les jardins baha'is soient relativement récents et leur développement particulièrement documentés[36] nous permet, par ailleurs, de lire, dans le détail, la dialectique itérative et multi-scalaire qui s'engage entre le religieux et le sacré, d'une part, et la ville et les espaces profanes, d'autre part, en mêlant les questions de pratiques et de croyances à celles de l'industrie du tourisme au sens large (y compris le pèlerinage), de la gestion foncière et patrimoniale, mais aussi de la politique de la ville et de la planification urbaine[37].

---

36 Les travaux scientifiques ne sont pas pléthores, mais un nombre considérable de documents sont disponibles sur internet, via le site « mondial » ou des sites « locaux » dont, en français, http://www.bahai-biblio.org.

37 L'abaissement de cinq mètres de la rue Ha'tsionout, un axe de circulation majeur, pour permettre la construction du pont qui l'enjambe en est un exemple. Warburg (2006) souligne que ce « point dur »

Il est d'ailleurs important de souligner que le développement des jardins « en parallèle » du développement de Haïfa comme ville est l'un des critères de leur classement au patrimoine mondial de l'Unesco[38] et que la présence des jardins contribue aussi à pondérer et contenir les appétits fonciers des promoteurs immobiliers qui n'ont fait que croître depuis les années 1990-2000.

Pour toutes ces raisons et malgré leur singularité et celle du contexte – lui-même changeant : empire ottoman, mandat britannique et État israélien – où ils se sont implantés, les jardins baha'is apparaissent comme paradigmatiques des modalités de production de la ville par le religieux. C'est d'autant plus vrai, dernier point, que les jardins baha'is constituent un exemple fort, voire un laboratoire, pour étudier le rôle des mobilités (religieuses) internationales dans la fabrique de la ville et du territoire. Ne sont-ils pas « produits » par les dons, le « service » et les pèlerinages d'une communauté qui n'a pas, pour l'instant, vocation à s'y développer ? Comment, dès lors, qualifier ce lieu, cet ensemble paysager, architectural et urbain, pour expliciter plus avant son fonctionnement et son rôle dans la ville de Haïfa ? L'expression de « pièce urbaine », développée par l'architecte Henri Ciriani (1997), semble heuristique[39]. En effet, ses arguments viennent éclairer l'un ou l'autre aspect du fonctionnement des jardins, dans leur contexte urbain. Ciriani écrit, ainsi, que « la pièce urbaine agit comme un catalyseur stratégique qui, une fois inscrit dans un contexte urbain, modifie (ou influe sur) la veine et le caractère du tissu » et qu'elle est aussi « introvertie, grâce à son espace public ou semi-public, qui peut compenser ainsi les manques de l'environnement ». Autant de points que l'on retrouve sur place.

Ciriani définit également des règles auxquelles la « pièce urbaine » obéit et qui garantissent « l'équilibre, l'harmonie urbaine et l'unité de l'ensemble et du continuum spatial sur son emprise ». À nouveau, les termes employés – équilibre, harmonie, unité et continuum spatial – sont des descripteurs adéquats de cet espace. La première règle concerne la « présence extérieure » de la pièce urbaine qui doit être figure « reconnaissable de l'extérieur et, en conséquence, se démarquer de son entourage ou le conditionner, devenir identifiable et dialectique ». C'est bien le cas des jardins dont la présence, reconnaissable et reconnue, tient aussi au fait qu'ils se démarquent fortement de leur environnement qu'ils contribuent, par-là même à conditionner. Autre règle, « corollaire du besoin d'une image extérieure est la nécessité d'avoir un dedans. La pièce doit posséder un 'intérieur' » qui se réfère à l'ensemble. Cet intérieur est ici dicté par la fonction même du lieu ; lieu saint, sacré auquel le dessin et la composition cherchent à conférer ou transmettre une dimension spirituelle.

---

des négociations liées à l'aménagement des terrasses a nécessité plusieurs années de discussion avec la Municipalité.

38 http://whc.unesco.org/fr/list/1220/documents.

39 Voir « La pièce urbaine », *Le architetture dello spazio pubblico : forme del passato, forme del presente*, Triennale de Milan : https://henriciriani.blogspot.com/2016/10/la-piece-urbaine.html.

La pièce urbaine, troisième règle, « par sa dimension et sa présence, apparaîtra comme une partie urbaine de la ville, comme une contribution à l'ensemble des espaces publics de la ville ». C'est bien le cas des jardins qui contribuent aux espaces publics de la ville : comme poumon vert de la ville et au titre des améliorations portées aux infrastructures publiques dans le cadre de son aménagement (amélioration des routes, adjonction et mise aux normes des égouts, création d'adduction d'eau et d'un parking public) à hauteur de 250 millions de dollars de fonds baha'is privés[40] (Gatrell et Collins-Kreiner, 2006). Ciriani ajoute qu'une pièce urbaine « ne doit jamais venir s'ajouter à un déficit urbain, ni produire une nuisance supplémentaire à un morceau de ville ». Cette volonté, poursuit-il, doit conduire à « végétaliser au moins un tiers de la surface de l'opération [...] La végétation se présente comme une réserve verte, son objectif principal étant de l'ordre du contraste, de l'oxygénation (poumon) et surtout véhicule d'espoir ». À l'espérance, la communauté baha'ie ajoute la volonté de communiquer, par le biais des jardins, sur les valeurs qu'elle juge universelles : égalité, justice, paix intérieure et paix mondiale.

La dernière règle est à l'échelle du territoire : une pièce urbaine « doit s'installer dans sa logique géographique et ne doit pas se fondre, mais plutôt révéler l'essence du territoire, son paysage. Une pièce urbaine n'est soumise au contexte urbain que dans la mesure où celui-ci a une permanence supérieure à elle ». Difficile ici de statuer sur les degrés de permanence, mais il est certain que la logique des jardins a prévalu sur la volonté de se fondre dans le contexte. Cela étant, il est tout à fait intéressant de lire dans le dossier d'inscription Unesco la proposition de remplacer la notion de « zone tampon » (*buffer zone* en anglais), utilisée pour gérer les abords des sites classés, par la notion de « zone d'interaction ». Cette demande tient à la dimension non opératoire, voire contreproductive de la notion, dans la définition de certains périmètres ou critères de classement (Rozenholc et Tufano, 2018) ; l'interaction témoignant d'une approche plus perméable et négociée, peut-être également plus durable dans le temps.

Conclusion

Les Baha'is, communauté transnationale et mondialisée, sont un acteur majeur de l'aménagement du territoire israélien et en particulier galiléen ; un acteur reconnu, y compris sur le plan matériel, par l'Unesco et la communauté internationale pour sa recherche d'harmonie et de solidarité, voire d'égalité, en concurrence, avec les contingences libérales du milieu dans lequel ils agissent. Les jardins baha'is, comme tous les lieux baha'is ouverts au public sont, en effet, pensés comme des cadeaux esthétiques et spirituels faits à l'ensemble de l'humanité. Ils s'inscrivent dans une géographie qui permet de décrire à quel point la fabrique urbaine

---

40 Cette somme inclut le coût de l'aménagement des jardins, de ses abords et la construction du Centre d'étude des textes et d'enseignement.

et territoriale par le religieux fonctionne comme une « caisse de résonance » ou d'amplification des modalités de production contemporaines de la ville et du territoire : qu'il s'agisse des effets d'une mise en tourisme généralisée, des processus patrimoniaux ou de la compétition des mémoires qu'ils engagent. Plus encore, les jardins baha'is – à la fois espace sacré du religieux, espace patrimonial et touristique, mais aussi espace public – jouent un rôle que l'on pourrait qualifier de « prémisses urbaines » dans la fabrique de la ville de Haïfa et peut-être également dans celle de Saint-Jean d'Acre et de ses alentours. Depuis la fin du dix-neuvième siècle, ils ont, à maints égards, anticipé et accéléré les dynamiques de fabrication de la ville qu'ils cherchent, aujourd'hui, à infléchir !

Ce faisant, ils illustrent la dimension continue de la production des lieux, qui peut être construction, rénovation ou destruction, et dans laquelle les mobilités internationales jouent un rôle fondamental. Dans plusieurs de ces textes, Shoghi Effendi emploie la métaphore du cœur et du sang qui l'irrigue pour parler des lieux saints baha'is et des flux de pèlerins qui l'animent et le vivifient. Ainsi, cet archipel baha'i en Galilée permet d'étudier la manière dont les mobilités internationales se déploient, à la fois spatialement et symboliquement, dans les lieux vers lesquels elles convergent. Il permet de montrer la force d'attraction de l'espace israélien dont on connaît surtout les tensions politico-religieuses et la puissance répulsive[41]. Ce faisant, on peut restituer Israël dans la géographie transnationale dont il relève et produire de nouvelles connaissances sur cet espace, connaissances d'autant plus urgentes que les tensions locales ou régionales qui l'irriguent, irriguent, par-delà ses frontières (Benbassa, 2010), la géopolitique et les équilibres mondiaux.

Une relecture de cet espace à partir des mobilités du religieux (sacralité et mobilités touristico-religieuses) complète donc, sans les annuler, les catégories plus habituelles, et parfois aveuglantes[42], du politique en Israël. Elle permet alors de « voir » les Baha'is, communauté transnationale, centralisée et dépourvue de clergé, comme un tiers-acteur (non juif et non arabe et non Israélien et non Palestinien) de premier plan dans la fabrique de la ville et des territoires. Cette approche par la place du « lieu » religieux, dans des villes où les mobilités occupent une place inédite et croissante, permet d'appréhender les récits, l'accumulation de pratiques et l'épaisseur temporelle, mais aussi la qualité dynamique de ces lieux religieux (Halbwachs, 1941 ; Racine et Walther, 2003). À ce titre, les entretiens avec les pèlerins baha'is, mais aussi avec celles et ceux qui servent ou ont servi sur place, de même qu'avec les autorités municipales avec qui la présence baha'ie se négocie, sont à poursuivre. Ils permettront de creuser plus avant la multi-dimensionnalité de la question du lieu et de contribuer, ainsi, aux

41 C'est le terme qu'emploie Irène Salenson (2007) pour parler de Jérusalem dans sa thèse intitulée *Aménager la ville imaginée : politiques et stratégies urbaines à Jérusalem* et soutenue à l'université de Paris 1 en 2007.

42 « (M) aster categories have the power to illuminate, but theirs is blinding power thereby also keeping us from seeing other presences in the landscape. They produce, then, a vast penumbra around that centre of light. It is in that penumbra that we need to go digging » (Sassen, 2006, p. 402).

débats non résolus sur la place du « local » et de ses jeux d'échelles dans la ville mondialisée, sur le rôle des mobilités internationales dans les transformations urbaines et l'espace public, sur le poids des questions mémorielles dans des processus patrimoniaux et sur les effets spatiaux du religieux sur nos sociétés civiles. Comment ceux-ci participent-ils de la fabrique de la ville et du territoire, voire de la constitution de nouveaux régimes de spatialités, puissamment mobilisateurs et identificatoires qui mêlent le sacré, l'émotionnel, à la fabrique matérielle et architecturale ? De ce point de vue, l'exemple de la présence baha'ie en Israël apparaît paradigmatique de la fabrique, dans le temps et dans l'espace, de ces topographies sacrées.

ENSAPVS
3-15 Quai Panhard et Levassor
75013 Paris
caroline.rozenholc@paris-valdeseine.archi.fr

Bibliographie

Agnew, J. A. et Duncan, J. S. (éd.) (1989), *The Power of Place. Bringing Together Geographical and Sociological Imaginations*, Londres, Unwin Hyman, 248 p.

Alsayyad, N. (2011), « The Fundamentalist City ? », in N. Alsayyad et M. Massoumi (éd.), *The Fundamentalist City. Reliogisity and the remaking of urban space*, Routledge, New-York, p. 3-26.

Andézian, S. (2010), « Formation des identités palestiniennes chrétiennes. Églises, espace et nation », *Archives de sciences sociales des religions*, 149, p. 189-210.

Argyriadis, K., Capone, S., De la Torre, R. et Mary, A. (2014), *Religions transnationales des Suds. Afrique, Europe, Amériques*, L'Harmattan-IRD, Louvain-la-Neuve, 270 p.

Aubin-Boltanski, E. (2005), « Le *mawsim* de Nabî Mûsâ : processions, espace en miettes et mémoire blessée » in S. Chiffoleau et A. Madœuf (dir.), *Les pèlerinages au Maghreb et au Moyen-Orient. Espaces publics, espaces du public*, Presses de l'Ifpo, Beyrouth, p. 59-80.

Barrère, C. et Rozenholc, C. (dir.) (2018), *Les lieux de mobilité en question. Acteurs, formes, enjeux, situations*, CIST-Karthala, Paris, 186 p.

Batut-Lucas, K. (2014), « Le pèlerinage et le sionisme chrétien aux États-Unis. Le cas du Christians United For Israel », in L. Chantre, P. D'Hollander et J. Grévy, *Politiques du pèlerinage du XVIIe siècle à nos jours*, PUR, Rennes, p. 89-100.

Baussant, M. et Bousquet, M.-P. (2007), « Mémoires et usages religieux de l'espace. Liminaire », *Théologiques*, 15 (1), p. 5-16.

Buttimer, A. et Seamon, D. (éd.) (1980), *The Human Experience of Space and Place*, Londres, Croom Helm, 200 p.

Bava, S. (2005), « Variations autour de trois sites mourides dans la migration », *Autrepart,* 4 (36), p. 105-122.

Bava, S. et Capone, S. (2010), « Religions transnationales et migrations : regards croisés sur un champ en mouvement », *Autrepart,* 4 (56), p. 3-15.

Beck, U. (2002), « The Cosmopolitan Society and its Enemies », *Theory, Culture and Society*, 19 (1-2), p. 17-44.

Belhassen, Y. et Ebel, J. (2009), « Tourism, faith and politics in the Holy Land and ideological analysis of evangelical pilgrimage », *Current Issues in Tourism*, 12 (4), p. 359-378.

Bennafla, K. (2005), « L'instrumentalisation du pèlerinage à La Mecque à des fins commerciales », in S. Chiffoleau et A. Madœuf (dir.), *Les pèlerinages au Maghreb et au Moyen-Orient, Espaces publics, espaces du public*, Presses de l'Ifpo, Beyrouth, p. 193-202.

Boukhris, L. et Chapuis, A. (2016), « Circulations, espace et pouvoir. Penser le tourisme pour penser le politique », *L'espace Politique* (en ligne), 28 (1), p. 1-20.

Bowman, G. (1992), « The Politics of Tour Guiding : Israeli and Palestinian Guides in Israel and the Occupied Territories », in D. Harrison (éd.) *Tourism and the Less-Developed Countries*, Belhaven Press, London, p. 121-134.

Capone, S. (2004), « A propos des notions de globalisation et de transnationalisation », *Civilisations*, 51 (1-2), p. 9-22.

Caron-Malenfant, J. (2004), « Risque politique et traitement médiatique : vers de nouvelles pratiques en tourisme », *Teoros*, 23 (1), p. 23-27.

Cazes, G. et Courade, G. (2004), « Les masques du tourisme », *Revue Tiers Monde*, 178 (2), p. 247-268.

Chantre, L., D'hollander, P. et Grévy, J. (dir.) (2014), *Politiques du pèlerinage du XVIIe siècle à nos jours*, PUR, Rennes, 381 p.

Chevalier, D. et Hertzog, A. (2018), « Introduction », *Géographie et Cultures*, dossier « Spatialités des mémoires », 105, p. 3-9.

Chevrier, M.-H. (2016), *Pratiques et valeurs spatiales, pèlerines et touristiques : grands et petits lieux de pèlerinage aujourd'hui*, Th. de doctorat, Université de Lyon, 474 p.

Chiffoleau, S. et Madoeuf, A. (dir.) (2005), *Les pèlerinages au Maghreb et au Moyen orient. Espaces publics, espaces du public*, Beyrouth, Presses de l'Ifpo, 406 p.

Chiffoleau, S. (2003), « Un champ à explorer : le rôle des pèlerinages dans les mobilités nationales, régionales et internationales du Moyen-Orient », *Revue européenne des migrations internationales*, 3 (19), p. 285-289.

Cohen, E. (1992), « Pilgrimage centers : Concentric and Excentric », *Annals of Tourism Research*, 19 (1), p. 33-50.

Cohen-Hattab, K. (2004), « Zionism, Tourism and the Battle for Palestine : Tourism as a Political-Propaganda Tool », *Israel Studies*, 9 (1), p. 61-85.

Collins-Kreiner, N., Kliot, N., Mansfeld, Y. et Sagi, K. (2006), *Christian Tourism to the Holy Land. Pilgrimage during Security Crisis*, Ashgate, Aldershot, 197 p.

Collins Kreiner, N., Shmueli, D. et Ben Gal, M. (2005), « Understanding conflicts at religious-tourism sites : The Baha'i World Center, Israel », *Tourism Management Perspectives*, 16, p. 228-236.

Davie, G. et Hervieu-Léger, D. (dir.) (1996), *Identités religieuses en Europe*, La Découverte, Paris, 335 p.

Dejean, F. et Endelstein, L. (2013), « Approches spatiales des faits religieux », *Carnets de géographes*, 6, p. 1-19.

Delbaere, D. (2010), *La fabrique de l'espace public. Ville, paysage et démocratie*, Paris, Ellipses, 186 p.

Duhamel, P. et Knafou, R. (dir.) (2007), Les mondes urbains du tourisme, Belin, Paris, 368 p.

Eliade, M. (2005) [1965], *Le sacré et le profane*, Gallimard, Paris, 187 p.

Endelstein, L., Fath, S. et Mathieu, S. (dir.) (2010), *Dieu change en ville. Religion, espace, migration*, L'Harmattan, Paris, 224 p.

Feldman, J. (2014), « Contested Narratives of Storied Places – The Holy Lands », *Religion and Society. Advances in Research*, 5, p. 106-127.

Fleischer, A. (2000), « The tourist behind the pilgrim in the Holy Land », *Hospitality Management*, 19, p. 311-326.

Fijalkow, Y. (dir.) (2017), *Dire la ville, c'est faire la ville. La performativité des discours sur l'espace urbain*, Villeneuve d'Ascq, Les Presses Universitaires du Septentrion, 196 p.

Garbin, D., Coleman, S. et Millington, G. (2022), *Ideologies and Infrastructures of Religious Urbanization in Africa. Remaking the City*, Bloomsbury, 240 p.

Garbin, D. (2023), « Urbanisation and City-making in African Christianities : Remapping the 'New Jerusalem' », *Religion and Urbanity Online*, 22 p.

Gatrell, J. D. et Collins-Kreiner, N. (2006), « Negotiated space : Tourists, Pilgrims, and the Baha'i Terraced Gardens in Haifa », *Geoforum*, 37, p. 765 – 778.

Gravari-Barbas, M. (2012), « Tourisme et patrimoine, le temps des synergies ? », *Revue internationale de l'imaginaire*, 27, p. 375-399.

Halbwachs, M. (2008) [1941], *La topographie légendaire des Évangiles en Terre sainte*, PUF, Paris, 388 p.

Hampson, A. (1980), *The Growth and Spread of the Bahai Faith*, Th. de doctorat, Université de Hawaï, 536 p.

Hayat, S., Lyon-Caen, J. et Tarragoni, F. (2018), « La singularité », *Tracés*, 34, p. 7-21.

Hoerner, J.-M. (2007), « Le tourisme et la géopolitique », *Hérodote*, 127 (4), p. 15-28.

Hutt, C. (2012), « Pilgrimage in Turbulent Contexts : One Hundred Years of Pilgrimage to the Holy Land », *International Dialogue, A Multidisciplinary Journal of World Affairs*, 2, p. 34-64.

Isaac, R., Hall, M. et Higgins-Desbiolles, F. (éd.) (2016), *The Politics and Power of Tourism in Palestine*, Routledge, New-York, 282 p.

Joseph, I. (1997), « Prises, réserves, épreuves », *Communications*, 65, p 131-142.

Kazig, R. et Masson, D. (2016), « L'ambiance comme concept de la géographie culturelle francophone », *Géographie et cultures*, 93-94, p. 215-232.

Kong, L. (2010), « Global shifts, theoretical shifts : Changing geographies of religion », *Progress in Human Geography*, 34 (6), p. 755 – 776.

Lefebvre, H. (2000) [1974], *La production de l'espace*, Anthropos, Paris, 485 p.

Matthey, L. (2007), « Si proche, si loin ! Penser les processus urbains à partir des modèles de la géographie du tourisme ? », *Articulo – Revue de Sciences humaines*, 3, 10 p.

Micoud, A. (éd.) (1991), *Des Hauts-Lieux. La construction sociale de l'exemplarité*, Paris, Éditions CNRS, 136 p.

Pagès-El Karaoui, D. (2005), « Le mouled de Sayyid al-Badawî à Tantâ : logiques spatiales et production d'une identité urbaine » in S. Chiffoleau et A. Madœuf (dir.), *Les pèlerinages au Maghreb et au Moyen-Orient. Espaces publics, espaces du public*, Beyrouth, Presses de l'Ifpo, p. 237-264.

Park, C. (2005), « Religion and geography », in J. Hinnells (éd.) *Routledge Companion to the Study of Religion*, Londres, Routledge, p. 439-455.

Piveteau, J.-L. (2010), « Lieu et territoire : une consanguinité dialectique ? », *Communications*, 87, p. 149-159.

Prorok, C. (2007), « Crossing and Dwelling : A Theory of Religion by Thomas A. Tweed Review », *Annals of the Association of American Geographers*, 97 (1), p. 226-227.

Racine, J.-B. (1993), *La ville entre Dieu et les hommes*, Presses bibliques universitaires – Anthropos, Le Mont-sur-Lausanne, 356 p.

Racine, J.-B. et Walther, O. (2003), « Géographie et religions : une approche territoriale du religieux et du sacré », *L'information géographique*, vol. 67 (3), p. 193-221.

Relph, E. (1976), *Place and placelessness*, Londres, Pion, 156 p.

Relph, E. (2007), « Spirit of Place and Sense of Place in Virtual Reality », *Techné : Research in Philosophy and Technology*, 10 (3), p. 17-25.

Robertson, R. (1991), « Social Theory, Cultural Relativity and the Problem of Globality », in A. King (éd.), *Culture Globalization and the World-System*, Houndmills, Macmillan, p. 69-90.

Ron, A. (2009), « Towards a typological model of contemporary Christian travel », *Journal of Heritage Tourism*, 4 (4), p. 287-297.

Rose-Redwood, R., Alderman, D. et Azaryahu, M. (2008), « Collective memory and the politics of urban space », *GeoJournal*, 73 (3), p. 161-164.

Rozenholc, C. (2010), *Lire le lieu pour dire la ville. Florentin : un quartier de Tel-Aviv dans la mondialisation (2005-2010)*, Th. de doctorat, Université de Poitiers, 546 p.

Rozenholc, C. (2017), « Penser les mobilités internationales à l'aune des lieux qu'elles produisent. Pistes de réflexions à partir du tourisme religieux (Israël-Europe-États-Unis) », *Revue européenne des migrations internationales*, 33 (4), p. 179-196.

Rozenholc, C. (2021), « Pèlerinages internationaux et tourisme religieux : une question de géographie politique ? », revue *VIA. Tourism Review*, 19 : dossier Tourisme et géopolitiques, 18 p., https://journals.openedition.org/viatourism/7015.

Sassen, S. (2005), « Digging in the penumbra of master categories », *The British Journal of Sociology*, 56 (3), p. 401-403.

Sheller, M. et Urry, J. (2006), « The new mobilities paradigm », *Environment and Planning A*, 38, p. 207-226.

Silver, D. et Clarck, T. (2016), *Scenescapes. How Qualities of Place Shape Social Life*, University of Chicago Press, Chicago, 432 p.

Trouillet, P.-Y. (2015), « Conclusions sur les articulations entre territoires et lieux de culte (avec un détour par l'hindouisme) », *Hypothèses*, 18 (1), p. 249-259.

Trouillet, P.-Y. et Lasseur, M. (2016), « Introduction. Les lieux de culte entre territoires et mobilités du religieux : cadre théorique et perspectives contemporaines depuis les Suds », Les Cahiers d'Outre-Mer, 274 (2), p. 5-38.

Turner, V. (1973), « The Center out There : Pilgrim's Goal », *History of Religions*, 12 (3), p. 191-230.

Warburg, M. (2006), « The Baha'i World Center » in M. Warburg, *Citizens of the World. A History and Sociology of the Baha'is from a Globalisation Perspective*, Numen Book Series, vol. 106, Brill, p. 424-474.

Warburg, M. (2005), « Introduction » in M. Warburg, A. Hvithamar et M. Warmind, *Baha'i and Globalisation,* Aarhus University Press, p. 7-14.

Willaime, J.-P. (2008), *Le retour du religieux dans la sphère publique*, Éditions Olivétan, Lyon, 223 p.

L'esprit dans les lieux : le réveil du sacré dans les sanctuaires catholiques sous l'effet de la sécularisation ?

The Spirit in the Place: Revival of the Sacred in Catholic Shrines under the Effect of Secularisation?

Marie-Hélène Chevrier

Maître de conférences en géographie, Institut Catholique de Paris, UR Religion, Culture et Société (EA7403)

Résumé   Dans certains des pays de tradition chrétienne dans lesquels s'est développée la sécularisation, cette dernière a eu une double conséquence : la composante religieuse du sacré s'est cristallisée et renforcée dans les hauts-lieux religieux (les sanctuaires), tandis que s'est progressivement développée une nouvelle modalité de sacré, profane celle-là, s'appliquant à d'autres objets (passé historique, sport, fiction, etc.) et pouvant se conjuguer, parfois dans un même espace, avec le sacré religieux. Étant donné qu'elle devient rare dans l'espace public, la valeur sacrée fait l'objet d'une certaine protection dans les sanctuaires, *via* le processus de patrimonialisation qui concerne non seulement les lieux mais également les pratiques. Ainsi certains lieux et pratiques associées sont-ils « réactivés », comme s'il était impossible de subvertir totalement un lieu auquel aurait été attachée la valeur sacrée. Il s'agira, dans cet article, de poser l'hypothèse d'un « réveil » du sacré dans les sanctuaires catholiques sous l'effet de la sécularisation et de la patrimonialisation. Quelles sont les modalités de l'irruption de la valeur sacrée dans l'espace ? Y aurait-il une forme de pérennité de cette valeur sacrée après son irruption ? Lorsque la valeur sacrée est « réveillée », est-elle transformée ? L'étude comparative de différents sanctuaires catholiques internationaux permettra d'apporter des éléments de réponse à ces questions.

Abstract   *In some secular countries with a Christian tradition, secularisation has had a double consequence : the religious component of the sacred has been 'crystallised' and reinforced in the shrines, while a new modality of the sacred (this one non-religious) has progressively developed, applying to other objects (historical past, sport, fiction, etc.) and being able to combine, sometimes in the same space, with the original religious modality of the sacred. Since it is becoming rare in the public space, the value of the sacred is subject to a certain protection in shrines, through the process of public heritage conservation, which concerns not only places but also practices. In this way, certain places and associated practices are 'reactivated', as if it were impossible to completely subvert a place to which sacred value has been attached. In this paper, we will consider the hypothesis of a 'reawakening' of the sacred in Catholic shrines under the effects of secularisation and public heritage conservation. What are the modalities of the irruption of the sacred value in a specific space ? Is there a form of permanence of this sacred value after its irruption ? When the sacred is 'awakened', is it transformed ? The comparative study of different international Catholic shrines will provide some answers to these questions.*

Ann. Géo., n° 756-757, 2024, pages 80-102, © Armand Colin

Mots-clés   géographie, sanctuaires, sacré, valeur spatiale, hiérophanie, trajectivité, sécularisation

Keywords   *geography, shrines, sacred, spatial value, hierophany, trajective chains, secularisation*

« Pour obtenir le don persévérance, [Pécuchet] résolut de faire un pèlerinage à la sainte Vierge. Le choix des localités l'embarrassa. Serait-ce à Notre-Dame de Fourvière, de Chartres, d'Embrun, de Marseille ou d'Auray ? Celle de la Délivrande, plus proche, convenait aussi bien » (Flaubert, 1881). Parmi les caricatures offertes par Flaubert à travers les personnages de Bouvard et Pécuchet, se trouve celle des foules qui, dans le contexte historique dans lequel écrit l'auteur, se pressent dans de très nombreux sanctuaires et particulièrement à Lourdes. Les hésitations de Pécuchet soulignent ce maillage très dense de l'espace par ces lieux arrachés à la géographie ordinaire, désignés par Roger Caillois comme « endroit[s] où le Ciel touche la terre » (Caillois, 1963). Elles suggèrent également qu'un choix spécifique de localité peut s'opérer en fonction de l'effet recherché (ici, acquérir le don de persévérance) : l'espace sacré n'aurait ainsi pas seulement une valeur mais bien un pouvoir particulier.

Le christianisme, et particulièrement le catholicisme, dénombre un très grand nombre de marqueurs topographiques, très denses sur les continents européen et américain, mais également présents sur tous les autres continents, même si moins nombreux. Chaque chapelle ou église constitue un lieu saint, chaque calvaire sur le bord d'une route contribue à sacraliser l'espace. Pourtant, comme l'explique M. Levatois, le christianisme institue « une rupture dans la relation à l'espace » (Levatois, 2012). En effet, si les lieux de culte jouent, dans le christianisme, un rôle primordial en permettant la célébration commune du culte et en manifestant la présence et la vitalité (ou au contraire le déclin) de l'Église, la religion chrétienne est pourtant, par essence, « déterritorialisée » (Levatois, 2012) car fondée sur la personne du Christ qui se désigne lui-même comme « le Chemin, la Vérité et la Vie » (Jn 14, 6) et va jusqu'à désigner son corps comme le seul Temple[1]. Les espaces sacrés et lieux saints du christianisme ne sont donc pas désignés et édifiés en vertu d'un caractère sacré qui serait inhérent à l'espace, mais traduisent visiblement un besoin humain, mais aussi institutionnel, de matérialiser le sacré, participant ainsi à la fabrique des territoires.

Les points les plus remarquables de condensation de la valeur sacrée dans les différentes religions sont les sanctuaires, qui peuvent être définis comme des « espaces délimités, marqués par une expérience spirituelle liée à la religion, où s'appliquent des règles spécifiques et vers lesquels convergent les visiteurs, qu'ils aient des motivations religieuses ou profanes » (Chevrier, 2016). S'y retrouvent les

---

1   « Jésus leur répondit : "Détruisez ce sanctuaire, et en trois jours je le relèverai". Les Juifs lui répliquèrent : "Il a fallu quarante-six ans pour bâtir ce sanctuaire, et toi, en trois jours, tu le relèverais ! " Mais lui parlait du sanctuaire de son corps » (Jn 2, 19-21).

caractéristiques des hauts-lieux identifiées par B. Debarbieux[2] qui, tant par leurs caractéristiques topographiques et symboliques que par les flux qu'ils suscitent, contribuent à organiser et hiérarchiser l'espace et bénéficient d'une visibilité particulière. Une grande partie des sanctuaires chrétiens, et plus particulièrement catholiques, se situent logiquement dans des États au passé fortement marqué par le christianisme, qui sont aussi les plus caractérisés par une forte sécularisation de la société. Le sociologue F.-A. Isambert établit à ce propos un lien entre christianisme et sécularisation, en avançant l'idée d'une « sécularisation interne du christianisme », soit : « une sécularisation acceptée comme légitime par le groupe religieux lui-même » (Isambert, 1976). Cette sécularisation – que nous entendons ici comme la séparation de l'État et des institutions religieuses et le passage de tout ce qui relève du religieux de la sphère publique à la sphère privée – s'accompagne d'un effacement des marqueurs religieux – et par extension du sacré religieux – de l'espace public. Paradoxalement cependant, dans ces États et sociétés, les sanctuaires sont toujours au nombre des lieux les plus fréquentés. Ainsi, selon le classement du magazine spécialisé *Travel and Leisure* établi en 2018, parmi les dix sites les plus visités au monde, cinq sont des sanctuaires liés à une religion, dont quatre au catholicisme[3]. Parmi ceux-ci, Notre-Dame de Paris et le Sacré-Cœur de Montmartre, deux sanctuaires condensant évidemment une sacralité liée à la religion catholique, mais également très liés au pouvoir politique et à la fiction (une part non négligeable de visiteurs vient spécifiquement sur les lieux de l'œuvre de Victor Hugo ou du tournage d'*Amélie Poulain*). La valeur sacrée semble donc bien perdurer dans l'espace mais également déborder du cadre religieux. Est-il juste de parler de pérennité du sacré dans l'espace ? Cette valeur sacrée est-elle transformée sous l'effet de la sécularisation et si oui, comment ?

La réflexion s'appuiera ici sur l'étude, menée entre 2014 et 2016, de quinze sanctuaires catholiques : les sanctuaires français de N.-D. de-la-Médaille-Miraculeuse (rue du Bac, Paris), N.-D. de Fourvière, Pontmain, Lourdes, Ste-Anne d'Auray, L'Ile-Bouchard, Lisieux et le Mont-Saint-Michel ; les sanctuaires italiens de Sainte-Croix-de-Jérusalem (Rome) et San Damiano (Émilie-Romagne) ; ainsi que ceux de St-Jacques de-Compostelle (Espagne), Fatima (Portugal), Knock (Irlande), Medjugordje (Bosnie-Herzégovine) et Guadalupe (Mexique). Pour chacun ont été analysés les discours ecclésiaux (guides de pèlerinage, sites internet des sanctuaires et de leur diocèse) et touristiques (site internet et brochures des offices de tourisme et sélection de 5 guides imprimés : *Guide du Routard, Guide Vert, Petit Futé, Lonely Planet* et *National Geographic*). Dans

---

2 B. Debarbieux définit le haut-lieu comme un « point de l'espace auquel on reconnaît un caractère sacré conféré par une désignation divine (le haut-lieu est alors un donné, le résultat d'une donation), et qui fait l'objet de pratiques collectives (pèlerinages, cérémonies, etc.) qui permettent à l'expérience religieuse vécue par l'individu d'être partagée (communion) par l'ensemble des individus présents » (Debarbieux in Lévy & Lussault, 2003). A. Micoud (1994) complète cette définition en précisant que le haut-lieu « est toujours, et sans nul doute, une construction symbolique effectuée par les hommes ».

3 Il s'agit du temple Senso-Ji à Tokyo et des quatre sanctuaires catholiques suivants : basilique Notre-Dame de Guadalupe (Mexico), Notre-Dame de Paris, Saint-Pierre de Rome et Sacré-Cœur de Montmartre.

chacun de ces sanctuaires ont ensuite été menés des semaines d'observation non participante ainsi que des entretiens avec les autorités ecclésiastiques, laïques et publiques impliquées dans la gestion du lieu. Si chaque sanctuaire dépend d'un diocèse et donc d'un évêque, ce dernier nomme un recteur destiné à gérer le lieu avec un certain degré d'autonomie. De plus en plus, depuis le début des années 2000, les évêques choisissent de nommer des recteurs appartenant à des communautés religieuses, qui peuvent ainsi aider à l'animation pastorale du lieu. Outre ces acteurs ecclésiastiques, les fidèles se mobilisent également pour accueillir les visiteurs dans les lieux, se fédérant parfois en associations. Le recours à ces acteurs explique que la gestion et la pastorale peuvent être très différentes d'un sanctuaire à l'autre, chaque recteur, communauté et association de laïcs pouvant représenter une sensibilité différente au sein de l'Église. En outre, dans la majorité des cas, ces lieux attirant un nombre conséquent de visiteurs, une coopération se met en place avec les offices de tourisme et les autorités municipales locales. Nous nous appuierons enfin sur une enquête sur questionnaire menée auprès d'une cinquantaine de personnes interrogées durant leur visite du sanctuaire. Ce questionnaire auto-administré et proposé en français, anglais, espagnol, portugais, italien et polonais, était composé de dix-neuf questions réparties en trois sections : 1) informations sociologiques générales (sept questions fermées) permettant de faire le portrait du visiteur ; 2) motif et déroulement de la visite (deux questions fermées et deux questions ouvertes) afin de déterminer notamment le type de pratiques (touristiques et/ou religieuses ou autres) et la familiarité avec ce type de lieux (il était notamment demandé aux visiteurs de faire la liste des sanctuaires déjà visités) ; 3) connaissance et perception du site (7 questions fermées dont 2 avec classement, et 1 question ouverte), comprenant des questions sur le mode de prise de connaissance du sanctuaire, la fréquence de la visite, le classement des différents points d'intérêt du site, l'attribution d'une représentation au sanctuaire (lieu de culte et de pèlerinage, monument important du patrimoine, lieu de détente, symbole d'appartenance religieuse...), le degré de familiarité ressenti et les trois mots définissant le mieux le sanctuaire. 656 réponses ont été obtenues pour l'ensemble des lieux étudiés : 274 hommes et 383 femmes, de 46 nationalités différentes sur les 5 continents, dans des tranches d'âge allant de 16 ans à 60 et plus[4] (Chevrier, 2016).

En partant de cette étude comparative de grands sanctuaires catholiques et sans envisager le lien entre sacré et espace de manière déterministe, nous étudierons l'hypothèse d'un « réveil du sacré » sous l'effet de la sécularisation et de la patrimonialisation. Après avoir explicité la fabrique du sacré catholique et son évolution dans un contexte de sécularisation, nous distinguerons les rapports des individus et des sociétés au sacré en ses territoires, entre un sacré ressenti et un sacré institutionnalisé. Nous verrons alors comment ce sacré « réveillé »

---

4   L'âge n'était pas précisément demandé. Les visiteurs devaient indiquer une tranche d'âge, la première débutant à 16 ans et la dernière étant « 60 et plus ».

dans les sanctuaires s'est dilaté, conférant à ces lieux de nouvelles significations et fonctions.

1 De « l'esprit des lieux » à « l'esprit *dans* les lieux » : la fabrique du sacré catholique

Il est établi que certaines localisations géographiques, aux conditions topographiques particulières, sont traditionnellement associées au divin : dans la cosmologie occidentale, par exemple, les sommets, plus proches du ciel, sont conçus comme des lieux de rencontre avec les entités divines, tandis que les grottes, s'enfonçant dans les profondeurs de la Terre, lieux de ténèbres par excellence, sont souvent associées à des puissances maléfiques (Chamussy, 1995). Plus généralement, tous les lieux sortant de l'ordinaire ou difficilement accessibles sont reliés par les différentes traditions et religions à des puissances surnaturelles, bénéfiques ou maléfiques, établissant de fait l'idée d'un *genius loci*, finalement assez déterministe. Si la tradition chrétienne ne se coupe pas totalement de cette vision de l'espace, elle en dérive néanmoins assez largement, y compris dans les plus grands sanctuaires.

1.1 La sacralisation d'un lieu, fruit d'une médiation...

Un certain nombre de sanctuaires catholiques sont implantés sur des lieux symboliques d'un point de vue topographique : celui de Lourdes est fondé autour d'une grotte, le sanctuaire de Guadalupe à Mexico, celui de Fourvière à Lyon, ou encore de Medjugorje en Bosnie se trouvent sur une colline, le Mont-Saint-Michel sur une éminence rocheuse au milieu des mers, et l'on pourrait multiplier les exemples avec une multitude de plus petits sanctuaires locaux. En outre, un nombre non négligeable de sanctuaires catholiques sont implantés en des lieux qui étaient auparavant associés à un culte plus ancien : la basilique de Sainte-Anne-d'Auray s'élèverait en lieu et place d'un ancien lieu de culte des Celtes et même le Cap Finisterre, tout proche de Saint-Jacques-de-Compostelle était réputé être un lieu magique avant la christianisation (cf. Tableau 1). Autant de constats qui semblent pousser à envisager un *genius loci* et une forme de pérennité du sacré en certains points de l'espace, qui ne serait ainsi pas neutre. Partant de cette idée, des chercheurs en sciences physiques envisagent l'existence d'une « grille énergétique » reliant entre eux tous les lieux sacrés de la planète[5] (Boudet, 2016), tandis que des géographes pensent une géographie structurale dans laquelle le sacré serait la dimension originelle organisant le monde (Desmarais et Ritchot, 2000).

---

5   Les travaux les plus connus, mais très contestés par la communauté scientifique, sont ceux des médecins allemands Manfred Curry et Ernst Hartmann (suivis en France par Alain Boudet) sur les réseaux vibratoires qui seraient liés à certains métaux.

Ces conceptions peuvent néanmoins faire oublier que, si l'espace n'est pas neutre, c'est bien parce que, comme l'écrivent à la fois G. Bachelard (1957) et Y. F. Tuan (1974), l'homme est un être « topophile » : non seulement il ne peut se concevoir en dehors de son rapport à l'espace, mais des liens affectifs se créent entre les hommes et lieux (Lussault, 2007). Ainsi, pour M. Eliade, du point de vue de l'homme religieux, le sacré serait-il en quelque sorte latent, immanent dans l'espace et se cristalliserait-il en certains lieux bien précis. L'historien et sociologue désigne cette révélation par le vocable de « hiérophanie », soit le « processus par lequel Dieu se manifeste aux hommes, conférant un caractère sacré à l'espace » (Eliade, 1965). C'est bien cette hiérophanie qui donne naissance aux grands sanctuaires, notamment catholiques, selon plusieurs modalités. Parmi les grands sanctuaires catholiques contemporains, plusieurs sont nés d'une hiérophanie qui a pris la forme d'une subversion d'un lieu déjà considéré comme sacré dans une religion préexistante à l'arrivée du christianisme (cf. Tableau 1). Le cas le plus emblématique est probablement celui du sanctuaire de Guadalupe à Mexico, ancien sanctuaire de la déesse-mère des Aztèques, Tonantzin, devenu le sanctuaire catholique de la mère de Dieu le plus fréquenté au monde. Une subversion est donc surtout une décision d'autorités religieuses dominantes, mais elle est généralement appuyée par un recours au miraculeux (dans le cas de Guadalupe, le récit d'une apparition de la Vierge Marie à un Indien en 1531).

Ces événements miraculeux, lorsqu'ils surviennent dans des lieux qui n'avaient auparavant aucune fonction ni caractéristique particulière, constituent une autre forme de hiérophanie, que l'on pourrait qualifier « d'irruption » du sacré (cf. Tableau 1). Par un fait surnaturel (dans l'Église catholique, le plus souvent une apparition de la Vierge Marie, du Christ ou d'un Saint) ou considéré comme miraculeux (découverte d'un objet sacré), un espace banal est mis à part, réenchanté, et les croyants sont encouragés, voire enjoints, à y converger. C'est ainsi le cas, entre beaucoup d'autres, des villages Pontmain (France) et Knock (Irlande).

La hiérophanie peut enfin s'opérer *via* l'intermédiaire d'un individu considéré comme saint, soit qu'il soit lui-même passé en un lieu, soit que ses reliques y soient conservées, comme c'est le cas, parmi les sanctuaires considérés, de Lisieux, ville associée à Sainte Thérèse de l'Enfant Jésus (cf. Tableau 1). Le passage d'un Saint ferait alors des lieux une « terre de sainteté », c'est-à-dire le lieu d'une expérience de sainteté (Haddad, 2011) qui confère à l'espace son caractère sacré.

Ces différentes modalités de hiérophanie, que l'on peut identifier pour chaque sanctuaire, montrent bien qu'en dépit d'une forme de persistance dans le temps de la valeur sacrée, il n'est pas juste de parler d'esprit des lieux au sens où il serait compris comme un caractère intrinsèque de l'espace : la sacralisation d'un espace est toujours le résultat d'une médiation. Penser une valeur sacrée totalement intrinsèque à l'espace reviendrait en outre à négliger la dimension politique et idéologique de la sacralisation de l'espace.

1.2 ... pouvant ainsi s'effacer sous l'effet de la sécularisation

Dans l'Église catholique, la médiation est d'autant plus importante que la seule hiérophanie ne suffit pas à désigner officiellement un lieu comme un sanctuaire, qui est un espace consacré. Elle en fait un lieu saint, c'est-à-dire, pour l'Église, un lieu de mémoire qui rappelle l'alliance entre Dieu et les hommes. Pour que le lieu saint devienne canoniquement un espace sacré, il faut qu'il soit consacré par la réalisation d'un rituel particulier appelé dédicace et accompli par l'évêque dont dépend le lieu, en présence des prêtres et des fidèles qui le souhaitent. Théologiquement, par ce rituel qui reprend des gestes accomplis dans les sacrements dispensés aux croyants (aspersion d'eau et onction d'huile sainte du baptême, célébration de l'Eucharistie), est rendue visible, pour les croyants, l'action de l'Esprit Saint dans ce lieu particulier. Tant que la dédicace n'a pas été réalisée, aucun sacrement ne peut être célébré. Lorsque se produit une manifestation surnaturelle en un lieu qui ne comportait auparavant aucun lieu de culte (comme à Fatima ou San Damiano par exemple), celle-ci doit être tout d'abord authentifiée par les autorités ecclésiastiques[6] pour que le lieu puisse être consacré et que l'on puisse y célébrer les sacrements et qu'ainsi, d'un lieu saint, il devienne un lieu officiellement consacré. Ainsi, s'il n'y a pas d'esprit des lieux, il y a bien, du point de vue de l'Église, un « Esprit *dans* les lieux ».

Dès lors, cette valeur sacrée ayant été « mise en place » par une société, peut être envisagé le fait que la sécularisation de cette même société mette en péril l'espace sacré. Le rituel de la dédicace lui-même ne garantit pas l'immuabilité du caractère sacré. Les articles 1211 et 1212 du Code de droit canonique précisent que le caractère sacré peut être perdu si le lieu est profané, s'il est détruit ou s'il est « réduit à des usages profanes de façon permanente » (Can. 1212). Ainsi, un lieu consacré catholique peut-il être désacralisé et rendu à un usage profane. C'est d'ailleurs ce qui se produit dans de nombreux pays occidentaux, dans un contexte de sécularisation, y compris, parfois, dans les sanctuaires les plus renommés, comme en témoigne l'exemple de l'abbaye du Mont-Saint-Michel, transformée en prison après la Révolution.

En effet, la sécularisation a pour effet de « neutraliser » l'espace public en occultant le plus possible les pratiques et signes religieux (processions, édifices...). C'est ainsi la topographie sacrée du territoire tout entier qui se transforme. Dans les sociétés non sécularisées, les sanctuaires ne sont que les « points culminants » de cette topographie sacrée. De petits édifices et certaines pratiques (processions, etc.) occupent également l'espace de manière ordinaire. Mais lorsque

---

6 La procédure d'authentification des faits surnaturels a été mise en place par le Concile de Trente (1545-1563), en réponse à la Réforme qui dénonçait l'instrumentalisation des reliques et des pèlerinages. Il s'agit, par cette procédure canonique, de distinguer les « véritables faits surnaturels » de leurs « contrefaçons humaines ou diaboliques » (Laurentin et Sbalchiero, 2012). Parmi les sanctuaires étudiés ici, tous bénéficient d'une reconnaissance canonique, sauf San Damiano pour lequel le résultat de l'enquête a été négatif, ainsi que Medjugorje, toujours sujet à controverse, où le supranaturalisme des faits n'a pas encore été reconnu (en attente car les apparitions ne seraient pas terminées) et qui ne bénéficie que d'une reconnaissance de fait (depuis 1993).

survient la séparation des Églises et de l'État, elle s'accompagne d'une volonté de sécularisation voire de laïcisation de l'espace public : la valeur sacrée religieuse n'est ainsi plus omniprésente et s'estompe, entraînant une baisse de la pratique religieuse qui fait que de nombreux édifices tombent en désuétude et peuvent être désacralisés. Les plus grands sanctuaires, ceux qui sont liés à une hiérophanie particulière, ne sont ainsi plus seulement les points culminants mais les refuges ou conservatoire de la valeur sacrée.

S'ils perdurent, contrairement aux espaces sacrés du quotidien, c'est parce que les pratiques et croyances qui leur sont attachées sont transmises par les individus de génération en génération. C'est ce dont témoignait un ancien recteur du sanctuaire de Douvres-la-Délivrande : « Ça fait des générations que des femmes qui sont inquiètes de la manière dont se passe leur grossesse envoient là une lettre pour qu'on allume une bougie, pour qu'il y ait une démarche. On ne trouve pas ça sur internet. C'est le bouche-à-oreille de mère à fille, de grand-mère à petite-fille. Et ce qui est impressionnant dans un moment où la pratique de la messe hebdomadaire s'est éloignée de bien des gens, c'est de voir débarquer un dimanche après-midi trois générations d'une même famille. Et ils viennent passer une demi-heure là, et la grand-mère raconte comment elle est venue quand elle était enfant, avec qui elle est venue, tous des gens qui sont morts évidemment, et puis les petites-filles, elles entendent ça et elles vont repartir avec cette transmission » (extrait d'un entretien mené le 23 juin 2014). Cette transmission n'est pas le fait des médias ni des institutions mais elle se fait « par le bas » : c'est parce qu'une société s'est approprié un sanctuaire que celui-ci perdure. Le sacré serait donc plutôt « mis en sommeil » qu'effacé par la sécularisation.

2   Les sanctuaires : des lieux efficaces

Comme le montre l'exemple rapporté par l'ancien recteur du sanctuaire de Douvres-la-Délivrande, les visiteurs viennent dans les espaces sacrés dans l'attente d'obtenir quelque chose. Ils sont bel et bien actifs durant leur visite et ces lieux sont ainsi le support d'une expérience.

2.1 Les espaces sacrés, supports de l'expérience

Les définitions données par les acteurs ecclésiastiques des sanctuaires catholiques insistent sur cette dimension de support, faisant de ces lieux des bases topographiques qui permettent une ouverture à une forme de transcendance. L'Association des recteurs de sanctuaires[7], sur son site, rappelle qu'un sanctuaire « est un espace pour le beau, pour le silence, pour le sacré. [...] La personne qui vient dans un sanctuaire peut vivre un temps d'arrêt, un temps de pause. C'est un espace pour reprendre pied dans la vie en redécouvrant l'espace spirituel qui

---

7   Association qui regroupe 226 recteurs de sanctuaires catholiques, majoritairement en France ainsi que quelques-uns en Belgique, en Suisse, en Espagne, en Italise, au Portugal et au Liban.

est à l'intérieur de chacun. À tous, le sanctuaire offre l'espace de l'audace. [...]
Un sanctuaire est un tremplin dans la vie, un tournant pour les quêteurs de sens
et les chercheurs de Dieu ». Cette définition indique que dans un espace sacré,
plus que le lieu lui-même, c'est bien l'expérience vécue dans le lieu qui distingue
l'espace.

Les enquêtes menées auprès des visiteurs des sanctuaires laissent très souvent
transparaître cette perception d'une qualité particulière des espaces sacrés :
lorsqu'il leur est demandé de donner trois mots-clés pour définir le sanctuaire, quel
que soit le site considéré (chapelle, grand monument emblématique, sanctuaire
reconnu ou non), tous les mots donnés se répartissent entre sept champs lexicaux[8],
que l'on retrouve également dans les témoignages mis à disposition par les médias
des sanctuaires. Parmi ces champs lexicaux, trois sont directement en lien avec des
expériences vécues dans le lieu, plutôt qu'avec ses qualités matérielles : il s'agit
d'une catégorie de mots décrivant l'atmosphère ressentie dans le lieu (« paix »,
« calme », « silence », etc.) tel ce visiteur américain au sanctuaire irlandais de
Knock qui témoigne sur son blog [traduction personnelle] : « Dès que ma
femme, Angie, et moi sommes entrés dans la chapelle extérieure sous le pignon
où a eu lieu l'apparition, nous avons immédiatement été baignés dans la plus
merveilleuse sensation de paix et de joie[9] ». Le deuxième champ lexical est celui
comprenant les mots relevant de l'intériorité, de l'expérience personnelle vécue
(« plénitude », « retour sur soi », etc.), tel ce couple de visiteurs rencontré à
Lisieux qui assure : « [venir au sanctuaire] nous permet un peu de réflexion sur
nous-même ». Enfin, vient également l'expérience collective, qui est vécue tant
par des personnes participant à des pèlerinages que par des visiteurs individuels
qui ont malgré tout le sentiment de vivre quelque chose de commun avec les
autres visiteurs (« rencontre », « partage », etc.). Ce qui est expérimenté, ressenti,
c'est le sacré qui se traduit dans l'espace selon différentes modalités.

La perception de la valeur sacrée donne alors lieu à une expérience particulière
de l'espace. A. Moles explique que les pratiques des visiteurs dans les sanctuaires
sont le reflet de cette expérience du sacré, les pratiques rituelles en étant la manifestation par excellence (Moles, 1972). En effet, les observations réalisées dans
différents sanctuaires montrent que, dans un espace sacré, les comportements
changent, certes en fonction des règles spécifiques à ces lieux et propres à chaque
religion ou spiritualité, en fonction également de la culture des individus, mais
aussi de manière relativement spontanée (baisser la voix, ralentir le pas, etc.). L'intensité de ces changements de comportement permettrait alors, selon A. Moles,
de déterminer l'intensité de la valeur sacrée qui, si elle est « officiellement »
présente sur toute la superficie du sanctuaire (sacré « institutionnalisé »), n'est

---

8   Il s'agit, dans l'ordre d'importance, des champs lexicaux se rapportant à la dimension spirituelle du
    lieu, à son atmosphère, son esthétique, à l'intériorité du visiteur, à l'expérience collective vécue, à la
    dimension culturelle du sanctuaire et à sa dimension géographique (Chevrier, 2016).

9   Source : https://www.walkinghumblywithgod.com/blog/2021/7/18/experiencing-peace-and-joy-at-
    the-knock-shrine-in-ireland, consulté le 23/03/2023

pourtant pas ressentie partout avec la même intensité. En effet, les sanctuaires sont, pour beaucoup, établis sur des terrains de vaste superficie et composés d'un ensemble de sites. Ainsi, le sanctuaire de Guadalupe à Mexico se distingue-t-il au cœur du tissu urbain ininterrompu de la mégapole, où la densité de population avoisine 6 000 h/km^2. Il s'étend sur environ 170 000 m^2, très aérés et habités seulement par quelques personnes, les deux basiliques (dont la plus grande de 10 000 m^2) encadrant une très vaste esplanade et étant surplombées par un jardin dans lequel il est possible de déambuler, tandis qu'un très grand centre (29 500 m^2) a été construit pour pouvoir accueillir différentes activités (célébrations, activités culturelles, conférences, etc.). Au sein de ce très vaste périmètre, tout n'a pas la même valeur aux yeux des visiteurs. Certains points sont perçus comme plus sacrés que d'autres.

La « densité de sacré », que Moles proposait de cartographier en traçant des « lignes isosacrées[10] » sur le modèle des courbes de niveau, peut connaître des variations brusques, voire des discontinuités que l'on perçoit à travers le changement de comportement des visiteurs. Les enquêtes et entretiens menés avec les visiteurs des différents sanctuaires ont permis d'approfondir cette idée et de faire apparaître que c'est davantage l'anamorphose qui pourrait traduire cette variation de la valeur sacrée dans l'espace dans les sanctuaires : en effet, pour le visiteur, selon l'intensité avec laquelle il perçoit la valeur sacrée, l'espace du sanctuaire apparaît déformé : certaines portions d'espace disparaissent, alors que d'autres prennent des proportions bien plus grandes. On peut se référer au cas du sanctuaire de Sainte-Anne-d'Auray, dans le Morbihan[11] (Figures 1a et 1b).

---

10 Les lignes isosacrées consistent dans « l'ensemble linéaire de points sur lesquels, en gros, les comportements de la majorité des individus participant d'une culture seront identiques » (Moles, 1972).

11 Il a été demandé aux visiteurs dans chaque sanctuaire étudié, de classer l'intégralité des différents espaces du sanctuaire par ordre décroissant, selon l'importance qu'ils leur accordaient. Dans le cas de Sainte-Anne-d'Auray par exemple, dix lieux principaux étaient proposés. Les visiteurs interrogés les ont classés de 1 à 10, 1 étant le plus important. À partir des réponses obtenues, il est possible d'attribuer à chaque lieu un nombre de points. Le lieu étant classé en premier obtient 10 points, le deuxième en obtient 9, etc. pour chaque visiteur interrogé. Chacun des dix lieux obtient ainsi un score qui permet de réaliser l'anamorphose en appliquant aux lieux une déformation proportionnelle à leur score.

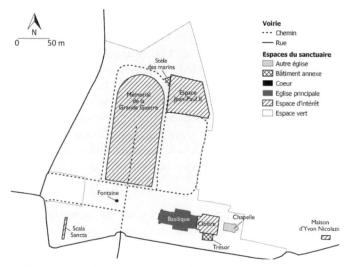

Fig. 1a   Plan du sanctuaire de Sainte-Anne-d'Auray.
Map of the shrine of Sainte-Anne-d'Auray (Morbihan, France).

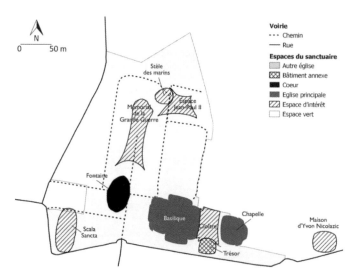

Fig. 1b   Plan en anamorphose du sanctuaire de Sainte-Anne-d'Auray, selon l'importance accordée aux lieux par les visiteurs.
Anamorphic map of the shrine of Sainte-Anne-d'Auray, according to the importance given to the place by the visitors.

Sur la carte en anamorphose, la fontaine, lieu de la première apparition de Sainte Anne à Yvon Nicolazic et cœur du sanctuaire, est disproportionnée. Néanmoins, ce n'est pas cette fontaine qui prend le plus d'importance aux yeux des visiteurs mais bien la basilique (église principale) dont la superficie est également augmentée, ainsi que celle de la chapelle, de certains lieux de prière très symboliques qui impliquent une démarche personnelle (Scala Sancta) ou une expérience mémorielle (stèle des marins), et la maison d'Yvon Nicolazic, en lien direct avec l'histoire des apparitions. Contrairement à des sanctuaires tels que Lourdes, où le lieu précis de l'apparition reste le point de plus forte densité de sacré, ici, la sacralité a été « transférée » dans l'église principale, dont l'édification a été voulue par les autorités ecclésiastiques. Les espaces mémoriels et de prière secondaires (mémorial de la Grande Guerre et espace Jean-Paul II) sont réduits, et les bâtiments annexes disparaissent à l'exception du trésor qui est visiblement valorisé.

Selon les sanctuaires, des modalités différentes d'attribution de la valeur sacrée peuvent ainsi se distinguer, suivant les points précis dans lesquels la densité de sacré est la plus forte : ce peut être uniquement dans le cœur du lieu (Lourdes) ; dans l'église principale du périmètre du sanctuaire (Sainte-Anne-d'Auray) ; dans un édifice autre que celui qui a officiellement le titre de sanctuaire (l'église abbatiale du Mont-Saint-Michel alors que le sanctuaire est l'église Saint-Pierre, dans le village) ; ou encore une valeur sacrée plus diffuse comme cela pourrait être le cas pour une terre sainte. Cette dernière modalité se retrouve au sanctuaire de Medjugorje, en Bosnie-Herzégovine, mais également, d'une certaine façon dans la baie du Mont-Saint-Michel, classée comme lieu le plus important par 19,2 % des visiteurs interrogés dans le sanctuaire du Mont et dont la traversée est souvent associée à une expérience spirituelle forte (Chevrier, 2016).

2.2 *Efficacité prouvée ?*

« Alors que [notre fille] était hospitalisée et qu'elle était perdue, mon mari et moi sommes allés prier à l'Ile Bouchard. C'est un lieu que l'on ne connaissait pas car nous ne sommes pas de la région. Mais [...] en allant à la messe, j'ai vu une affiche de l'Ile Bouchard et j'ai dit il faut y aller[12] ». À travers cet exemple, très représentatif, de nombreux témoignages laissés par des visiteurs de sanctuaires, apparaît encore une fois l'idée de l'existence d'un pouvoir de l'espace sacré, d'un effet miraculeux qu'il aurait sur ceux qui le parcourent et qui rend nécessaire sa visite. Ces lieux ne seraient alors pas seulement un support puisqu'ils auraient un effet concret, une *efficacité*.

Cette notion (aussi appelée « efficace ») est définie en théologie comme le fait de toujours réellement produire son effet. Les actes et les gestes deviennent performatifs. On parle ainsi de l'efficace des sacrements, dont l'illustration la plus connue est celle de la transsubstantiation qui se produit durant l'Eucharistie, soit, selon le dogme catholique, le fait que le pain et le vin consacrés par le prêtre changent de substance et deviennent réellement (et pas seulement symboliquement) le corps et le sang du Christ. Le rituel de consécration d'un

---

12 Témoignage anonyme laissé en 2017 sur le site du sanctuaire de l'île-Bouchard : https://www.ilebouchard.com/, consulté le 25/03/2023

sanctuaire aurait ainsi, pour l'Église, cette même efficace : l'espace change de nature et devient sacré. Pour une partie des visiteurs de ces espaces, le fait d'être physiquement en contact avec cet espace sacré permettrait donc d'obtenir des grâces (guérison, réussite, fécondité, etc.). Lorsque ces sanctuaires sont liés au récit d'une manifestation divine, cette importance du lieu est souvent renforcée par le récit fondateur qui comprend des injonctions à s'y rendre[13].

Par leur efficacité, les sanctuaires pourraient être considérés comme des « actants », c'est-à-dire « une réalité sociale humaine ou non humaine, dotée d'une capacité d'action » (Lévy & Lussault, 2003). L'espace sacré ici, a une action concrète sur les visiteurs. Cette action n'est pas nécessairement spectaculaire (c'est même rarement le cas), mais elle est très souvent évoquée par les visiteurs, qu'ils soient croyants ou non. Le témoignage du couple de visiteurs américains au sanctuaire de Knock, cité précédemment mentionnait la perception du changement d'atmosphère une fois franchie la porte de la chapelle des apparitions. Le récit se poursuit ainsi : « C'était comme si nous avions été submergés par une agréable et paisible vague »[14]. Ces effets ne se produisent pas n'importe où dans le sanctuaire mais bien là où la sacralité est perçue comme étant la plus forte. Ainsi, à Lourdes, cette femme qui témoigne : « Plus je m'approchais de la source et plus je sentais mon cœur qui gonflait » (Sanctuaire Notre-Dame de Lourdes, 2017). C'est bien ici l'emplacement de la source qui est identifié comme point de l'espace à l'origine de ce qui est vécu. De la même façon dans cet autre témoignage d'un pèlerin : « Le dernier jour, avant de reprendre le train à la grotte, j'étais là où était Bernadette Soubirous, il faisait beau, [...] au moment de partir j'avais toute cette amertume et c'est là où, d'un seul coup, rapide, un coup de vent m'est passé [...] ça m'a touché et j'ai regardé l'arbre qui était derrière moi, juste où était Bernadette Soubirous quand il y a eu les apparitions, mais l'arbre ne bougeait pas. J'ai senti quelque chose de doux qui m'a touché, comme un voile de mariée [...] et là d'un seul coup, la paix m'est tombée dessus mais alors... j'ai failli tomber à genoux, j'en aurais presque pleuré, je ne sais pas ce qui m'arrivait » (Sanctuaire Notre-Dame de Lourdes, 2019). Ici encore, le lieu est la première chose dont il est question dans le témoignage : le fait s'est passé à la Grotte et, plus essentiel et répété deux fois, à l'emplacement exact où se tenait la voyante (Bernadette Soubirous) lors des apparitions de 1858. Le fait qui est rapporté par le visiteur a eu une manifestation physique (un coup de vent) et une action concrète sur lui (manque de tomber et ressent soudainement une grande paix intérieure). Ces personnes qui témoignent sont des pèlerins. Ils sont venus en ayant déjà foi dans le récit fondateur du lieu et sont donc attentifs à ce qu'ils pourraient ressentir dans ce lieu qui a, à leurs yeux, une valeur sacrée particulière.

---

13   Par exemple les paroles qu'aurait prononcées la Vierge Marie dans la chapelle de la rue du Bac à Paris, à Lourdes, à Guadalupe, etc. (cf. Tableau 1). À l'exception de Pontmain et Knock (apparitions silencieuses), ces injonctions à venir se retrouvent dans tous les récits d'apparition étudiés ici.

14   Source : https://www.walkinghumblywithgod.com/blog/2021/7/18/experiencing-peace-and-joy-at-the-knock-shrine-in-ireland, consulté le 23/03/2023

Tout se passe comme si leurs pratiques (s'approcher de la source, rester devant la Grotte) « activaient » la valeur sacrée en des points perçus comme « hautement efficaces », activation qui nécessite une implication du visiteur. Ces témoignages montrent bien la subjectivité de la perception de la valeur sacrée dans l'espace. Cette valeur sacrée pourrait très bien rester « inactive » pour un visiteur non convaincu par l'authenticité du récit qui en est à l'origine ou non intéressé par la dimension symbolique du lieu.

3   Les sanctuaires aujourd'hui : des lieux où le sacré « déborde »

L'exemple des sanctuaires catholiques montre bien que la valeur sacrée, sans lui être intrinsèque, est toujours présente dans l'espace, de manière assez discontinue. Elle est dépendante des perceptions et des représentations des individus et des sociétés. Dans les sociétés sécularisées, les discontinuités se font nécessairement plus fortes. La valeur sacrée ne disparaît pas pour autant, comme le montre la pérennité des sanctuaires.

3.1 Un « réveil du sacré » par la sécularisation ?

Les sanctuaires sont les lieux sacrés historiquement considérés comme les plus importants. Par leurs caractéristiques singulières (récit fondateur, statut reconnu et lieu où convergent un nombre important d'individus), ils sont devenus les points de plus forte cristallisation et de conservation de la valeur sacrée. Dans les sociétés sécularisées, pèlerinages et processions qui disparaissent de l'espace public se renforcent en direction des sanctuaires, seuls lieux où leur pratique est considérée comme « légitime » car faisant partie de l'identité du lieu. En outre, l'effacement progressif du sacré de l'espace public fait émerger une volonté de le préserver qui prend la forme de la patrimonialisation de quelques édifices et sites prenant le rôle de « conservatoires », non seulement du sacré mais aussi du passé religieux.

Ces lieux deviennent alors objets de curiosité et d'intérêt culturel et attirent des visiteurs autres que les seuls croyants. Sous l'influence de l'Unesco, la patrimonialisation s'étend au patrimoine immatériel et concerne donc également les pratiques sacrées. Ainsi s'observe un regain de la pratique du pèlerinage : les chemins les plus anciens, tels ceux de Saint-Jacques, sont de plus en plus fréquentés chaque année (en 2022, 438 588 visiteurs se sont présentés au Bureau du pèlerin de Saint-Jacques-de-Compostelle[15]) et d'anciens itinéraires sont remis

---

15 Les chiffres de 2022 correspondent à la reprise de l'évolution croissante, que l'on peut observer depuis les années 2000 grâce aux statistiques tenues par le sanctuaire, et qui avait été brutalement interrompue en 2020 et 2021 par la crise sanitaire (54 164 visiteurs enregistrés au Bureau du pèlerin en 2020 et 178 912 en 2021). En 2022, le nombre de visiteurs enregistrés dépasse les chiffres de 2019 (347 559 arrivées enregistrées). À noter que ces chiffres ne correspondent qu'aux visiteurs qui ont réalisé tout ou partie du chemin et souhaitent obtenir leur crédenciale. Ils ne représentent donc qu'une partie du nombre réel de visiteurs. Source : https://oficinadelperegrino.com/estadisticas-2/, consulté le 25/03/2023.

au goût du jour à différentes échelles (Tro-Breizh en Bretagne, chemins du Mont-Saint-Michel et routes de Saint-Martin vers Tours, Via Francigena vers Rome, ces routes traversant divers pays d'Europe, etc.). De même, d'anciennes processions et certains pèlerinages sont soit réactivés (Rogations[16]), soit inscrits au calendrier des manifestations culturelles pouvant intéresser les touristes (Grand Pardon de Sainte-Anne-d'Auray ou Pèlerinage des Gitans aux Saintes-Maries-de-la-Mer, par exemple).

Non seulement le sacré ne disparaît pas de l'espace sous l'effet de la sécularisation mais, dans un nombre restreint de lieux, il est réveillé par cette dernière et même revalorisé. Il y aurait ainsi, dans les plus grands sanctuaires, une forme de pérennité de la valeur sacrée. Le cas du Mont-Saint-Michel en est une bonne illustration : converti en prison après la Révolution puis longtemps laissé à l'abandon, il revient aux Monuments historiques en 1874 et devient un simple lieu de visite. En 1965-1966, pour célébrer le millième anniversaire de l'arrivée des moines bénédictins sur le rocher, le ministère de la Culture autorise que des communautés religieuses se succèdent pendant toute une année pour être présentes à l'abbaye, considérant que cela rappelle la fonction historique des lieux et fait partie de la mise en valeur culturelle du site. Lorsque l'événement prend fin, les habitants du Mont et de la région se mobilisent pour que des moines reviennent vivre de manière pérenne à l'abbaye, ce qui est finalement autorisé en 1969. La valeur sacrée de l'abbaye du Mont-Saint-Michel a bien été « réveillée » sous l'effet d'un processus de patrimonialisation parfaitement laïc. Elle confère au lieu, pourtant déjà fort valorisé par une architecture et une histoire remarquables, une dimension supplémentaire.

Paradoxalement donc, plus le processus de sécularisation de la société est avancé, plus les sanctuaires voient leur valeur sacrée se condenser. En vertu de cela, ils deviennent des lieux touristiques de premier ordre, comme le montre le classement précédemment cité des sites les plus visités au monde, car le sacré se voit doté d'une aura de mystère de plus en plus forte du fait de la diminution de la pratique et des connaissances religieuses. Ce mystère suscite l'intérêt d'un public plus large qui n'est plus seulement en quête de connaissances mais aussi d'expériences personnelles (Chevrier, 2016). Ce qui est recherché est alors davantage l'authenticité que le sacré lui-même.

Le philosophe canadien, C. Taylor montre en effet un lien fort entre ce qu'il appelle « l'âge séculier » et « l'âge de l'authenticité » (Taylor, 2011). Selon lui, la civilisation Nord-Atlantique a été marquée, ces dernières décennies, par une

---

16 Les Rogations sont des processions réalisées dans un territoire rural précis et le plus souvent (mais pas obligatoirement) dans les trois jours qui précèdent la fête de l'Ascension dans le but d'assurer de bonnes récoltes. On demande alors souvent l'intercession d'un saint local, une protection ou un secours particulier en cas de péril (épidémie, sécheresse, etc.). Un des derniers exemples, très médiatisé, de réactivation des Rogations a été la procession des reliques de saint Gaudérique organisée entre Saint-Martin-du-Canigou et Perpignan le 18 mars 2023 à la demande de quelques agriculteurs de la région dans un contexte de sécheresse aggravée, afin d'obtenir de la pluie pour leurs récoltes. Ces Rogations n'avaient plus été réalisées depuis 150 ans.

« révolution individualisante », en partie liée à la consommation (diminution de la pauvreté et diffusion de biens qui, auparavant, étaient un luxe). La société se resserre alors sur la famille nucléaire et l'individu qui peuvent mener leur vie comme ils l'entendent et cherchent les moyens d'acquérir ce qu'ils veulent avoir. Les individus ont désormais moins besoin de la communauté. De là, vient l'idée, dérivée de l'expressivisme romantique de la fin du XVIIIᵉ, que « chacun de nous a sa manière propre de réaliser son humanité, qu'il est important de trouver sa voie et de vivre en accordance avec elle, au lieu de se soumettre au conformisme avec un modèle imposé de l'extérieur, par la société, par la génération précédente, par l'autorité religieuse ou politique » (Taylor, 2011). Chacun veut devenir un être « authentique ». Cela s'accompagne, d'une part, d'une désaffection vis-à-vis des religions instituées qui sont vues comme des carcans empêchant l'expression de la personnalité mais, d'autre part, d'un regain d'intérêt pour la spiritualité et le sacré d'une manière générale, conçus comme beaucoup plus ouverts et permettant à chacun d'être l'auteur de sa propre croyance qui sera unique et donc authentique. C. Taylor le résume en écrivant que, dans l'âge séculier, les individus n'adhèrent plus à des religions mais à un « chemin spirituel », « qui [les] émeut et [les] inspire » (Taylor, 2011).

Ce rapport entre authenticité et sacré semble ainsi devoir avoir un effet sur la valeur sacrée elle-même. Ce qui est valorisé dans la quête d'authenticité est bien le sacré d'une manière très générale et non plus le sacré relevant d'une religion instituée.

3.2 Une dilatation de la valeur sacrée

Si l'expérience du sacré est de plus en plus individuelle et donc emprunte de subjectivité, le caractère sacré d'un lieu ou d'un objet peut néanmoins être reconnu par tous, d'une manière qui pourrait dès lors être qualifiée d'objective. Il ne s'agit pas pour autant d'une valeur intrinsèque mais d'une valeur spatiale socialement construite, telle que la définit M. Lussault : la valeur spatiale « est celle que les individus, les groupes et les organisations, dans un contexte historique donné, y projettent et y fixent, en raison même de l'état, dans la société donnée, des systèmes de définition et de qualification des valeurs sociales » (Lévy et Lussault, 2003). Ainsi, le caractère sacré des lieux de culte, quelle que soit la religion considérée, est-il objectivement reconnu par les autorités et les individus, indépendamment de la sécularisation et des croyances : c'est ce qui explique les réactions d'autant plus fortes aux actes de vandalisme, de violence ou de destruction lorsqu'ils sont commis dans des lieux de culte. Leur caractère sacré en fait théoriquement des sanctuaires, cette fois au sens élargi du terme, c'est-à-dire des lieux inviolables, théoriquement protégés contre toute agression.

Le terme lui-même de sanctuaire, en effet, ayant originellement un sens religieux, a peu à peu glissé dans le champ profane, entraînant avec lui la notion même de sacré. Les religions n'ont plus le monopole du sacré. Il existe des sanctuaires non religieux. Le terme est particulièrement employé pour désigner des aires de protection de la nature : dans la liste des biens naturels du patrimoine mondial de l'Unesco apparaissent ainsi sept sites (généralement liés à la faune) officiellement enregistrés avec la qualification de sanctuaire[17]. Ce glissement sémantique n'est pas anodin et renvoie aux réflexions menées sur le « sacre de la nature » (Grésillon & Sajaloli, 2019). Ce qui est consacré ici, c'est bien la valeur particulière de ces espaces naturels, qui se situe pourtant en dehors du domaine des croyances religieuses.

La confrontation des différentes définitions données pour le terme sanctuaire à travers le temps montre en effet que le champ couvert par le mot « déborde », ce qui témoigne, par extension, d'une atténuation de la composante religieuse du sacré. Les dictionnaires grand public (*Larousse*, *Grand Robert*) donnent tous plusieurs sens du terme sanctuaire, qui sont très liés au territoire et montrent un emboîtement d'échelles (allant du lieu le plus sacré d'un temple à un territoire protégé dans son ensemble). Les traits communs à toutes ces définitions sont les notions de sacré et d'inviolabilité. Les dictionnaires de géographie qui définissent le terme sanctuaire (ceux de R. Brunet, 2005 et d'Y. Lacoste, 2003) font, tous deux, état de cet élargissement progressif du terme, gardant cette idée d'un territoire ayant une valeur protectrice et un aspect identitaire fort, cette identité pouvant être déconnectée de la religion. Ce glissement sémantique fait donc apparaître l'émergence d'une nouvelle modalité de sacré : un sacré « laïc ». La manifestation la plus évidente de ce sacré laïc est sans doute tout ce qui a trait à la mémoire collective d'un peuple. Fait significatif, lors des enquêtes menées dans les lieux de pèlerinage catholiques, lorsqu'il était demandé aux visiteurs de citer d'autres sanctuaires qu'ils avaient visités auparavant, plusieurs ont cité les plages du débarquement de Normandie.

Peut ainsi être considéré comme sacré, dans le contexte contemporain et particulièrement dans les sociétés sécularisées, tout ce qui se rapporte à des valeurs qui peuvent être fondamentales (vie, liberté, etc.), patrimoniales (la dimension esthétique d'un objet ou lieu, la prouesse technique, etc.) et affectives (passion pour tel ou tel personnage, pratique de loisir[18], etc.). Cette sacralisation de divers objets non-religieux participe activement du réenchantement de l'espace.

Cette extension du domaine du sacré vient également augmenter la valeur sacrée des sanctuaires religieux. En effet, ils sont dotés d'une valeur sacrée à la fois religieuse (originelle) et laïque qui leur est conférée par leur importance historique, leurs qualités esthétiques ou techniques, etc. : leur valeur sacrée « déborde ». Le fait récent qui en témoigne peut-être le mieux est l'émotion nationale et internationale suscitée par l'incendie de la cathédrale Notre-Dame de Paris le 15 avril 2019. La déclaration officielle du Président de la République française au lendemain de l'incendie insiste sur la dimension historique et patrimoniale du monument, conçu comme un des plus éminents symboles de l'identité française,

---

17 Source : Unesco, liste du patrimoine mondial, https://whc.unesco.org/fr/list/?type=natural, consulté le 25/03/2023.

18 La place des rituels dans les pratiques sportives a été très travaillée en sociologie et anthropologie. On peut se référer notamment aux travaux de Jean-Marie Brohm et Marc Augé.

sans faire aucune mention de son rôle de sanctuaire catholique. Le Pape François lui-même, écrivant officiellement à l'archevêque de Paris le 16 avril 2019 souligne que la catastrophe « a gravement endommagé un édifice historique ». Ajoutant qu'il a « conscience qu'elle a aussi affecté un symbole national cher au cœur des Parisiens et des Français dans la diversité de leurs convictions. Car Notre Dame est le joyau architectural d'une mémoire collective, le lieu de rassemblement pour nombre de grands événements, le témoin de la foi et de la prière des catholiques au sein de la cité[19] ». La dimension sacrée religieuse du lieu, pourtant originelle, apparaît ici en dernier, comme surpassée par sa dimension symbolique laïque et nationale.

Tout se passe ici comme si Notre-Dame de Paris avait été consacrée deux fois : la première, originelle, par le rite religieux de la dédicace et la deuxième, par les différents actes de sa patrimonialisation, s'apparentant à des rites de passage et culminant avec l'inscription au patrimoine mondial de l'Unesco en 1991 au sein du bien « Paris, rives de Seine », qu'il est tentant d'envisager comme une forme de consécration laïque. Ce classement intervient en effet après vérification que sont bien remplis un certain nombre de critères, suppose la mobilisation de nombreux acteurs pour la promotion du bien et fait l'objet d'une déclaration officielle. Cette inscription au patrimoine mondial agit réellement comme une sanctuarisation laïque du monument, c'est-à-dire en faisant un périmètre inviolable. Preuve en est la prise de position d'un ancien directeur du centre du patrimoine mondial de l'Unesco, F. Bandarin quelques semaines après l'incendie de Notre-Dame, alors qu'en France, le débat est ouvert autour de la question de laisser la possibilité à des architectes de reconstruire différemment la cathédrale en y insérant des éléments architecturaux contemporains. Dans un article paru dans la publication internationale *The Art Newspaper* le 30 avril 2019, F. Bandarin rappelle qu'en vertu des principes de conservation promus par la Convention du patrimoine mondial, qui s'applique donc à Notre-Dame-de-Paris, la cathédrale doit être reconstruite à l'identique. Lorsqu'un bien est classé officiellement, son évolution architecturale s'arrête. Cette valeur sacrée laïque aurait pour effet de figer les lieux, à l'inverse de la valeur sacrée religieuse qui n'empêche pas l'innovation[20].

Il appert finalement que ce qui conditionne en partie la valeur d'un lieu, y compris sa valeur sacrée, est bien le regard porté sur ce lieu, ce qu'Augustin Berque traduit par le concept de « trajectivité » (Berque, 1986) : « La réalité [r], c'est S saisi en tant P », S étant le sujet et P étant le prédicat (interprétation donnée de S). Cette formule traduit l'équation suivante : $r = S/P$. L'oblique représente « l'en tant que », porté par celui qui interprète le sujet. Cette équation montre bien que la perception et la valeur de l'espace sont étroitement liées

---

19 Source : Conférence des évêques de France, https://eglise.catholique.fr/vatican/messages-du-saint-pere/480030-incendie-de-dame-de-paris-declaration-saint-siege/, consulté le 25/03/2023

20 Les sanctuaires catholiques font, pour les plus grands d'entre eux, régulièrement l'objet de travaux pour les agrandir et améliorer l'accueil des visiteurs. On peut d'ailleurs en dire autant de sanctuaires d'autres religions tels que La Mecque.

au contexte historique et social et donc ne sont pas immuables. Des évolutions et des retours en arrière sont possibles et A. Berque pense ainsi une « chaîne trajective » qui serait un « processus de création continue » (Berque, 2010). Dans ce dernier, S/P est hypostasié, c'est-à-dire doté d'une substance propre et devenant lui-même un sujet S'. L'application de ce concept au cas des sanctuaires catholiques est éclairante (figure 2) : elle montre la manière dont la valeur sacrée s'inscrit dans l'espace par le biais du regard porté par les croyants, est officialisée par le regard porté par les autorités ecclésiales, est transformée et d'une certaine façon « laïcisée » par le regard porté par la société sécularisée et les autorités publiques et enfin, est renouvelée par le regard porté par la société sécularisée n'ayant plus que des rudiments de culture religieuse.

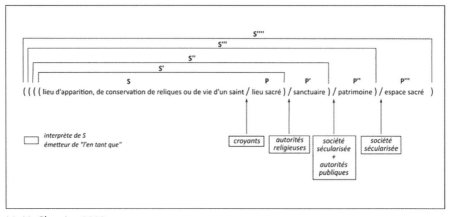

M.-H. Chevrier, 2023.

Fig. 2   Chaîne trajective des espaces sacrés dans les sociétés sécularisées, application du modèle de Berque.

Trajective chain of sacred spaces in secular societes, application of Berque's model.

Plus qu'une chaîne, c'est donc une boucle trajective qui est bouclée sous l'effet de la sécularisation et qui permet de comprendre cette étonnante pérennité de la valeur sacrée dans l'espace.

Les sanctuaires catholiques sont donc des lieux investis de valeur sacrée par différents processus. Originellement, ils sont le lieu d'une hiérophanie, reconnue d'abord par les croyants puis par les autorités religieuses (évêque du lieu et, par lui, le Vatican) ; d'une consécration ensuite qui « officialise » cette valeur perçue et cristallise une modalité de sacré religieux en l'associant à un culte pratiqué selon certains rituels. Cette valeur sacrée, peut être atténuée, endormie, dans certaines circonstances, lorsque l'influence du religieux dans les sociétés diminue, mais dans les lieux associés dans les représentations à une manifestation divine (sanctuaires), demeure une « efficace » pouvant être activée même en contexte séculier, par l'expérience personnelle des visiteurs en quête d'authenticité. Cette

Tab. 1 Caractéristiques topographiques et hiérophanie des sanctuaires catholiques étudiés.
Topographical characteristics and hierophany of the Catholic shrines under study.

	Sanctuaire	Symbolique du lieu	Situation préchrétienne (pérennité du sacré)	Hiérophanie
Subversion par manifestation divine	**Sainte-Croix-de-Jérusalem**	Néant	Ancien temple de Vénus et de Cupidon	Découverte de la Vraie Croix par sainte Hélène : alors qu'elle était au Golgotha, à Jérusalem, en 327, elle découvrit plusieurs croix. Ne sachant laquelle était celle du Christ, elle fit déposer, successivement sur toutes les croix, le corps d'un enfant décédé. Au contact de l'une d'elles, l'enfant ressuscita, miracle considéré comme preuve qu'il s'agissait de la croix du Christ. C'est cette croix rapportée par sainte Hélène qui est vénérée dans la basilique que l'empereur Constantin (son fils) a fait construire.
	Saint-Jacques-de-Compostelle	Néant	Cap Finisterre (voisin) considéré comme un lieu magique. Aurait déjà fait l'objet de pèlerinages préchrétiens.	Découverte, en 813, du tombeau de l'apôtre Jacques qui aurait voyagé jusqu'en Espagne (ce qui fait de lui le patron de l'Espagne) et légendes sur la participation de l'apôtre Jacques à la Reconquête, dans la lutte contre les Sarrasins (saint Jacques Matamore).
	Guadalupe	Colline	Sanctuaire de la déesse-mère Tonantzin (Aztèque)	Apparition de la Vierge Marie : « J'aimerais qu'une église soit érigée ici, rapidement, afin que je puisse vous montrer et vous donner mon amour, ma compassion, mon aide et ma protection, parce que je suis votre mère miséricordieuse, à vous, à tous les habitants de cette terre et à tous ceux qui m'aiment, m'invoquent et ont confiance en moi. » (9/12/1531)
	Sainte-Anne-d'Auray	Néant	Hypothèses sur un culte d'une divinité celtique : Ana	Apparition de sainte Anne, mère de la Vierge Marie : « Dieu veut que je sois honorée ici. » (1623)
	Lourdes	Grotte	Réputée habitée par le diable	Apparition de la Vierge Marie : « Allez dire aux prêtres qu'on bâtisse ici une chapelle et qu'on y vienne en procession. » (02/03/1858)

Tab. 1 (suite)

Irruption par manifestation ou intercession divine	Mont-Saint-Michel	Éminence rocheuse au milieu de la mer	Néant	Songe de l'évêque d'Avranches : « Je suis Michel, l'Archange, qui assiste en la présence de Dieu, je suis résolu d'habiter dans ce pays, de le prendre sous ma protection et d'en avoir soin. » (16/10/708)
	Rue du Bac	Néant	Néant	Apparition de la Vierge Marie : « Venez au pied de l'autel. Là, les grâces seront répandues sur toutes les personnes qui les demanderont avec confiance et ferveur : grands et petits. » (18/07/1830)
	Pontmain	Néant	Néant	Apparition de la Vierge Marie dans le ciel du village mais pas de message enjoignant les fidèles à venir prier spécifiquement en ce lieu.
	Knock	Néant	Néant	Apparition de la Vierge Marie sur le pignon de l'église du village mais pas de message enjoignant les fidèles à venir prier spécifiquement en ce lieu.
	Fatima	Néant	Néant	Apparition de la Vierge Marie : « Qu'on fasse ici une chapelle en mon honneur » (13/10/1917)
	Ile-Bouchard	Néant	Néant	Apparition de la Vierge Marie : « Dites à monsieur le curé de construire une grotte, le plus tôt possible, là où je suis, d'y placer ma statue et celle de l'ange à côté. Lorsqu'elle sera faite, je la bénirai. » (09/12/1947)
	San Damiano	Néant	Néant	Apparition de la Vierge Marie : « Je suis venue sur l'ordre du Père Éternel. C'est moi qui viens en ce lieu pour vous sauver. C'est mon Jardin de Paradis en cette terre. Je suis toujours ici avec les anges et les saints. » (14/06/1969)
	Medjugorje	Colline	Néant	Apparition de la Vierge Marie : « J'ai choisi cette paroisse d'une manière spéciale et je veux la guider. [...] Convertissez-vous dans la paroisse, cela est mon second désir. Ainsi, tous ceux qui viendront ici se convertiront. » (08/03/1984)
	Fourvière	Colline	Néant	Protection accordée par la Vierge Marie contre les épidémies de scorbut (1638), peste (1643) et choléra (1832) et contre les Prussiens en 1870.
Irruption par un personnage exemplaire	Lisieux	Néant	Néant	Ce sont ses écrits qui ont fait connaître et vénérer sainte Thérèse (faite docteur de l'Église) et par ce biais que les visiteurs sont attirés jusqu'à son lieu de vie, notamment son autobiographie *Histoire d'une âme*, « un livre qui devait émouvoir, édifier et ébranler des dizaines de millions d'agnostiques et de chrétiens à travers le monde. » (Grimpret, 2014)

efficace garantit une certaine pérennité de la valeur sacrée. Dans un contexte de sécularisation la valeur sacrée des sanctuaires est ainsi réveillée et reparaît avec d'autant plus de force qu'elle est également dilatée. Elle ne se limite plus aux frontières du religieux mais est teintée de modalités de sacré « laïc », s'appliquant à d'autres caractéristiques de ces lieux (leur historicité, leur dimension mémorielle, leur esthétique, etc.) qui sont alors comme consacrées par le processus de patrimonialisation.

Institut Catholique de Paris
UR « Religion, Culture, Société » (EA7403)
Institut Catholique de Paris
1 rue d'Assas
75006 Paris
m.chevrier@icp.fr

Bibliographie

Association des Recteurs de sanctuaires, « Qu'est-ce qu'un sanctuaire », https://www.ars-sanctuaires-catholiques.fr/definition-sanctuaire, consulté le 25/03/2023.

Bachelard, G. (1957), *La poétique de l'espace* (11ᵉ éd., 2012), Paris, PUF, coll. « Quadrige », 214 p.

Bandarin, F. (2019, 30 avril), « Notre Dame should be rebuilt as it was », *The Art Newspaper* [en ligne], https://www.theartnewspaper.com/2019/04/30/notre-dame-should-be-rebuilt-as-it-was, consulté le 25/03/2023.

Berque, A. (2010), *Histoire de l'habitat idéal : de l'Orient vers l'Occident*, Paris, Éd. du Félin, 369 p.

Berque, A. (1986), *Le sauvage et l'artifice. Les Japonais devant la nature*, Paris, Gallimard, 314 p.

Boudet, A. (2016), *Le réseau énergétique des lieux sacrés*, Véga éditions, 327 p.

Brunet, R. ; Ferras, R. ; Théry, H. (dir.) (2003), *Les mots de la géographie*, Montpellier, RECLUS/Paris, La Documentation française, 518 p.

Caillois, R. (1963), *L'Homme et le Sacré*, Paris, Gallimard, coll. « Les Essais », 254 p.

Chamussy, H. (1995), « Religions dans le monde » in Bailly, A. ; Ferras, R. ; Pumain, D. (dir.), *Encyclopédie de la géographie*, Paris, Economica, p. 859-873.

Chevrier, M.-H. (2016), *Pratiques et valeurs spatiales, pèlerines et touristiques. Grands et petits lieux de pèlerinage aujourd'hui*, thèse de doctorat en géographie et aménagement, soutenue à l'Université Lumière Lyon-2 [en ligne], https://theses.hal.science/tel-01449623.

Debarbieux, B. (2003), « Haut-Lieu » in Lévy, J. ; Lussault, M. (dir.), *Dictionnaire de la géographie et de l'espace des sociétés*, Paris, Belin, 1034 p.

Desmarais, G. ; Ritchot, G. (2000), *La géographie structurale*, Paris, L'Harmattan, 147 p.

Eliade, M. (1965), *Le sacré et le profane* (rééd. 2012), Paris, Gallimard, coll. « Folio essais », 185 p.

Flaubert, G. (1881), *Bouvard et Pécuchet*, Paris, A. Lemerre, 400 p.

Grésillon, E. ; Sajaloli B. (dir.) (2019), *Le sacre de la nature*, Paris, SUP, 374 p.

Grimpret, M. (2014), *Les sanctuaires du monde*, éd. Robert Laffont, coll. « Bouquins », 825 p.

Haddad, P. (2011), « Terre sainte ou terre de sainteté ? », *Transversalités*, 2011/3, n° 119, p. 45-51.

Isambert, F.-A. (1976), « La sécularisation interne du christianisme », *Revue française de sociologie*, vol. 17, n° 4, p. 537-589.

Lacoste, Y. (2003), *De la géopolitique aux paysages*, Paris, A. Colin, 413 p.

Laurentin, R. ; Sbalchiero P. (dir.) (2012), *Dictionnaire des « apparitions » de la Vierge Marie*, Paris, Fayard, 1432 p.

Levatois, M. (2012), *L'espace du sacré. Géographie intérieure du culte catholique*, Paris, Éd. de L'Homme Nouveau, 148 p.

Lévy, J. ; Lussault, M. (dir.) (2003), *Dictionnaire de la géographie et de l'espace des sociétés*, Paris, Belin, 1033 p.

Lussault, M. (2007), *L'Homme spatial : la construction sociale de l'espace humain*, Paris, Seuil, 363 p.

Micoud, A. (1994), *Des Hauts-Lieux : la construction sociale de l'exemplarité*, Paris, CNRS Éditions, 136 p.

Moles, A. ; Rhomer, E. (1972), *Psychosociologie de l'espace*, Paris, L'Harmattan, coll. « Villes et entreprises », 185 p.

Sanctuaire Notre-Dame de Lourdes (2019), *Lourdes le journal des grâces #43 « Comme un coup de vent à la Grotte » – Jean-Noël*, [vidéo], YouTube, https://www.youtube.com/watch?v=-6XXIKkLNlI, consultée le 25/03/2023.

Sanctuaire Notre-Dame de Lourdes (2017), *Lourdes le journal des grâces #17 « Cette lumière m'a libérée » – Caroline* [vidéo], YouTube, https://www.youtube.com/watch?v=IrxVd0GY6ME, consultée le 26/03/2023.

Taylor, C. (2011), *L'âge séculier*, Paris, Seuil, coll. « Les livres du nouveau-monde », 1340 p.

Tuan, Y. F. (1974), *Topophilia : a study of environmental perception, attitudes and values*, Englewood Cliffs, New Jersey, Prentice Hall, 260 p.

Le sacré dans une métropole latino-américaine à l'épreuve des incertitudes. Pratiques citadines contemporaines associées aux géosymboles catholiques à Lima-Callao (Pérou)

The Sacred in a Latin American Metropolis Facing Uncertainties. Contemporary Urban Practices Associated with Catholic Geosymbols in Lima-Callao (Peru)

Marie Pigeolet

Doctorante, université Paris 1 Panthéon-Sorbonne, UMR Prodig

Résumé   Cet article s'intéresse à la topographie sacrée dans l'agglomération de Lima-Callao (Pérou) à l'ère contemporaine. À partir de l'étude de trois formes de géosymboles qui marquent le paysage de la capitale péruvienne, l'article questionne le rôle du sacré et de son usage dans les modes d'habiter et d'organiser l'espace urbain marqué par la crise. Il montre que ces géosymboles ne remplissent pas seulement une fonction patrimoniale, mais qu'ils représentent également un enjeu de gouvernement urbain pour le collectif.

Abstract   *This paper focuses on the sacred topography in the urban area of Lima-Callao (Peru) in the contemporary era. Based on the study of three forms of geosymbols that mark the landscape of the Peruvian capital, this paper questions the role of the sacred and its use in the modes of inhabiting and organizing the urban space marked by crisis. It shows that these geosymbols not only fulfil a heritage function, but also represent an issue of urban government.*

Mots-clefs   environnement urbain, incertitude, crise, géosymboles, religion, Lima, Pérou

Keywords   *urban environment, uncertainty, crisis, geosymbols, religion, Lima, Peru*

Lima fut fondée en grande partie par et pour le catholicisme. Emplacement stratégique pour les colons espagnols, accompagnés des missionnaires du Saint-Siège, la capitale péruvienne s'est construite à l'image des villes du Royaume d'Espagne, où le pouvoir spirituel égalait le pouvoir temporel. Sa morphologie en est toujours profondément marquée (de la Riva-Agüero, 1952 ; Pigeolet, 2023). Aussi, les efforts fournis pour l'évangélisation des peuples du Nouveau Monde furent tels que la citadinité[1] est imprégnée des fondamentaux catholiques (Marzal, 1995). Il en résulte aujourd'hui un catholicisme populaire, soit une

---

1   Nous comprenons ici la citadinité comme un ensemble de perceptions relatives à la condition urbaine qui orientent les pratiques (Lussault, 2013).

forme de religiosité catholique davantage construite sur le sentiment religieux individuel que sur une pratique encadrée par l'institution (Marzal, 2002). Elle s'exprime à travers le fait d'« être catholique à sa manière » et s'inscrit dans la culture péruvienne (Trelles et Portocarrero, 2021). Le sacré, entendu ici comme une expérience subjective du divin (Borgeaud, 2010), occupe alors une place importante dans la pratique urbaine.

Lima présente également le profil d'une « ville en crise » et incertaine (Sierra, 2013 ; Robert, 2012 ; Gold et Ricou, 1990). La crise urbaine, comprise ici comme une crise du gouvernement urbain, se traduit par l'échec d'un projet unifié, la déficience des services publics, une organisation fragmentée et complexe et la remise en cause de l'efficacité des autorités publiques pour gouverner la ville dans son ensemble. En réalité, la croissance urbaine est marquée dès les années 1950 par une accumulation d'événements perturbateurs, de nature politique, économique ou encore naturelle, contribuant à la fabrique d'une ville « désordonnée » (Protzel, 2011), « maudite et mal aimée » (Sierra, 2015) ayant raté son entrée dans la modernité (Belay, 2004).

Il en résulte une agglomération inégalitaire, discriminante et ségrégative (Metzger *et al.*, 2014). 27 % de la population métropolitaine vit sous le seuil de pauvreté (INEI, 2022), les politiques de développement urbain ne parviennent pas à réguler la carence en logements engagée depuis les années 1950 et l'accès aux services et aux équipements est très variable d'un quartier à l'autre. L'urgence et l'anomie (comprise au sens du concept durkheimien et mertonien comme l'absence de normes régulatrices au sein de certaines sphères de la société) se sont alors progressivement affirmées comme des caractères dominants des modalités du développement urbain (Sierra, 2013), constitutifs d'un avenir incertain. Cette situation a, par conséquent, participé à forger une citadinité marquée par la crise, favorisant l'émergence de normes et de pratiques alternatives (déviantes, selon Merton). On appelle alors dans cet article citadinité informelle ou « citadinité de crise » (Sierra, 2013) une citadinité marquée par l'informalité et la « débrouille »[2], produite par l'accumulation des crises qui ont affecté la ville et son gouvernement.

Le sacré, en tant que phénomène religieux, est un puissant facteur d'organisation et de contrôle territorial (Racine et Walther, 2003). Il permet aux groupes humains d'accéder à un monde supranaturel, d'établir des interdits et des normes fondamentales à l'existence humaine, de donner un sens à ce que la pensée rationnelle ne parvient pas encore à éclairer. En cela, il fournit un cadre qui établit une série de pratiques et de comportements qui s'inscrivent dans le territoire et qui participe à la construction d'une conception du monde et de l'environnement dans lequel les sociétés se sont installées. Ainsi, le sacré s'inscrit parmi les modes d'habiter, c'est-à-dire les manières de pratiquer et d'agir

---

2 La « débrouille » est un terme développé par le sociologue Neils Anderson (1923). Nous nous inspirons ici de l'usage qu'en fait Olga L. Gonzalez dans ses travaux (2010) pour exprimer une transgression des lois pour répondre à une nécessité vitale face à l'inefficacité de l'instance de régulation de référence (ici, l'État).

dans l'espace qui participent à la construction sociale de ce dernier (Lévy et Lussault, 2013 ; Frelat-Kahn et Lazzarotti, 2012). Il contribue à la production du paysage, notamment par l'intermédiaire de ce que Joël Bonnemaison appelle les géosymboles, soit « un lieu, un itinéraire, un espace, qui prend aux yeux des peuples et des groupes ethniques, une dimension symbolique et culturelle, où s'enracinent leurs valeurs et se conforte leur identité » (Bonnemaison, 1981). L'analyse de ces géosymboles permet alors de rendre compte de « l'espèce de relation sourde et émotionnelle qui lie les hommes à leur terre » (Bonnemaison, 1981, p. 254-255). Dans ce contexte, le sacré constitue-t-il un repère pour les citadins ? Plus généralement, comment le sacré intervient-il dans la manière de pratiquer et de vivre la ville en crise ?

Pour répondre à ces questions, nous nous intéresserons principalement à trois formes de géosymboles que sont 1) deux croix monumentales situées à deux extrémités de la capitale et érigées au sommet de deux reliefs qui surplombent l'agglomération, 2) les chapelles dédiées à divers saints, situées au cœur des habitations du centre historique et 3) l'une des processions religieuses les plus populaires de Lima, celle du *Señor de los Milagros* (Seigneur des Miracles). Nous interrogerons, à partir d'une analyse de discours, le sens donné à ces géosymboles par les citadins et les pouvoirs institutionnels ainsi que les pratiques qui s'y articulent. L'étude des prières qui leur sont rattachées permettra de rendre compte des principales préoccupations des citadins. Elle éclairera aussi des conditions dans lesquelles l'appel au sacré apparaît nécessaire pour les croyants. Dans cet article, nous prenons le parti de nous intéresser à ce qui a résisté dans un environnement urbain[3] changeant, soit ici le catholicisme populaire, et à ce que ce dernier témoigne des modalités de fabrique et de pratique urbaine. Nous n'explorerons pas les nouvelles configurations du sacré dans l'espace urbain, issues de l'arrivée des nouveaux mouvements religieux dans la seconde moitié du XIXe siècle (Marzal, 1987 ; Bastian, 2001 ; Lecaros, 2013 ; Romero, 2014), qui méritent une attention à part entière.

Cette étude menée entre 2017 et 2019 repose sur une méthode qualitative de collecte de données qui comprend une analyse des discours tenus lors de trois parcours commentés exploratoires au sein de trois quartiers du centre historique (*Barrios Altos, Monserrate* et le *Barrio Chino*), une enquête semi-directive par questionnaires, réalisée auprès de 107 participants de la procession du *Señor de los Milagros* (2017-2018), une analyse des récits légendaires et des miracles associés aux géosymboles étudiés, relayés par la presse nationale, ainsi que de l'observation compréhensive immergée (Gumuchian et Marois, 2000) permettant de cerner les comportements des habitants sans les interrompre.

Ce travail permet dans un premier temps d'identifier l'usage du religieux au quotidien et de le replacer dans le contexte historique et culturel de l'agglomération. Ce sera alors l'occasion de démontrer que le catholicisme populaire

---

3   C'est-à-dire les conditions de vie et le cadre naturel, socio-économique et politique du citadin (Metzger, 1994 ; Sierra et al., 2022).

s'inscrit comme un élément fondamental de l'identité liménienne et constitue un outil de mémoire de certains moments de rupture dans la trajectoire urbaine. Nous verrons ensuite que l'usage du sacré pour les croyants correspond à une modalité de réponse pour faire face à l'incertitude du quotidien dans le contexte d'un gouvernement urbain en crise. Enfin, nous aborderons le sacré comme instrument de légitimation d'un pouvoir en crise, notamment à travers la participation aux processions religieuses. Nous verrons que le gouvernement central et métropolitain, mais aussi l'Église catholique ont recours à cette pratique afin de renouer avec le peuple péruvien et redorer leur image.

1 Une identité citadine et territoriale

1.1 L'usage du religieux au quotidien, marqueur de l'identité liménienne

Le paysage urbain de l'agglomération est caractérisé par un maillage particulièrement dense de lieux de culte (catholiques et non catholiques[4]). Le « Système de ciblage des ménages »[5] (*Sistema de Focalisación de Hogares* – SISFOH) en recensait en 2013 plus de 5 000. 70 % de ces lieux de culte sont de nature non catholique. Ils se concentrent principalement dans les municipalités au nord de l'agglomération et dans la province de Callao, tandis que les lieux de culte catholiques sont davantage présents dans le centre historique, au sein de la municipalité de Chorrillos (où s'érige la croix de *San Cristobal*, voir fig. 1), mais aussi dans les municipalités au nord du centre historique (Pigeolet, 2023). Cela étant dit, les établissements institutionnels ne constituent pas les seuls marqueurs du sacré dans la capitale. La rue, les transports publics, les restaurants de quartier ou encore les marchés locaux offrent à qui le veut un aperçu du rapport sensible et religieux que le citadin entretient avec son cadre de vie. Les observations immergées que nous avons menées en ces lieux entre 2017 et 2019 ont permis de relever une forme de religiosité citadine omniprésente, formulée à travers une série de comportements discrets : signes de croix ; prières à demi-mot ; chapelet et amulettes entortillés entre les doigts. Ces pratiques font écho aux nombreux symboles, peintures murales, croix monumentales et images de Saints qui marquent durablement le paysage urbain (Fig. 1).

Cette religiosité quotidienne est observable dans l'ensemble du territoire urbain. Les différents marqueurs présentés sur la carte traduisent une pratique majoritairement catholique, sinon chrétienne, qui semble s'affirmer comme un automatisme pour les Liméniens. Le dernier recensement sociodémographique réalisé à Lima en 2017 montre que 77 % de la population se déclarait catholique,

---

4 Classification issue du recensement effectué par le « Système de ciblage des ménages » en 2013. La nature des lieux de culte non catholiques n'est pas toujours spécifiée.

5 Il s'agit d'un service d'évaluation des situations économiques et sociales de chaque ménage péruvien, tenu par le ministère du Développement et de l'Inclusion sociale. Parmi les informations recueillies figurent les caractéristiques de chaque bâti recensé, dont les établissements recevant du public.

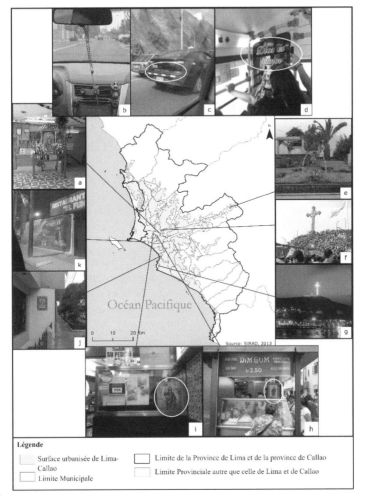

Sources photos : Photo (a) : Petite chapelle dédiée au Christ, galerie commerçante, Lima centre, © Auteur, 2017 ; photo (b) : Chapelet accroché au rétroviseur d'un taxi, Lima @ Auteur, 2017 ; photo (c) : "Le Christ t'aime", autocollant sur le coffre d'un taxi, Lima, @Auteur, 2017 ; photo (d) : « Dieu est amour », panneau d'affichage d'un bus, Lima @ I. Valitutto, 2020 ; photo (e) : Chapelle dédiée à la Vierge et l'enfant dans un parc public, Chosica, @Auteur, 2019 ; photo (f) : Croix monumentale construite au sommet du relief de San Cristobal, Rimac, @Diario Correo, 2018 ; photo (g) : Croix monumentale du Morro Solar (Croix du Pape), Chorrillos, @Municipalidad de Chorrillos, 2022 ; photo (h) : Affiche de la vierge Marie et du Christ dans un restaurant de Lima centre, Lima centre, @I. Valitutto, 2020 ; photo (i) : Affiche du Christ dans un restaurant de la station « Central » de la ligne du bus métropolitain, Lima centre, @I. Valitutto, 2020 ; photo (j) : Image de la Vierge sur une façade d'habitation côté rue, Barranco, @I. Valitutto, 2020 ; photo (k) : Fresque représentant Saint François, San Miguel, @Auteur, 2019.

Fig. 1 Carte du paysage urbain de l'agglomération de Lima-Callao marqué par la religiosité catholique.

Map of the urban landscape of the Lima-Callao agglomeration marked by Catholic religiosity.

11 % affirmaient appartenir à un groupe évangélique et 6 % soutenaient être affiliés à une autre religion (INEI, 2017). L'affiliation religieuse et majoritairement chrétienne, avec ses tenants cultuels et rituels, concerne ainsi la plus grande partie de la population.

Ces actes répétés s'accompagnent tout au long de l'année de nombreuses célébrations religieuses, principalement des processions, qui s'emparent temporairement de l'espace public. En 2012, l'Institut National de Statistique et d'Informatique (INEI) comptait près de 79 célébrations dans la métropole de Lima, dédiées aux saints patrons et saintes patronnes du Pérou (INEI, 2013). En somme, il est possible d'observer le passage d'une procession religieuse tous les cinq jours dans la capitale. Ces célébrations religieuses sont pour la plupart le résultat d'un métissage de systèmes de croyances chrétiens, précolombiens et africains (Rostworowski, 1992 ; Celestino, 1997 ; Molinié, 1997 ; Altez, 2017) et jouissent d'une grande popularité à Lima (et plus largement en Amérique latine).

Ces modes d'expression religieuse traduisent bien plus qu'une simple célébration traditionnelle des fêtes catholiques ou des saints chrétiens. Ils témoignent d'un ancrage culturel profond, selon les termes de Manuel Marzal (1995), « d'une évangélisation coloniale qui se fit culture, c'est-à-dire une manière de voir la vie et de construire de monde » (Marzal, 1995, p. 368). Pour l'anthropologue péruvien, cette forme de religiosité, qualifiée de « populaire », représente un caractère fondamental de l'identité péruvienne. Il rassemble l'ensemble de la population péruvienne, qu'elle soit riche ou pauvre (Lecaros, 2011). Cette emprise spatiale et mentale du système de croyances catholique nourrit ainsi l'idée du catholicisme comme culture, d'une « christianitude » qui correspond à « un *habitus* qui marque en profondeur les incroyants les plus décidés eux-mêmes » (Poulat, 1982, p. 65).

1.2 Des géosymboles comme marqueurs d'une trajectoire urbaine marquée par les crises

Les faits religieux, les symboles, les images, les célébrations que nous venons d'évoquer sont ambassadeurs d'une histoire, de représentations et de croyances qui relient l'habitant à son territoire. Nous reprendrons ici les principaux récits qui accompagnent les processions et l'édification des croix monumentales, relayés par la presse nationale et interrogerons les énoncés de croyance relayés par les habitants du centre historique rencontrés lors de nos trois parcours commentés (2017 – 2018).

1.2.1 Les processions religieuses dédiées aux saints patrons de la capitale, un outil de mémoire des maux qui ont affecté la capitale

Les discours qui accompagnent les processions dédiées aux saints patrons et patronnes de Lima constituent de bons outils de mémoire de l'histoire urbaine. Ils retracent la vie des saints et saintes et rendent compte des miracles qui leur sont attribués, relatant ainsi de principaux maux de l'époque.

L'histoire relayée de *Santa Rosa de Lima*, patronne du Pérou, évoque, parmi les nombreux miracles qui lui sont attribués, sa lutte contre l'invasion et le saccage du port de Callao et de Lima par les corsaires hollandais en 1615. Selon les récits rapportés par les journaux nationaux *El Comercio* (2020) et *La República* (2020), la future Santa Rosa se précipita dans le couvent de Santo Domingo (Lima, centre historique) afin de le protéger des pillages et de prier pour que la ville de Lima soit protégée de la menace des pirates hollandais. Les pirates n'accostèrent jamais le vice-royaume. Certains récits rapportent que les prières de la religieuse entraînèrent une tempête si forte que les envahisseurs furent contraints de faire demi-tour (*La Republica*, 2020), d'autres mentionnent simplement le fait que les pirates passèrent simplement leur chemin sans s'arrêter (*El Comercio*, 2020). *Santa Rosa*, alors reconnue pour éloigner les menaces, est désignée comme la patronne de la Police Nationale du Pérou. Reconnue aussi pour les soins qu'elle a apportés aux tuberculeux, la sainte est appelée pour faire face à la maladie. Son histoire retrace ainsi la peur des envahisseurs, mais également la peur des maladies, bactériennes et virales, et de l'infirmité (de la fragilité de la santé publique en général), des problématiques qui affectent particulièrement la ville coloniale. La procession principale se tient toujours dans le centre historique, entamant son itinéraire au Couvent historique de Santo Domingo.

Une autre procession, particulièrement populaire, relie l'histoire du territoire au risque sismique, considérable dans la région : il s'agit de la procession dédiée au *Señor de los Milagros* (Seigneur des Miracles). Le culte du *Señor de los Milagros* émergea au début du XVIIᵉ siècle, dans un quartier au nord-ouest du centre historique, où résidaient les esclaves et les natifs (Lecaros, 2011). Il est à l'origine d'une dévotion syncrétique dédiée au Christ (métis) et à la Vierge qui donna lieu à la création d'une fresque à leur effigie, peinte sur la façade d'une église. Considéré comme blasphématoire par l'autorité catholique, le culte fut proscrit sans être toutefois abandonné par les fidèles. D'après les récits qui retracent cette dévotion, la fresque devint célèbre à la suite du tremblement de terre en octobre 1655, lorsque la ville entière fut détruite, excepté la façade de l'église. Elle résista à nouveau au tremblement de terre et au tsunami d'octobre 1687 et devint alors le symbole du miracle et de la protection. Le Christ peint fut alors surnommé le *Señor de los temblores*[6], *Cristo de Pachacamilla*[7] ou encore *Cristo Morado*[8] et devint le saint patron protecteur de la ville. Dès lors, une copie de la fresque fut peinte et sortie en procession tous les ans au mois d'octobre. Reconnue depuis par l'institution catholique, la dévotion dédiée au *Señor de los Milagros* perdure jusqu'à nos jours, nourrissant par la même occasion le mythe d'une saison des tremblements de terre.

---

6   Seigneur des tremblements de terre.

7   Nom du quartier des esclaves et des natifs.

8   Le Christ basané. Cette histoire est relayée par l'historienne Maria Rostworoski (1992), l'auteur Raúl Banchero Castellano (1972) et la confrérie du seigneur des miracles de Nazarenas : http://www.senordelosmilagrosanbenito.org/Historia.html.

Ces deux processions sont organisées au sein de Lima centre, le district qui concentre le plus grand nombre de lieux de culte catholique dans l'agglomération (SISFOH, 2013) et où siège l'archidiocèse de Lima. Co-organisées par les confréries religieuses, le maire et l'archevêque, elles constituent un espace de revitalisation du sentiment catholique qui imprégnait les rues de la Lima coloniale.

1.2.2 Les croix monumentales, symboles de victoires face aux menaces

D'autres marqueurs spatiaux religieux alimentent l'histoire de la ville et des menaces qu'elle a dû affronter : il s'agit des croix monumentales érigées au sommet de certains reliefs, des *cerros* (collines) qui surplombent la ville.

L'une des croix les plus connues est la croix de *San Cristobal*, édifiée sur le *cerro* qui porte le même nom (photo f, Fig. 1). Ce mont, ancien lieu de culte andin, fut le lieu d'une bataille légendaire du XVIe siècle entre les natifs qui tentaient de reconquérir la région et l'armée du conquistador Francisco Pizzaro. D'après la légende, les Espagnols gagnèrent miraculeusement la bataille et firent ériger une croix au sommet du *cerro* en l'honneur de la vice-royauté et de l'Église catholique. Autrefois dénommé *Apu* (terme quechua qui signifie « montagne sacrée »), le mont devint alors le *cerro San Cristobal* et représente aujourd'hui un lieu de pérégrinations pour les fervents catholiques, mais aussi pour ceux qui souhaitent rendre hommage aux dieux andins[9]. La croix de *San Cristobal* fait près de 20 mètres de haut. Elle est ornée de 48 luminaires qui la rendent visible la nuit à des kilomètres à la ronde.

Une autre croix, tout aussi lumineuse et imposante, surplombe la municipalité de Chorrillos sur le littoral (photo g, Fig. 1). La « Croix du Pape » (*cruz del Papa*) fut montée en 1987 à l'occasion de la seconde venue du Pape Jean-Paul II au Pérou (1988). Cette croix de 45 mètres de haut fut construite à la place d'anciennes antennes électriques, détruites par les actions terroristes du Sentier Lumineux opérées dans les années 1980. Elle fut commandée par le jeune président Alan García (1985-1990) dans le but de symboliser la victoire de la paix sur la terreur menée par le terrorisme qui affectait le pays et de souligner la grande proximité du gouvernement central avec l'Église catholique. À ce titre, l'institution catholique bénéficie toujours d'un partenariat privilégié avec l'État sous la forme d'un Concordat (signé en 1979)[10] qui lui permet d'être reconnue comme un « élément important dans la formation historique, culturelle et morale du Pérou » (article 86 de la constitution de 1979, repris dans l'article 50 de la constitution de 1993).

Ces deux croix monumentales s'érigent alors en mémoire du triomphe de l'autorité gouvernementale et religieuse face aux agressions extérieures.

---

9   Histoire relayée entre autres par le journal *diario Correo* https://diariocorreo.pe/cultura/cerro-san-cristobal-conoce-la-historia-detras-del-nombre-del-mirador-limeno-761238/ et *andina* : https://andina.pe/agencia/noticia-el-cerro-san-cristobal-tradicional-espacio-peregrinaje-semana-santa-662604.aspx.

10   Le Concordat est un accord qui régit les relations entre le gouvernement central et l'Église catholique qui accorde aux deux parties autonomie et indépendance, tout en reconnaissant la religion catholique comme la religion de la nation.

1.2.3 Les chapelles du centre historique, entre dévotion et protection face à l'insécurité

Plus localement, dans le centre historique, foyer du catholicisme populaire, nombreux sont les miracles et légendes associés à un lieu spécifique. À l'occasion de trois parcours commentés au sein de trois quartiers du centre historique (*Barrios Altos, Monserrate, Barrio Chino*), accompagnés de l'anthropologue Jorge Luis Avila Cedron et d'un habitant du quartier de *Barrios Altos*, nous avons porté une attention particulière à l'usage du champ lexical relatif au religieux, aux miracles et aux légendes dans les discours relayés par les participants. L'une des particularités de ces quartiers est qu'ils sont marqués par l'insécurité, qui se traduit par un taux de criminalité élevé (INEI, 2017), par des risques accrus d'incendies ainsi que par des risques d'effondrement des habitations du fait de leur état de délabrement avancé (Allen et *al.*, 2017). Le cadre de vie y est également empreint de catholicisme, en raison de son histoire coloniale et les missions évangélisatrices qui s'y rattachent. Les parcours (réalisés entre 2017 et 2018) avaient pour but initial de relever les différentes formes de vulnérabilité[11] identifiées par les habitants et les modalités de réponses qu'ils avaient développées pour les réduire. Les parcours comprennent 22 arrêts, au cours desquels nous avons pu échanger avec 21 résidents qui occupaient, pour l'essentiel, des *Quintas*, c'est-à-dire des ensembles de logements construits autour d'une cour et qui partagent la même entrée vers la rue, souvent d'origine coloniale. Cet habitat peut accueillir une chapelle, dédiée à un saint, une sainte en particulier ou à la Vierge. À ce titre, certaines *Quintas* sont nommées en fonction du saint ou de la sainte qu'elles accueillent. Au cours de notre parcours, nous en avons identifié quatre : *Quinta Virgen del Carmen, Quinta de San Martin de Porres, Quinta San Judas Tadeo, Quinta San Jose*. Dans d'autres cas, les résidents s'organisent entre eux en comité de voisins et en association qui porte le nom du saint qu'ils honorent. Au cours de nos échanges, nous avons pu recueillir trois témoignages rapportant des miracles.

Les résidents de la *Quinta Virgen del Carmen* nous rapportèrent que leur dévotion envers la Vierge trouvait son origine dans le tremblement de terre qui secoua la capitale en 1940. Ce tremblement de terre est l'un des plus violents qu'ait connu la capitale (Robert, 2012). Dans le centre historique, la future *Quinta Virgen del Carmen* résista « miraculeusement » aux secousses. Les résidents interprétèrent cela comme un signe divin et firent le lien avec un tableau de la Vierge accroché au mur de l'un des appartements. Ils renommèrent alors la *Quinta* en son nom. Mais son histoire ne s'arrête pas là. Toujours selon les résidents, une bombe issue de l'activité du Sentier Lumineux éclata à quelques mètres de l'entrée dans les années 1990. Cette bombe ne fit pas de victimes, ce qui fut une nouvelle fois interprété comme une protection divine et renforça la dévotion des résidents envers la Vierge. Un autre cas miraculeux nous fut rapporté par les résidents d'une *Quinta* dans le *Barrio Chino* (quartier chinois) de

---

11 Nous comprenons ici la vulnérabilité comme une propension à subir des dommages.

Lima centre. Nos interlocuteurs nous firent part de la dévotion qu'ils accordaient à la *Virgen de Fátima* et de la protection qu'ils perçurent au moment d'un tremblement de terre qui avait ébranlé la capitale (la date ne fut cependant pas précisée).

Les trois géosymboles que nous avons choisi d'étudier se situent au sein des municipalités qui comptent le plus de lieux de culte catholiques (Lima centre, Chorrillos et San Juan de Lurigancho)[12]. Ils incarnent en cela une forme de continuité de la dévotion dans l'espace public, nourrissant un catholicisme populaire encouragé par l'institution religieuse depuis la période coloniale (Pigeolet, 2023). Nous constatons que certains récits ont émergé au cours de la période coloniale et ont perduré : c'est le cas de ceux qui dépeignent l'histoire des processions et des saints célébrés dans la capitale. D'autres apparaissent à l'ère contemporaine, à la suite d'une catastrophe ou d'un événement marquant, tels que la croix du Pape face aux actes terroristes et la chapelle dédiée à la *Virgen del Carmen* à la suite du tremblement de terre de 1940. Nous constatons également que ces miracles et légendes sont construits non seulement par les acteurs religieux, mais peuvent être également le produit d'acteurs séculiers tels que les personnalités politiques et les habitants.

Ces géosymboles, tels qu'ils sont présentés aujourd'hui, constituent des instruments de mémoire de la trajectoire urbaine, des événements marquants qui ont participé à construire son organisation et ses modalités de gouvernement. Pour le cas de Lima, ces différents éléments renvoient à la confrontation entre les colons et les natifs ; aux catastrophes majeures d'origine naturelle qui ont détruit la capitale et qui continuent de la menacer ; ainsi qu'aux crises sociopolitiques qui ont déchiré le pays. Ils participent ainsi à la construction d'une identité locale. Les images, les chapelles et les peintures sont les ambassadrices d'une histoire, porteuses de significations et donc de sens. En cela, elles deviennent en quelque sorte des repères qui forgent les logiques de perception de l'environnement et des comportements.

Nous verrons cependant que les géosymboles n'occupent pas seulement une fonction patrimoniale, mais participent également activement à la pratique urbaine actuelle.

2   Le religieux pour faire face à l'incertitude dans une ville en crise

Nous interrogeons ici les raisons pour lesquelles le croyant fait usage du sacré aujourd'hui et ce que cela traduit du rapport sensible qu'il entretient avec son environnement urbain. Nous nous appuierons pour cela sur les discours tenus par les participants de la procession dédiée au *Señor de los Milagros* lors des enquêtes que nous avons menées au cours de la célébration (107 participants, 2017-2018).

---

12   Selon les recensements du SISFOH (2013).

2.1 L'appel au *Señor de los Milagros* pour répondre aux préoccupations ordinaires

2.1.1 Interroger l'évolution des cadres d'interprétation de la protection divine

Nous avons évoqué précédemment le fait que la procession dédiée au *Señor de los Milagros* fut rendue populaire à l'occasion des tremblements de terre historiques qui ont ébranlé la capitale. Les prières qui l'accompagnaient étaient alors principalement orientées vers la menace sismique. Cette menace majeure est toujours d'actualité (D'Ercole, 2011 ; Robert, 2012 ; INDECI-DIPRE, Cepig, 2017). Dans ce contexte, nous avons voulu sonder ce que représentait la procession religieuse aujourd'hui pour les participants.

Pour ce faire, nous avons mené une série d'enquêtes auprès de 107 personnes au cours des processions de 2017 et 2018. Ces enquêtes avaient pour but de saisir les cadres d'interprétation des catastrophes et de leur gestion, mobilisés par les croyants. Nous avons opté pour une grille de 16 questions mixtes (questions fermées et semi-ouvertes), organisées autour de deux thématiques : la première concerne la participation à la vie religieuse et à la dévotion envers le *Señor de los Milagros* et la deuxième vise à cerner les représentations des menaces et catastrophes à Lima. Les réponses apportées sont ici traitées de manière qualitative, à travers une analyse de discours et quantitative, de manière à rendre compte des tendances d'opinion des participants.

Parmi les participants, 79 % vivent dans l'agglomération depuis toujours et 6 % habitent ailleurs au Pérou. Les femmes sont légèrement surreprésentées et constituent 55 % des personnes interrogées. Quant au profil socioprofessionnel, toutes les catégories sont confondues, avec toutefois une plus large représentativité des personnes sans activités professionnelles (26 % – sans emplois, étudiants, femmes au foyer), des cadres ou issus de professions intellectuelles supérieures (18 %) et des employés (16 %). Les catégories les moins représentées sont les agriculteurs (1 %), les retraités (6 %) et les ouvriers (6 %).

2.1.2 De l'extraordinaire à l'ordinaire : la réalité des prières adressées en procession

À l'occasion de la première sortie de l'image du *Señor de los Milagros* en 2017, le journaliste Óscar Paz Campuzano publiait une chronique dans le journal national *El Comercio* qui aborde la question de la dévotion dans la perception du risque sismique au sein d'un quartier du centre historique. L'auteur y brosse le portrait du quartier de *Barrios Altos* dans le centre historique que la procession traverse chaque année. Il présente un espace extrêmement vulnérable aux secousses sismiques, du fait de l'insalubrité des habitations, et rapporte le témoignage d'une habitante : « Si Barrios Altos résiste à un tremblement de terre, c'est grâce au Seigneur, il n'y a pas d'autres explications. Et si ce n'est pas le cas, c'est parce qu'il en a décidé ainsi » (Roxana Chiong, 2017). Pour la résidente, le destin du quartier dépend du *Señor de los Milagros*, arguant par ailleurs que la solidité des murs des habitations relève du miracle.

Les prières distribuées dans la rue le temps de la procession sous forme de tracts participent également à nourrir la conception du tremblement de terre comme un fléau et la prière comme une modalité de protection :

« Ô Jésus ! Cloué aux pieds et aux mains pour sauver l'Homme. Ici, je peux vous voir les bras ouverts afin de recevoir avec bienveillance tout pécheur qui se prosterne à vos pieds en implorant pardon. [...]
Cinq fois nous prions Notre Père et Ave Maria et gloire aux cinq plaies de Jésus, face auxquelles nous demandons avec ferveur : Jésus pour ta grande douleur, délivre-nous des fléaux et des tremblements. Amen » (extrait de prière dédiée au Señor de los Milagros, tract distribué dans la rue, 2017).

Cette prière de pénitence présente un discours providentiel, où le divin demeure d'une manière ou d'une autre lié aux catastrophes.

Qu'en est-il des participants à la procession ? Partagent-ils, en 2017 et 2018, ce sentiment de protection divine face au risque sismique ? Au cours de notre enquête, nous leur avons tout d'abord demandé de nous raconter l'histoire du *Señor de los Milagros*. Sur les 107 participants, seules deux personnes ont admis ne pas connaître cette histoire. Les autres nous firent part de leurs récits plus ou moins détaillés. Nous avons assemblé leurs récits en famille de mots-clés, nous permettant de rendre compte de la récurrence des thèmes abordés (Tableau 1).

Tab. 1   Liste des mots-clés les plus employés, identifiés dans les discours des fidèles catholiques pour décrire l'histoire du Señor de Los Milagros (2017-2018).

List of the most used keywords identified in the speeches of the Catholic faithful to describe the history of the Señor de Los Milagros (2017-2018).

Mots-clés repérés dans les récits de l'histoire du *Señor de Los Milagros*	Récurrence des termes employés
Tremblement de terre (*terremoto*)	50
Miracles	41
Image	39
Foi	20
Peinture	17
Dieu	12
Saint	11
Esclave	11

Nous avons retenu ici les familles de mots-clés les plus fréquemment cités dans les discours. L'histoire du *Señor de los Milagros* relative aux tremblements de terre apparaît au premier rang. Elle est mentionnée par 50 fidèles, soit 47 % des personnes interrogées, témoignant de la persistance de ce récit légendaire dans la pratique rituelle.

Nous avons ensuite interrogé 51 personnes sur les raisons pour lesquelles la croyance envers le *Señor de los Milagros*, et plus largement envers Dieu (puisque c'est ce qu'il représente pour certains), leur est importante dans leur vie de tous les jours. Ainsi, à la question « Pourquoi votre Dévotion envers Dieu et le Seigneur vous semble-t-elle importante ? », les enquêtés partagèrent une série de réponses que nous avons pu catégoriser en deux familles de mots-clés (Tableau 2).

Tab. 2   Liste de mots-clés appartenant aux familles « dévotion » et « bien-être personnel », employés pour répondre à la question « Pourquoi votre dévotion envers Dieu et le Christ vous semble-t-elle importante ? ».

List of keywords belonging to the families 'devotion' and 'personal well-being', used to answer the question 'Why do you feel your devotion to God and Christ is important ?'.

Dévotion		Bien être personnel	
Foi	16	Bien être	7
Tradition	5	Miracles	6
Catholique	4	Unité, réunion	4
Créateur	4	Espérance, motivation	3
Être suprême	3	Refuge, protection	2
Croyant	2	Paix	1
Hommage	2	Amour	1
Sauveur	2	Famille	1
Religion	1	Éducation	1
Coutume	1	Péchés	1
Martyr	1		
Jésus Christ	1		
Saints	1		
Somme	43	Somme	27

La première colonne correspond à la dévotion : « Je crois en Dieu parce que je suis catholique » ; « parce que j'ai la foi » ; « parce que c'est la tradition ». Elle rassemble la majorité de réponses apportées et rend compte de l'aspect culturel de la célébration et d'une forme de perpétuation de la tradition. Ces réponses apparaissent en effet comme une évidence pour nos interlocuteurs et traduisent une forme de consensus relatif aux valeurs et pratiques héritées ainsi qu'un sentiment de devoir, en tant que croyants, de perpétuer cette pratique catholique.

La deuxième famille de mots-clés regroupe plus de la moitié des réponses apportées. Elle renvoie à tout ce qui appartient au domaine du bien-être individuel : « Ma dévotion m'est importante parce qu'elle m'apporte une espérance », « une motivation », « un refuge », « elle m'a permis de vivre un miracle. » La dévotion envers le *Señor de los Milagros* se présente ici comme une ressource, un moyen de faire face aux défis personnels.

Cette question se voulait relativement large pour évaluer la place attribuée à la protection divine face au risque de tremblement de terre dans le contexte de la célébration dédiée au *Señor de los Milagros*. Or, dans ce contexte, l'inquiétude portée aux tremblements de terre n'apparaît pas. Les réponses apportées traduisent ici des motivations diverses qui placent la dévotion et le bien-être personnel au premier rang.

Nous avons alors voulu insister davantage sur la signification du « miracle » dans les discours portés par les participants de la procession afin de cerner les défis contemporains des citadins et la place attribuée au risque sismique. Cette question fut posée à 56 personnes, parmi lesquelles 41 affirmaient avoir déjà vécu un miracle. Ainsi, à la question « avez-vous déjà vécu un miracle ? Si oui pourriez-vous nous le raconter ? », 44 miracles nous furent partagés (certaines personnes nous ont exposé plusieurs miracles et une seule a refusé de nous répondre). Nous avons une nouvelle fois assemblé les nombreux miracles rapportés en familles de mots-clés, ici par thématique. En effet, huit grandes thématiques apparaissaient dans les récits : la guérison d'une maladie longue (parmi celles citées, la dépression, le psoriasis, l'épilepsie) (1) ; la santé et la sécurité de la famille (avoir une famille en bonne santé) (2) ; la santé et la sécurité personnelle au quotidien (être en vie et en bonne santé) (3) ; la situation professionnelle (avoir trouvé un travail) (4) ; le rétablissement à la suite d'un accident (transport, AVC, maladie soudaine) (5) ; la situation amoureuse (avoir trouvé l'amour) (6) ; la parentalité (avoir donné la vie, avoir un enfant) (7) ; la situation familiale (avoir une famille aimante) (8) (Figure 2).

La guérison d'une maladie longue apparaît au premier rang des miracles partagés par les personnes interrogées. La santé et la sécurité personnelle ainsi que celles de la famille sont ensuite rapportées par cinq personnes, suivies de près par le fait d'avoir survécu à un accident et d'avoir trouvé un travail. Enfin, trois personnes ont évoqué le fait d'avoir donné la vie (ou d'avoir eu un enfant), d'avoir une famille aimante et d'avoir trouvé l'amour parmi les miracles qu'ils ont vécu.

Ces réponses renvoient à une série d'événements ordinaires, qui appartiennent au domaine de la sécurité et de la protection sociale (santé, sécurité, emploi, logement) ou du bien-être personnel (trouver l'amour, avoir une famille aimante). Et pourtant, selon notre enquête, 50 % des participants interrogés ont vécu au moins un tremblement de terre à Lima dans leur vie et 61 % ont vécu un événement naturel extrême (tremblement de terre et phénomène *El Niño*). Ainsi, si au temps des premières processions, comme le décrit le mythe (voir partie 1.2.1.) la protection du *Señor de los Milagros* était associée aux tremblements de terre, elle est reconnue aujourd'hui pour d'autres maux, plus ordinaires. Cela peut témoigner de deux choses : il s'agit premièrement de la domination de la rationalité scientifique sur l'interprétation divine des catastrophes. La rationalisation des causes des tremblements de terre et l'adoption de stratégies institutionnelles pour la gestion du risque ont participé à réduire les incertitudes concernant leurs effets. La création d'autorités publiques spécifiquement dédiées à la gestion des risques majeurs et des crises a permis alors de fournir aux citoyens une autorité gestionnaire de référence en la matière, remplaçant Dieu ou l'Église. Deuxièmement, même si le risque de tremblement de terre en ville est toujours bien présent, il semble constituer pour les participants de la procession une préoccupation secondaire, comparativement aux nécessités quotidiennes et élémentaires. Plus généralement, les résultats de l'enquête montrent qu'il

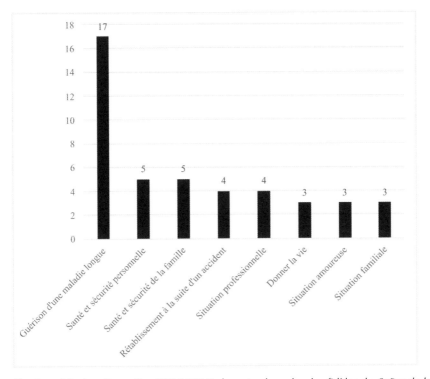

Fig. 2   Résultat d'enquêtes (2017-2018), les miracles selon les fidèles du *Señor de los Milagros*, récurrence des termes.

Result of surveys (2017-2018), miracles according to the faithful of the Señor de los Milagros, recurrence of terms.

existe une coexistence des régimes d'interprétations et d'actions pragmatiques et spirituels concernant les incertitudes.

2.2 Quand l'usage du sacré s'inscrit parmi les modalités de réponses citadines aux dysfonctionnements de l'organisation urbaine

Considérer les différents événements qualifiés de miracles, qui peuvent paraître anodins, permet de cerner les préoccupations actuelles des citadins qui renvoient aux conditions de vie propres à l'environnement urbain. Selon les résultats de l'enquête, il apparaît que la sécurité et la protection sociale constituent les principales préoccupations de nos interlocuteurs. Cela suggère que l'accès à ces différents services leur est difficile et fait écho aux précédents travaux académiques qui rendent compte de modalités de développement urbain ayant contribué à la fabrique d'une ville en crise (Matos Mar, 1986 ; Protzel, 2011 ; Robert, 2012 ; Sierra, 2013 ; Metzger *et al.* 2014). Ces travaux ont en effet pu mettre en lumière une accumulation des dysfonctionnements structurels qui affectent la population à de nombreux niveaux tels que l'accès aux logements décents ; l'insuffisance des équipements urbains ; ou encore l'insuffisance des services de sécurité pour certaines municipalités, participant à accroître le taux de criminalité. Ils rendent compte d'un gouvernement urbain dépassé, pluriel et fragmenté qui entrave une maîtrise cohérente de la croissance urbaine et de son développement.

Cette défaillance institutionnelle contribua à la production d'une citadinité informelle qui se caractérise par le développement de normes et de pratiques alternatives inscrites en dehors du cadre institutionnel.

Ainsi, pour faire face à l'insécurité qui, d'après les enquêtes d'opinion annuelles de l'observatoire citoyen *Lima cómo vamos* (2021), constitue depuis des années la principale menace urbaine, des groupes de citoyens s'organisent pour développer des quartiers fermés (*Barrios cerrados*) et constituer leur propre comité de sécurité (Plöger, 2006 ; Boutron, 2014). La problématique d'accès au logement est, quant à elle, le plus grand défi auquel font face les autorités métropolitaines. L'auto-construction et l'occupation illégale du sol se sont alors imposées comme des solutions temporaires, devenues progressivement permanentes. En 2014, près de 60 % de la surface urbanisée de Lima-Callao étaient des occupations autoconstruites (Metzger et *al.*, 2014), alors que l'habitat des quartiers anciens est fortement marqué par la taudification (Robert, 2012 ; Sierra, 2013 ; Pigeolet, 2023). Enfin, la question de la mobilité en ville est l'une des problématiques urbaines qui illustre le mieux la représentation du chaos quotidien dans l'agglomération (Robert, 2012 ; Sierra, 2013 ; Metzger et *al.*, 2014). L'accessibilité est estimée difficile pour plus de 70 % de la surface urbanisée (Metzger et *al.*, 2014), en raison d'un aménagement des voies de circulation inadapté au trafic, d'une offre de transports publics insuffisante à la demande et d'une surcharge de la circulation routière consécutive à l'usage de véhicules individuels. Aussi, pour combler l'insuffisance des services (et par la même occasion l'inaccessibilité au marché de l'emploi), les transports en commun sont largement assumés par de nombreuses microentreprises non officialisées de minibus, taxis et mototaxis.

Ainsi, dans un contexte où les autorités publiques sont défaillantes, les citadins font appel à d'autres systèmes de régulation pour habiter la ville, pratique par ailleurs largement observée dans les pays d'Amérique latine (Fields, 1975 ; De Soto, 1986 ; Lautier et *al.*, 1991)[13].

C'est dans ce cadre qu'intervient également l'appel au religieux pour faire face aux incertitudes. En reconnaissant le *Señor de los Milagros* comme une personnalité qui accorde des miracles, les fidèles catholiques lui donnent le rôle d'une figure d'autorité régulatrice. À travers la prière, les croyants s'assurent une

---

13 Le rôle des pratiques informelles dans le développement urbain, et plus largement dans l'économie des pays en voie de développement fait l'objet d'une attention académique dès les années 1970. Elles animent dès lors les débats économiques qui opposent l'informalité comme secteur à proscrire et comme levier de croissance pour une société libérale (Rebotier, 2016). L'informalité est désormais reconnue comme un élément structurant du fonctionnement des sociétés, au Sud comme au Nord (Marcelli et *al.*, 2010) et son étude met en lumière des formes d'organisation sociale et spatiale produites par les diverses stratégies de développement adoptées par les États.

forme de protection et nourrissent l'espoir de ne jamais être victime des effets des dysfonctionnements urbains ou, s'ils le sont, d'avoir une chance de s'en sortir. Associer la protection divine aux événements ordinaires au même titre qu'aux événements extraordinaires (tels que les tremblements de terre) témoigne du fait que, quelle que soit la nature de l'événement, l'appel au sacré constitue une modalité de réponse pour faire face aux incertitudes personnelles et collectives que les croyants rencontrent au cours de leur vie. Cette démonstration s'accorde aux propos tenus par Philippe Borgeaud (2008) qui soutient que « la gestion des incertitudes a toujours été le domaine par excellence des mythes, des rites, de la *religio* ou des *religiones*[14] » (2008, p. 133) ainsi qu'à ceux de François Walter (2008) pour qui les pratiques associées constituent « un système cohérent de gestion du traumatisme » (Walter, 2008, p. 41).

L'analyse du cas de la procession et des discours qui l'accompagnent démontre que la pratique rituelle de cette dernière ne répond pas simplement de la poursuite d'une tradition ou d'un folklore, mais qu'elle constitue un refuge et fournit un système d'interprétation du réel permettant de faire sens dans un contexte d'incertitude. L'appel au sacré observé accompagne ainsi la pratique citadine formelle et informelle. Il témoigne en réalité de la continuité d'un système de croyances, avec ses normes et ses valeurs, au fil des siècles dans un environnement changeant. Il fournit à la fois un repère d'autorité (le divin) et un repère d'appréciation subjective du vécu (« si *Barrios Altos* résiste, c'est grâce au Seigneur »).

En somme, la citadinité liménienne est marquée par l'informalité qui, à travers des actions concrètes, participe à l'organisation et au développement urbain et la religiosité qui offre un système de représentations sensibles pour habiter une ville en crise.

3   Le sacré, un instrument d'accréditation des pouvoirs affaiblis

Nous verrons ici que le grand respect des valeurs et des pratiques chrétiennes témoigné par une majeure partie de la population constitue un instrument pour les institutions gouvernementales leur permettant de redorer leur image et à l'institution catholique de (ré) affirmer sa position dans la société.

3.1 Des systèmes de valeurs au service du politique

Les nombreuses crises politiques qui se sont succédé au Pérou depuis la déclaration de son indépendance (1821) ont participé à nourrir l'image d'un gouvernement défaillant, corrompu et insensible aux besoins de ses administrés. Selon une enquête menée par l'Institut national de statistique et d'informatique (2018), 87,4 % des Péruviens estimaient que le Congrès de la République n'était pas

---

14 Comprises en ces termes comme une attitude respectueuse des règles rituelles issues d'un ensemble cohérent et autonome de pratiques et de croyances.

une instance de confiance, et 90,7 % pensaient la même chose concernant les partis politiques (INEI, 2018). Dans la même logique, de par la déficience des services métropolitains et une gestion urbaine limitée, la réputation des maires de la métropole pâtit de la même image. En 2019, l'observatoire citoyen *Lima como vamos* (2019) avait publié les résultats d'une enquête de satisfaction annonçant que 32,8 % des Liméniens décrivaient la qualité de la gestion métropolitaine comme très mauvaise ou mauvaise et 45,9 % ne la déclaraient ni bonne ni mauvaise (*Lima como vamos*, 2019, p. 59).

Dans ce contexte, de nombreuses tentatives de séduction, de reconquêtes électorales envisagées par les hauts dignitaires de l'État et les élus métropolitains inscrivent le sacré, le partage des valeurs morales et éthiques chrétiennes parmi les registres de crédibilisation de leur autorité et de leur honnêteté.

Cette instrumentalisation du sacré s'observe notamment au cours de la célébration dédiée au *Señor de los Milagros* à Lima, où les femmes et les hommes politiques viennent témoigner leur respect envers la religion catholique et les valeurs qu'elle transmet. Il est en effet de coutume que le président de la République en personne, accompagné de ses ministres et du (ou de la) maire, dépose des fleurs et un cierge aux pieds de l'image sacrée devant la cathédrale et participe à la messe de célébration. Cette présence est largement relayée par les médias nationaux. Il fut à ce titre possible de voir le président Pedro Pablo Kusczynski (2016-2018) lors de la procession de 2017 ; de Martin Vizcarra (2018-2020) pour celle de 2019 ou encore du président Pedro Castillo (2021-2022) en 2021[15].

En 2020, la pandémie mondiale de la Covid-19 fut révélatrice de vulnérabilités sociales et institutionnelles qui affectent durablement l'agglomération. Les habitants de la capitale, tout comme l'ensemble des Péruviens, furent lourdement affectés par les mesures sanitaires strictes adoptées par le gouvernement. Dans ce contexte, le maire de Lima, Jorge Muñoz, adressa publiquement, à l'occasion du vendredi saint, une prière au *Señor de los Milagros* afin de demander protection pour le peuple péruvien et pour l'ensemble des responsables gouvernementaux qui doivent également faire face à une crise interne. Cette intervention fut relayée par la presse nationale catholique *ACI Prensa* (2020) ainsi que la presse nationale *Diario Correo* (2020).

Plus tard, dans un contexte de fortes tensions politiques concernant le Président de la République du Pérou, Pedro Castillo (2021-2022) accusé de corruption, et les membres du Congrès, la messe adressée au *Señor de los Milagros* en octobre 2022 fut l'occasion pour la vice-présidente et future présidente par intérim, Dina Boluarte, de s'exprimer publiquement sur la situation et

---

15 Leur hommage fut notamment relayé par les médias suivants : Andina (2017) : https://andina.pe/agencia/ noticia-senor-los-milagros-recibe-homenaje-del-presidente-kuczynski-y-ministros-686760.aspx ; El Comercio (2018) : https://elcomercio.pe/politica/martin-vizcarra-homenaje-le-rindio-senor-milagros-galeria-noticia-569027-noticia/ ; Rpp Noticias (2021) : https://rp.pe/politica/gobierno/ pedro-castillo-participo-en-la-misa-de-honor-al-senor-de-los-milagros-en-la-iglesia-de-las-nazarenas-noticia-1363682.

de démontrer sa volonté de valoriser l'honnêteté dans la sphère politique. Elle déclare à ce titre vouloir « se rapprocher de Dieu » et « demander pardon pour les erreurs commises, qui seront réparées afin de mieux orienter le destin de la nation » (Dina Boluarte, 2022, relayé par le journal *El Comercio*).

Ces différents cas de démonstration de foi, hautement symbolique, sont l'occasion pour les figures d'autorité de renforcer les rapports entretenus entre le pouvoir étatique et le pouvoir spirituel, dans une logique de prolongement des rapports de pouvoirs coloniaux. Mais elle est surtout une opportunité de s'exposer publiquement et d'assurer à la population péruvienne qu'elles partagent ensemble des valeurs communes, qui participent à l'unité d'une nation. Les valeurs chrétiennes sont ainsi de nombreuses fois évoquées dans les discours des politiques afin de rétablir la crédibilité du gouvernement dans les moments critiques (Lecaros, 2018). La « solidarité », la « justice » (García, 1985), la « transparence » (Bandolome, 2019) ou encore l'honnêteté, relayée notamment par le geste pour tout Président (et son gouvernement) de prêter serment sur la bible à son investiture, sont des valeurs qui, dans l'imaginaire collectif, s'acquièrent avec la pratique religieuse. La démonstration du respect en « bon chrétien » envers les « bons chrétiens », constitue ainsi encore aujourd'hui un argument politique de taille.

3.2 La procession du *Señor de los Milagros* : une démonstration de pouvoir pour l'autorité catholique dans l'espace public

Les célébrations publiques des différents saints protecteurs dans les rues de Lima ne sont pas seulement des moments de sacralisation de l'espace, mais constituent également de véritables instruments d'affirmation du pouvoir catholique dans une société pluriconfessionnelle. L'itinéraire de la procession religieuse et les différents arrêts marqués permettent de rendre compte de la manière dont l'Église catholique y est célébrée.

La procession est organisée par la confrérie laïque du *Señor de los Milagros*, ce qui signifie qu'elle n'est pas directement prise en charge par l'Église, mais par un groupe de catholiques dévoués. Elle s'organise sur cinq jours. L'itinéraire change très peu d'une année à l'autre et correspond aux tracés effectués lors des premières processions (XVIIᵉ siècle) (Figure 3).

Cette carte fut élaborée à partir de l'itinéraire effectué en 2017. Au cours de ces cinq jours, l'image est portée vers certains lieux clés. Elle y est posée, le temps de lui rendre hommage, pour ensuite reprendre le cours de sa route. Ces différents points d'arrêts représentent non seulement des lieux cultuels, tels que des églises, des monastères et la cathédrale, mais aussi des établissements institutionnels (ministère, palais de justice, palais du gouvernement, tribunal, Cour suprême de justice, Palais du Congrès) ; des centres éducatifs (Université et collège) et un établissement de santé. Chacun d'entre eux est ostensiblement orné de bannières, d'affiches ou encore de guirlandes à l'effigie du *Señor de los Milagros*, participant ainsi à la mise en scène de cette « dramaturgie sacrée » (Benito Rodríguez et Majnón de Garay, 2014, p. 41).

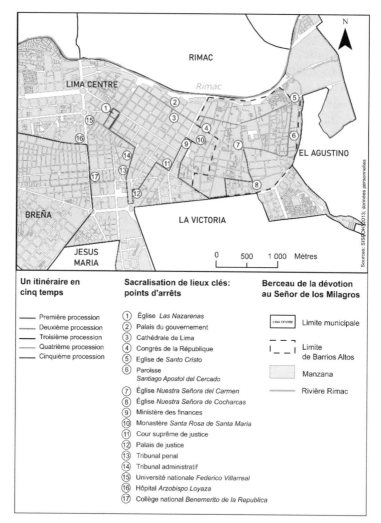

Fig. 3   Itinéraires et points d'arrêt stratégiques de la procession dédiée au *Señor de los Milagros* à Lima centre (2017).

Routes and strategic stopping points of the procession dedicated to the Señor de los Milagros in central Lima (2017).

Ils représentent ainsi une symbolique forte. En marquant ces lieux, l'image du *Señor de los Milagros* renoue une proximité entre les principaux pouvoirs des temps coloniaux : le pouvoir temporel et le pouvoir spirituel. Chaque représentant des établissements où l'arrêt est marqué a l'occasion de prononcer un discours en l'honneur de l'image sacrée et de ce qu'elle représente. Le moment clé de cette procession correspond par ailleurs à l'entrée de l'image dans la cathédrale pour y être consacrée par l'évêque au cours d'une messe. Les membres du gouvernement central y sont invités et le président et/ou le vice-président y tiennent un discours afin de rendre hommage au symbole catholique et national.

Certains arrêts renvoient plus spécifiquement au rôle historique attribué à l'Église catholique dans le champ de l'action sociale. Le Collège national public *Benemerito de la Republica Nuestra Señora de Guadalupe* ou encore l'hôpital public, *Hospital Gubernamental Nacional Arzobispo Loayza*, (l'un des premiers hôpitaux construits dans la capitale par le premier archevêque de Lima) furent des établissements fondés et tenus par des catholiques. Ces arrêts prônent ainsi l'image d'une Église bienveillante, proche du peuple et de l'ordre, qui accompagne ses fidèles non seulement dans leur spiritualité, mais aussi dans leur bien-être au quotidien.

La procession se convertit ainsi en une démonstration du pouvoir catholique. Elle est une opportunité pour l'Église de se montrer publiquement et de renouer non seulement avec ses fidèles, mais aussi avec les principales instances gouvernementales.

Conclusion

Dans l'agglomération de Lima-Callao, le sacré marque indubitablement son urbanité. Nous avons cherché à comprendre ce que la topographie du sacré en ville traduit des modes d'habiter et d'organiser l'espace urbain dans un contexte où le gouvernement de ce dernier est contesté. L'analyse des géosymboles et des récits associés permet d'affirmer alors que la sacralisation de l'espace n'est pas seulement un enjeu de pouvoir religieux (Dierkens et Morelli, 2008), mais aussi un enjeu de gouvernement pour le collectif.

Les marqueurs du sacré en ville témoignent de l'histoire urbaine et constituent des outils de mémoire de certains événements de rupture dans la trajectoire urbaine qui ont été surmontés. Ils apparaissent comme des relais d'un système de valeurs unificateurs face à la menace. Les géosymboles se convertissent alors en ce que Jean Gottmann (1952) qualifie d'iconographie. Ils symbolisent une force de résistance au changement et tissent un lien solide entre la communauté et son territoire. Aussi, apparaissent-ils comme un repère stable face aux bouleversements. Ils transmettent au fil des siècles des récits légendaires qui permettent, à travers la transmission d'un système de normes et de valeurs, de rendre intelligible un environnement ou un événement que la pensée rationnelle ne parvient pas à expliquer. En cela, l'usage du sacré présente une opportunité pour les croyants de surmonter les défis, ordinaires comme extraordinaires, auxquels ils font face. Finalement, en fournissant des repères d'autorité et d'appréciation subjective du vécu, les géosymboles offrent aux citadins des modalités de gestion de l'incertitude urbaine. En tant qu'exutoire des peurs et des angoisses contemporaines, les géosymboles et les discours qui leur sont associés révèlent « en creux » les principales préoccupations des citadins à l'heure actuelle. L'appel du religieux relègue à la protection divine ce qui relèverait dans une société sécularisée du domaine de la gestion des affaires publiques. Il rend compte alors de dysfonctionnements urbains et structurels et, de manière plus générale, d'un système de régulation qui supplée celui des autorités publiques dans l'approche des incertitudes en ville.

Si ces géosymboles sont des exutoires pour les citadins, ils peuvent également servir aux acteurs de pouvoir pour assurer leur bonne foi aux administrés. En effet, les moments de sacralisation de l'espace public, notamment par le biais des processions, sont l'occasion pour les acteurs de pouvoir dont la crédibilité est questionnée, en l'occurrence les représentants de l'État, de la métropole, mais aussi les représentants de l'Église catholique, d'atteindre la population et de revaloriser leur image. En rendant hommage aux objets considérés comme sacrés par la majorité des citadins et, par ce biais, en valorisant les valeurs communes, ces acteurs cherchent à tisser ou renforcer les liens de proximité avec les croyants. En cela, le sacré apparaît, en 2017, comme un espace de médiation entre les différents acteurs de pouvoir que sont l'État, l'Église et le peuple.

L'appel au religieux pour faire face aux incertitudes n'est pas un phénomène nouveau, ni spécifique au contexte péruvien (Borgeaud, 2010 ; Eliade, 1949), pas plus que les stratégies de crédibilisation d'un pouvoir en ville par le sacré (Valenzuela Marquez, 2001 ; Dumons et Hours, 2010 ; Walker, 2018). L'étude des géosymboles dans la capitale péruvienne et des discours qui leur sont associés en 2017 souligne par ailleurs la permanence d'une religiosité citadine ancrée dans une société moderne marquée par les mutations religieuses. Elle insiste alors sur le caractère résistant de cette religiosité, qui constitue par conséquent pour les citadins et les autorités urbaines un socle commun pour gouverner une ville marquée par la crise et l'incertitude.

UMR Prodig
Campus Condorcet
Bâtiment Recherche Sud
5, cours des Humanités
93 322 Aubervilliers Cedex
pigeolet.marie@gmail.com

Bibliographie

ALLEN A., BELKOW T., ESCALANTE ESTRADA C., DE LOS RIOS S., KAMIYA M., LAMBERT R., MIRANDA L., WESELY J., ZILBERT SOTO L. (2017), « De la mitigación de desastres a la interrupción de trampas de riesgo : la experiencia de aprendizaje-acción de Clima sin Riesgo », *REDER*, vol.1 n° 1, p. 6-28.

ALTEZ R. (2017), « Historia de milagros y temblores : fe y eficacia simbólica en Hispanoamérica, siglos XVI-XVIII », *Revista de Historia Moderna. Anales de la Universidad de Alicante*, n° 35, p. 178-213.

ANDERSON N. (1993), *Le Hobo. Sociologie du sans-abri*, Nathan, Paris, réimpression de l'édition originale publiée en 1923, 319 pages.

BASTIAN J.-P. (2001), *La modernité religieuse en perspective comparée. Europe latine-Amérique latine,* Paris, Karthala, 322 p.

BELAY R. (2004), « L'informe d'une ville : Lima et ses représentations », *Raisons politiques*, Vol. 3, n° 15, p. 69-84.

BENITO RODRÍGEZ J.- A. et MAJNÓN DE GARAY S. (2014), *La devoción al señor de los Milagros. Patrimonio inmatérial del Perú*, Album photographique, Universidad Católica Sedes Sapientae, Centro de Estudios y Patrimonio Cultural, collection art et patrimoine, Lima, Pérou 89 p.

BONNEMAISON J. (1981), « Voyage autour du territoire », *Espace géographique*, vol. 10, n° 4, p. 249-262.

BORGEAUD P. (2008), « Religions de Grèce et de Rome : entre pensée de l'incertitude et respect des règles », dans SPYROS Théodorou (dir.), *Lexiques de l'incertain*, Parenthèses, Marseille, p. 111-134.

BORGEAUD P. (2010), « Mythes », dans AZRIA Régine et HERVIEU-LÉGER Danièle (dir.), *Dictionnaire des faits religieux*, Presses Universitaires de France, Paris, p. 779-785.

BOUTRON C. (2014), « La participation sociale aux activités policières dans les quartiers populaires de Lima. Entre coproduction du contrôle territorial et reproduction des inégalités sociospatiales », *Echogéo*, n° 28, [En ligne], mis en ligne le 8 juillet 2014, consulté le 26 février 2019, http://journals.openedition.org/echogeo/13869.

CASTELLANO R.-B. (1972), *Lima y el mural de Pachacamilla ; historia del Señor de los Milagros de Nazarenas, del monasterio y de la hermandad*, Aldo Raúl Arias Montesinos, Lima, Pérou, 359 p.

CELESTINO O. (1997), « Transformaciones religiosas en los Andes peruanos. 1. Ciclos míticos y rituales », *Gazeta de Antropología*, n° 13, [En ligne], https://www.ugr.es/%7Epwlac/G13_06Olinda_Celestino.html.

CELESTINO O. (1992), « Les confréries religieuses à Lima », *Archives de sciences sociales des religions*, n° 80, p. 167-191.

COMPAGNON O. (2000), « L'Amérique latine », dans Mayeur Jean-Marie (dir.), *Histoire du christianisme. Crises et Renouveau (de 1958 à nos jours »)*, t. 13, Desclée, Paris, p. 509-577.

D'ERCOLE R. (2011), *Lima face au péril sismique*, à paraître dans *Le Pérou d'aujourd'hui*, Paris, L'Harmattan, 20 p.

DE LA RIVA-AGÜERO, J. (1952), *La Historia en el Perú*, thèse de doctorat de lettres, Madrid, Impr y Editorial Maestre, réimpression de l'édition originale publiée en 1910, 531 p.

DE SOTO H. (1986), *El otro sendero,* Diana, Mexico, 317 p.

DIERKENS A. et MORELLI A. (dir.) (2008), *Topographie du sacré. L'emprise religieuse sur l'espace*, Édition de l'Université de Bruxelles, Bruxelles, 255 p.

DUMONS B. et HOURS B. (2010), *Ville et religion en Europe du XVIe au XXe siècle*, PUG, Grenoble, 527 pages.

ELIADE M. (1949), *Le mythe de l'éternel retour*, Gallimard, Paris, 254 pages.

FIELDS G. S. (1975), « Rural-urban migration, urban unemployment and underemployment, and Job-search activity in LDSs », *Journal of Development Economics*, n° 2, p.165-187.

FRELAT-KAHN B., LAZAROTTI O. (dir.) (2012), *Habiter. Vers un Nouveau concept ?*, Armand Colin, Paris, 332 p.

GARCÍA PÉREZ A. (1985), Mensaje del presidente Constitucional del Perú, doctor Alan García Pérez, ante el congreso nacional, el 28 de Julio de 1985, Lima, Pérou, [En ligne], https://www.congreso.gob.pe/participacion/museo/congreso/mensajes/mensaje-nacion-congreso-28-07-1985.

GARCÍA TORRES A. (2013), "Redención y luchas de poder a la hora de "aplacar el brazo de la divina justicia" : el caso de las rogativas en el elche del S. XVIII", *Revista de Historia Moderna*, n° 31, p. 109-125

GOLD E.-F., RICOU X. (1990), *Lima en crisis*, Edition IFEA – Universidad del Pacifico, Lima, 160 p.

GONZALEZ O. L. (2010), « Violence homicide en Colombie : déviance ou « débrouille » ?, *Socio-logos*, n° 5, [En ligne], mis en ligne le 23 juillet 2010, consulté le 4 janvier 2023, http://journals.openedition.org/socio-logos/2490.

GOTTMANN J. (1952), *La Politique des États et leur géographie*, Paris, Armand Colin, 228 p.

GUMUCHIAN H. et MAROIS C. (2000), *Initiation à la recherche en géographie. Aménagement, développement territorial, environnement*, Presses de l'Université de Montréal, Montréal, 425 p.

INDECI, DIPRE, CEPIG (2017), *Escenario sísmico para Lima Metropolitana y Callao : sismo 8.8Mw*, Scénario sismique piloté par l'INDECI, Lima, Pérou, 54 p.

INEI (2013), *Directorio Nacional de Principales Festividades a Nivel Distrital*, rapport de l'INEI, Lima, 366 pages.

INEI (2017), *Censos Nacionales. Perfil sociodemográfico*, Rapport national élaboré par l'INEI, Lima, Pérou, 644 p.

INEI (2017), *Perú, Anuario estadístico de la Criminalidad y Seguridad Ciudadana*, Rapport élaboré par l'INEI, Lima, [En ligne] https://www.inei.gob.pe/media/MenuRecursivo/publicaciones_digitales/Est/Lib1534/.

INEI (2018), *Perú : Percepción Ciudadana sobre gobernabilidad, Democracia y Confianza en las instituciones*, Rapport technique n° 02, avril 2018, Lima, Pérou, 50 p.

INEI (2022), *Perú : Evolución de la Pobreza Monetaria 2011-2022. Informe Técnico*, Rapport technique élaboré par l'INEI, Lima, 297 pages, [En ligne] https://www.inei.gob.pe/media/MenuRecursivo/publicaciones_digitales/Est/pobreza2022/Pobreza2022.pdf.

LAUTIER B., MIRAS C., MORICE A. (1991), *L'État et l'informel*, Paris, L'Harmattan, 213 pages.

LECAROS V. (2011), *L'Église catholique péruvienne face au défi des groupes évangéliques. Lima.*, Thèse de doctorat de Théologie Catholique sous la direction de FAIVRE Alexandre, Université de Strasbourg, 448 p.

LECAROS V. (2013), *La conversion à l'évangélisme. Le cas du Pérou*, Paris, L'Harmattan, 172 p.

LECAROS V. (2018), « De los multiusos de la religión en política. Apunta para la reflexión », *Revista Argumentos*, n° 1, Año 12, p. 25-33.

LÉVY J., LUSSAULT M. (2013), « Habiter », dans LÉVY Jacques et LUSSAULT Michel, *Dictionnaire de la géographie et de l'espace des sociétés*, Belin, Paris, p. 480-482.

Lima cómo vamos, (2019), *Lima y Callao según sus ciudadanos*, Rapport d'enquête, Lima, Pérou, 64 p.

Lima cómo vamos, (2021), *Informe urbano de percepción ciudadana en Lima y Callao 2021*, Rapport d'enquête, Lima, Pérou, 42 p.

LUSSAULT M. (2013), « Citadinité », dans LÉVY Jacques et LUSSAULT Michel (dir.) *Dictionnaire de la géographie et de l'espace des sociétés*, Belin, Paris, p. 182-184.

MARCELLI E., WILLIAMS C., JOASSART P. (2010), *Informal Work in Developed Nations*, New York Routledge, 257 pages.

MARZAL M. (1987), « Las nuevas iglesias en una parroquia de la Gran Lima », *Anthropologica*, vol. 5, n° 5, p. 199-258.

MARZAL M. (1995), « Religión y sociedad peruana del siglo XXI », dans PORTOCARRERO Gonzalo et VALCARCEL Mercel (Ed.), *El Perú frente al siglo XXI*, fondo editorial – Pontifica universidad del Perú, Lima, Pérou, p. 363-377.

MARZAL M. (2002), *Tierra Encantada. Tratado de antropología religiosa en América Latina*, Lima, Trotta, 602 pages.

MATOS MAR J. (1986), *Desborde Popular y crisis del Estado. El nuevo rostro del Perú en la década de 1980*, IEP tercera edición, Lima, 110 pages.

METZGER P. (1994), « Contribution à une problématique de l'environnement urbain », *Cahiers des Sciences Humaines,* vol.30 n° 4, p. 595-619.

METZGER P. (2020), « Environnement urbain », dans groupe Cynorhodon (coord.), *Dictionnaire critique de l'Anthropocène*, CNRS, Paris, 944 p.

MOLINIÉ A. (1997), « Herméneutiques sauvages de deux rites réputés chrétiens (Les Andes, La Mancha) », *L'Homme*, t. 37, n° 142, p. 7-32.

PIGEOLET M. (2023), *Quand « Dieu » se soucie des sinistrés. Gestion de crise, territorialité religieuse et gouvernance à Lima (Pérou)*, Thèse de doctorat en géographie, Université Paris 1 Panthéon Sorbonne, 609 pages.

PLÖGER J. (2006), « The emergence of a "City of cages" in Lima : neighbourhood appropriation in the context of rising insecurities », *Cybergeo : European Journal of Geography*, Dossiers, document 377, [En ligne] mis en ligne le 5 juin 2007, consulté le 7 mai 2021, https://journals.openedition. org/cybergeo/6785.

POULAT É. (1982), *Modernistica. Horizons, physionomie, débats*, Nouvelles Éditions latines, Paris, 311 p.

PROTZEL J. (2011), *Lima imaginada*, Fondo Editorial Universidad de Lima, Lima, 444 p.

RACINE J.-B., WALTHER O. (2003), « Géographie et religion : une approche territoriale du religieux et du sacré », *L'information géographique*, vol. 67, n° 3, p. 193-221.

REBOTIER J. (2016), « L'État et l'informalité en Amérique latine : virage à gauche. Changement de cap ? », *Lien social et Politiques*, n° 76, p. 24-43.

ROBERT J. (2012), *Pour une géographie de la gestion de crise : de l'accessibilité aux soins d'urgence à la vulnérabilité du territoire à Lima*, Thèse de doctorat en géographie sous la direction de PIGEON Patrick et D'ERCOLE Robert, Université de Grenoble, 556 p.

ROMERO C. (2014), « Rituales religiosos y políticos en el Perú. Una secularización encantada », dans AMEIGEIRAS A.-R. (dir.), *Símbolos, rituales religiosos e identidades nacionales. Los símbolos religiosos y los procesos de construcción política de identidades en Latinoamérica*, CLASCO, Buenos Aires, p. 137-153.

ROSTWOROWSKI María (1992), *Pachacamac y el señor de los milagros : una trayectoria milenaria*, Instituto de Estudios Peruanos, Lima, Pérou, 214 p.

SIERRA A. (2013), *Amphibolie urbaines entre espaces-à-risque et marge à Lima, Pérou*, Habilitation à diriger des recherches, t. 3, Paris Panthéon Sorbonne, 258 p.

SIERRA A. (2015), « « Ojalá Haya un sismo ! » : Du désir d'un nouvel ordre urbain à la catastrophe-châtiment », *Urbanités*, n° 5, p. 1-16.

SIERRA A., BÉJI A., CROISÉ A., HATTEMER C., METZGER P., PIGEOLET M., VALITUTTO I. (2022), « Chapitre 2. Développement et environnement urbain au prisme du risque et des crises », dans PEYROUX É., RAIMOND Ch. VIEL V. et LAVIE É. (dir.), *Développement, changements globaux et dynamiques des territoires. Théories, approches et perspectives de recherche*, ISTE, Paris, p. 45-62.

TRELLES G. et PORTOCARRERO A. (2021), « Religión y política : une aproximación al rol de la Iglesia Católica en el Perú desde la guerra con Chile hasta la actualidad », *Yuyaykusun*, n° 11, p. 121-139

VALENZUELA MÁRQUEZ J. (2001), *Las liturgias del poder. Celebraciones públicas y estrategias persuasivas en Chile Colonial (1609-1709)*, Édition LOM, Santiago, 491 p.

WALKER C. (2018), *Colonialismo en ruinas : Lima frente al terremoto y tsunami de 1746*, IFEA, IEP, Lima, réimpression de l'édition originale publiée en 2012, 293 p.

WALTER F. (2008), *Catastrophes. Une histoire culturelle. XVIe-XVIIe siècle*, Paris, Seuil, 380 p.

Sources journalistiques

Andina (2017) : https://andina.pe/agencia/noticia-senor-los-milagros-recibe-homenaje-del-presidente-kuczynski-y-ministros-686760.aspx.

ACI prensa (2020), *Alcalde de Lima reza el Señor de los Milagros por pandemia de coronavirus*, [En ligne], https://www.aciprensa.com/noticias/alcalde-de-lima-reza-al-senor-de-los-milagros-ante-pandemia-de-coronavirus-94582.

Diario Correo (2020), *Jorge Muñoz pidió al Señor de los Milagros protección para los perua-nos*, [En ligne], https://diariocorreo.pe/edicion/lima/jorge-munoz-pide-al-senor-de-los-milagros-proteccion-para-peruano-ante-coronavirus-alcalde-de-lima-covid-19-noticia/.

El Comercio (2017), *Señor de los Milagros : devoción y alto riesgo en Barrios Altos*, [En ligne] : https://elcomercio.pe/lima/sucesos/senor-milagros-devocion-alto-riesgo-barrios-altos-noticia-463918-noticia/.

El Comercio (2018) : https://elcomercio.pe/politica/martin-vizcarra-homenaje-le-rindio-senor-milagros-galeria-noticia-569027-noticia/.

El Comercio (2020), *Antes corsarios, hoy venezolanos : novela muestra cómo la paranoia de los limeños viene desde los tiempos de la colonia*, [En ligne], https://elcomercio.pe/luces/libros/antes-corsarios-hoy-venezolanos-novela-muestra-como-la-paranoia-de-los-limenos-viene-desde-los-tiempos-de-la-colonia-noticia/?ref=ecr.

El Comercio (2022), *Dina Boluarte : Debemos enmendar los errores para guiar mejor los destinos de la Nación*, [En ligne], https://elcomercio.pe/politica/dina-boluarte-debemos-enmendar-los-errores-para-guiar-mejor-los-destinos-de-la-nacion-pedro-castillo-poder-ejecutivo-rmmn-noticia/.

La República (2020), *La "tormenta perfecta" : Santa Rosa y el día que evitó la invasión de piratas holandeses en Lima*, [En ligne], https://larepublica.pe/cultural/2020/04/20/la-tormenta-de-santa-rosa-y-el-dia-que-lima-se-salvo-de-los-piratas-holandeses-efemerides-mdga.

Rpp Noticias (2021) : https://rp.pe/politica/gobierno/pedro-castillo-participo-en-la-misa-de-honor-al-senor-de-los-milagros-en-la-iglesia-de-las-nazarenas-noticia-1363682.

L'Église, l'État et la *santería*. Fabriquer le territoire *avec* et *depuis* le fait religieux à Regla, La Havane

Churh, State and Santeria. Making Territory through Religion in Regla, La Habana

Laurine Chapon

Doctorante, CREDA – Université Paris 3 Sorbonne-Nouvelle

Résumé

À Regla, quartier portuaire et périphérique en voie de désindustrialisation de La Havane, le fait religieux est un processus structurant de la fabrique territoriale et un élément identitaire fort pour les habitant.es. Le sacré se matérialise dans l'ensemble des espaces publics et est un facteur de mise en tourisme discret de l'espace. L'objectif de cet article est de montrer, à partir d'une enquête ethnographique longue, comment les pratiques religieuses, afro-cubaines et catholiques, sont des vecteurs de territorialisation à l'échelle du quartier. Le sacré structure le paysage urbain, tant dans les pratiques temporaires et événementielles, comme les pèlerinages (annuels ou quotidiens) que dans le paysage visuel et sonore et à l'échelle domestique et intime des foyers. Les acteurs religieux (chef du *cabildo*, prêtre de l'église catholique, *santeros* et *babalaos*) jouent un rôle majeur dans la fabrique de la ville ; il est intéressant d'analyser les interactions socio-politiques qui se jouent entre ces derniers et l'État à différentes échelles. Les pratiques afro-cubaines connaissent en effet des processus de patrimonialisation et de culturalisation qui contribuent à leur sécularisation, notamment opérée par l'État. Paradoxalement, ces processus renforcent aussi certaines croyances et pratiques, dans des espaces négociées entre différents acteurs. Questionner la fabrique territoriale au prisme du religieux est d'autant plus intéressant à Cuba qu'il permet de comprendre les interactions complexes qui se jouent, à différentes échelles entre citadins et État.

Abstract

In Regla, a peripheral and port district in the process of deindustrialization of Havana, the religious fact is a structuring process of the territorial fabric and a strong identity element for the inhabitants. The sacred materializes in all public spaces and is a factor in the discrete tourism of space. The objective of this article is to show, from a long ethnographic survey, how religious practices, Afro-Cubans and Catholics, are vectors of territorialization at the neighborhood level. The sacred structures the urban landscape, both in temporary and eventful practices, such as pilgrimages (annual or daily) and in the visual and sound landscape and on the domestic and intimate scale of homes. Religious actors (head of the cabildo, priest of the Catholic Church, santeros and babalaos) play a major role in the urban fabric ; it is interesting to analyze the socio-political interactions that take place between these urban producers and the State at different scales. Afro-Cuban practices are indeed experiencing processes of patrimonialization and culturalization that contribute to their secularization, notably operated by the State. Paradoxically, these processes also reinforce certain beliefs and practices, in spaces negotiated between different actors. Questioning the territorial fabric through the prism of religion is more interesting in Cuba as it allows us to

Ann. Géo., n° 756-757, 2024, pages 129-149, © Armand Colin understand the complex interactions that take place, at different scales, between city dwellers and the State.

Mots-clés   religion, territoire, production urbaine, lieu, Cuba

Keywords   *religion, territory, urban production, place, Cuba*

Les religions afro-cubaines ont connu depuis les années 1990 un essor important à l'échelle nationale et internationale et sont aujourd'hui particulièrement vivantes, dans un contexte de crise socio-politique et économique à Cuba. Elles cohabitent sur l'île avec d'autres religions, catholique ou protestante notamment. Le pluralisme religieux s'incarne particulièrement à Regla, municipe populaire de La Havane d'environ 40 000 habitants, répartis sur 9,2 km². Le quartier est considéré comme le berceau de la *santería* cubaine et est associé à *Yemayá*, déesse de la mer. Son culte est célébré dans l'église de Notre-Dame de Regla, à la fois lieu de pèlerinage pour les catholiques et haut lieu de la *santería*. Le développement des religions afro-cubaines est particulièrement lié à l'histoire du quartier. Populations esclaves, migrants de diverses origines (espagnols, chinois...) arrivent et se mélangent, créant divers syncrétismes[1] et une population métissée. L'implantation de la Vierge de Regla au XVIIᵉ siècle par un pèlerin péruvien, puis la fondation de la fraternité masculine et société secrète afro-cubaine *abakuá* dans la première moitié du XVIIIᵉ siècle et la présence d'une population servile puis ouvrière expliquent en partie l'importance historique de la religion dans ce territoire industriel et portuaire[2].

Aujourd'hui, le sacré se matérialise dans l'ensemble des espaces publics et les pratiques religieuses sont un vecteur de territorialisation historique du quartier. Elles connaissent un renouveau, dans un contexte de mise en tourisme progressif de Regla depuis les années Obama (années 2010). La pratique de la *religion*[3]

---

1   Il existe de nombreux documents et archives relatives à l'histoire du quartier de Regla. Les acteurs locaux sont très intéressés par cette histoire et ont réalisé de nombreuses recherches sur des thèmes variés. Récemment, la directrice du musée enquête par exemple sur les cimetières municipaux, lieux de métissage et de syncrétisme entre différentes cultures (africaines, chinoises et espagnoles essentiellement). Il existe aussi plusieurs comptes Facebook, comme *el Regla de antes* qui publicise des images d'archives. La bibliothèque municipale possède également de nombreux livres d'histoire locale.

2   Aujourd'hui, le quartier de Regla connaît un processus de désindustrialisation similaire à ce qui s'est produit dans de nombreuses autres métropoles mondiales. La délocalisation du port de La Havane vers Mariel, à l'ouest de la capitale, dans les années 1990 et la chute de l'URSS ont considérablement freiné les activités industrielles et productives autour du port. Il reste tout de même un port pour les conteneurs et les importations alimentaires, une base navale militaire strictement interdite d'accès et deux centrales thermoélectriques autour de la baie (l'une, à l'arrêt, est l'objet d'un projet étatique de réhabilitation et de dépollution, afin de transformer cet espace en une zone récréative et de loisirs), ainsi que des industries lourdes, comme la raffinerie Nico Lopez.

3   Kali Argyardis explique que le terme de *religion*, utilisé par les acteurs eux-mêmes, sous-tend une vaste palette de pratiques, complémentaires et parfois simultanées, au sein du champ des religions afro-cubaines. La *santería* et son corollaire, *la divination par Ifa*, sont selon elle, les pratiques les plus prestigieuses et les plus visibles dans l'espace public. Les gens pratiquent aussi le *palo monte*, le *spiritisme* ou le *culte des saints et des vierges*. L'appartenance à des sociétés secrètes, comme les *abakuás*, les *francs-maçons* ou *les caballeros de la luz* est également un phénomène qui construit cette sphère du religieux (Argyardis, 2004). Pour des définitions précises et anthropologiques de ces

n'est toutefois pas restreinte à certains territoires et Kali Argyardis montre que les pratiques afro-cubaines concernent « une majorité d'habitants de la capitale, sans distinction de sexe, âge, couleur de peau ou niveau d'instruction » (Argyardis, 2004, p. 2). Toutefois la religion semble plus diffuse dans les autres territoires havanais, alors qu'elle constitue un élément d'identité territoriale central à Regla. Comment la religion est-elle devenue un élément culturel majeur contribuant à la territorialisation du quartier de Regla, permettant l'appropriation symbolique et identitaire d'un espace de vie par ses habitant.es ? L'objectif de cet article est de réfléchir au rôle de la religion dans la fabrique territoriale, notamment en analysant les formes et modalités de sa présence dans le paysage et les acteurs qui y participent.

Cette question est d'autant plus intéressante qu'à Cuba la Révolution et l'État forment une structure particulière et centrale. Les relations de la Révolution avec le religieux sont complexes et ont été analysées dans de nombreux travaux. Kali Argyardis décrit notamment les différentes étapes et institutions qui ont jalonné l'histoire politico-religieuse de l'île et les interactions de la religion afro-cubaine avec l'État socialiste (Argyardis, 2004). Le gouvernement affiche dès les débuts de la Révolution une grande méfiance vis-à-vis des pratiques et croyances religieuses, considérées comme en partie concurrentes à la domination politique de la Révolution, et alors qu'il est vivement critiqué par l'Église catholique. Les pratiquant.es de la *santería* sont eux aussi discriminés et ne peuvent pas participer aux charges publiques (parti communiste, certains postes de fonctionnaires). Le livre *Fidel et la religion*, publié en 1985 par Fidel lui-même, puis la reconnaissance d'un État socialiste laïque et non plus athée en 1992 ou encore la visite du Pape en 1998 sont des moments (mentionnés aussi par les habitant.es de Regla) qui marquent une relative ouverture de la pratique religieuse à la sphère publique (Argyardis, 2004). Aujourd'hui, cette pratique s'est largement étendue et semble même s'accentuer dans le contexte de crise socio-économique, politique et migratoire que connaît le pays[4].

Chaque système de croyances a alors des modes d'existence et des registres d'expression dans l'espace. Katarina Kerestetzi analyse ces différentes modalités, en insistant sur le fait que celles-ci n'entrent pas nécessairement en concurrence mais influent les unes sur les autres, donnant lieu à « des réappropriations symboliques et des syncrétismes matériels » (Keretstetzi, 2018, p. 168). Je reprends dans ce tableau ses analyses, qui permettent de contextualiser largement l'étude.

Outre la question des spatialités religieuses, il existe une très vaste bibliographie relative aux dimensions symboliques et aux interactions rituelles développées par

---

différentes pratiques, voir notamment son ouvrage *La religion à La Havane. Actualité des représentations et des pratiques cultuelles havanaises*, 1999, Paris, Éditions des Archives contemporaines.

4   La pandémie mondiale du Covid-19 et le renforcement de l'embargo par l'administration Trump ainsi que l'unification monétaire opérée au premier janvier 2020 ont plongé Cuba dans une grave crise socio-politique et économique. L'inflation est très forte et le pays traverse en 2022 l'une des plus grandes crises migratoires de son histoire. Pour cette même année, plus de 200 000 personnes aurait quitté le pays, essentiellement pour les États-Unis.

Tab. 1   Sacré et religieux à Cuba : différentes manières d'être dans l'espace. D'après les travaux de Katarina Kerestetzi (toutes les citations sont extraites de son article, Kerestetzi, 2018).

Sacred and religious in Cuba : different ways of being in space.

Religion	*Communisme*	*Santería* – règle d'Ifa	*Abakuás*	*Palo monte*
Manière d'être dans l'espace	Espace rural et urbain	Religions très urbaines et « très présentes et visibles dans le centre des grandes villes ».	Lieux de culte dans les quartiers marginaux et excentrés des villes	Rites au domicile ou dans les espaces de campagne, cimetières et forêts, à l'extérieur de la ville
	Propagande révolutionnaire : fresques, peintures murales, sculptures, slogans, sur « tout ce qui relève de la propriété de l'État » Espace public saturé du visuel révolutionnaire.	Religion pratiquée dans l'espace domestique mais visible dans l'espace public à travers l'exercice de certains cultes et par « les reliquats rituels laissés par les adeptes à certains endroits de la ville ».	Société secrète et masculine – le religieux est surtout visible directement sur le corps de l'adepte, selon les travaux de Géraldine Morel (Morel, 2011) – corps abakuá support de conduites et pratiques rituelles et codifiées d'une certaine masculinité (tatouages, dents en or...).	« Marginalité topologique des centres urbains intentionnelle ».

les religions afro-cubaines ainsi que sur la transnationalisation des croyances et la circulation des pratiques et des acteurs dans l'espace transaméricain. Ces études connaissent un essor dans les années 1990, témoignant de l'évolution des conditions de recherche sur l'île, rendue possible par l'assouplissement lié à la période spéciale et par un certain relâchement de la pression sur le religieux (Gobin, Morel, 2013). Les travaux les plus récents concernant les religions afro-cubaines insistent à la fois sur les expériences individuelles de la religion et « les modalités de construction de la personne ou du sujet religieux » (Gobin, Morel, 2013, p. 13). Ils abordent la thématique du pouvoir et analysent les « processus créatifs qui traversent avec acuité les religions (afro) cubaines à différents niveaux, rituels et discursifs » (Gobin, Morel, 2013, p. 14). Ils s'inscrivent dans une littérature plus vaste relative aux mouvements religieux dans la Caraïbe (Hurbon, 2000) ou encore aux religions afro-américaines dans les Amériques (Capone, 2005).

En m'appuyant sur ces travaux, principalement anthropologiques, je souhaite poursuivre et déplacer la réflexion en proposant une lecture sociale, géographique et territoriale de ces pratiques dans un espace défini, le quartier de Regla[5]. L'objectif n'est pas seulement d'analyser les modalités de présence du religieux dans l'espace, mais aussi de comprendre comment ce sacré, et les dynamiques parallèles qu'il implique, est un agent de territorialisation du quartier en permettant une appropriation symbolique de cet espace de vie par et pour ses habitant.es. Les sens et valeurs attribués aux manifestations du religieux dans l'espace sont changeants selon les acteurs et contribuent à créer des territorialités différenciées au sein d'un même espace. Les faits religieux sont des éléments d'identité des sociétés et participent avec plus ou moins d'intensité à la fabrique territoriale, au sens de processus qui transforment le tissu urbain et ses dynamiques sociospatiales sur une échelle de temps longue, notamment dans des contextes de fort pluralisme. Les acteurs de ce religieux sont alors centraux dans les processus complexes de « fabrique de la ville », et « la forte visibilité du religieux [...] et son dynamisme interdisent de n'en faire qu'un exotisme » (Lasseur, 2016).

Je mobilise ici des données récoltées lors d'une enquête ethnographique réalisée entre 2021 et 2024 à Cuba et plus particulièrement dans le quartier de Regla. Mes travaux de recherche portent sur les trajectoires résidentielles des familles cubaines et la crise du logement dans trois quartiers périphériques de La Havane. J'ai réalisé quarante entretiens dans ce quartier, où j'ai recueilli des récits de vie. Le thème de la religion n'était pas central dans mes recherches initiales. Il a surgi des entretiens et a été mobilisé largement par les enquêtés pour expliquer des moments de leurs trajectoires résidentielles ou comme facteur explicatif à leurs manières d'habiter le quartier. Dix enquêtés sur quarante étaient par ailleurs des officiants religieux, *santeros*, *santeras* et *babalaos* (devins) pour qui la religion occupe une place structurante, tant dans la vie familiale que comme ressource symbolique, économique et matérielle. J'ai aussi réalisé des entretiens institutionnels avec des membres de la direction municipale de la culture et j'ai participé à un projet de développement local géré par des architectes, sous forme d'observation participante durant plus de trente heures, comme chercheuse invitée. Tous ces éléments m'ont permis une fréquentation récurrente et suivie de Regla. La pratique ethnographique et répétée d'un lieu est intéressante pour ne pas s'arrêter aux premières impressions de l'enquêteuse à la confrontation d'un espace du sacré. Le fait religieux, au-delà de la part magique qu'il dégage soustend aussi des logiques politiques et des jeux d'acteurs qu'il convient d'analyser. Ces jeux d'acteurs sont d'autant plus perceptibles lorsque l'enquête s'inscrit dans la durée puisque les réseaux d'interconnaissances tissés progressivement

---

5   Regla correspond à l'un des quinze *municipios* (municipalité) administratifs de La Havane. C'est la plus petite municipalité, en superficie et en population de la capitale. Elle se compose de trois « *consejos populares* » (plus grande échelle de la gouvernance urbaine) Casablanca, Guaicanamar et Loma-Modelo. Lorsque nous mentionnons le « quartier » de Regla, nous nous référons, à l'instar des habitant.es, à *Guaicanamar* et *Loma-Modelo*, *Casablanca* étant séparé du reste du municipe par les industries et la zone militaire et donc peu accessible. *Guaicanamar* correspond à la zone de l'*emboque* (embarcadère) et au centre historique du quartier, urbanisé de manière planifiée dès l'époque coloniale, alors que *Loma-Modelo* se réfère aux espaces de collines, construits plus tardivement et en partie sous forme d'habitats spontanés.

permettent d'accéder sans cesse à de nouvelles informations et de nouvelles clés de compréhension de l'espace.

1 Topographies du sacré à Regla : le fait religieux à différentes échelles

1.1 Un espace sanctuaire, berceau des religions afro-cubaines

Le fait religieux est présent à différentes échelles et s'inscrit dans de multiples temporalités. Il structure le territoire et les paysages selon différentes modalités. Tout d'abord, la zone de *l'emboque* (embarcadère) est une zone de pèlerinage majeure pour les pratiquant.es de la *santería* cubaine. Elle comporte ce qu'Hélène Chevrier a identifié comme des éléments génériques des lieux de pèlerinage, au-delà des spécificités locales : un cœur et une église, lieu de sanctuaire fermé par un portail, plusieurs magasins ou points de vente aux alentours dédiés à la vente d'objets rituels (cierges, fleurs et parfois animaux), des personnes tirant les cartes et des espaces verts qui entourent ce sanctuaire. La dimension syncrétique du culte de la Vierge de Regla explique aussi certaines originalités du lieu.

Si l'église, dans laquelle se trouve la Vierge, est gérée par l'Église catholique, qui en contrôle l'ouverture et la fermeture notamment, d'autres espaces de culte sont réservés aux pratiquant.es de la règle d'Ocho-Ifa. Un grand fromager (*Ceiba*), dressé dans le parc face à l'Église, est un lieu de recueillement et de rituel important, tout comme le front de mer (le *malecon* de Regla), à proximité immédiate de l'Église, depuis lequel sont réalisées quotidiennement les offrandes à Yemayá, *orisha* de la mer identifiée à la Vierge de Regla. Ces espaces ajoutent à la présence de l'Église des paysages sonores et visuels du sacré, puisqu'ils sont directement visibles et audibles par les passants qui arrivent en bateau (*lancha*) dans le quartier. S'il n'existe pas de « chemin de croix » pour accéder au sanctuaire, un composant du pèlerinage selon Hélène Chevrier, on peut noter toutefois que l'Église est accessible, depuis le centre de la Havane, par un itinéraire linéaire défini. La présence du sanctuaire se fait sentir dès l'embarcadère situé de l'autre côté de la baie, où les personnes qui viennent se recueillir attendent le bateau, qui sert également aux déplacements quotidiens des habitant.es de Regla. Elles sont souvent vêtues de bleu, couleur de *Yemayá* et portent avec elles des offrandes variées (des fleurs et poupées essentiellement et parfois de la nourriture). Certaines personnes réalisent les premières offrandes dès la traversée qui dure une dizaine de minutes, depuis les fenêtres et grilles du bateau.

Les dispositifs spatiaux liés à la mobilité religieuse ne sont pas les seuls à structurer *l'emboque*. Les autorités municipales y ont fait installer, dès 2021, plusieurs infrastructures visant à rappeler le caractère public de cet espace. Des gradins et des manèges pour enfants ont été installés face à l'Église. Un fonctionnaire municipal du département de la culture a été autorisé à installer un stand de riz frit et de bières. Une dizaine de tables sont ainsi disposées face à l'Église, à l'ombre du Ceiba. Le restaurant diffuse du *reggeaton* et de la salsa à un volume sonore souvent très élevé. Ce stand a été perçu comme un affront par le prêtre responsable de l'Église, réputé très anti-communiste. Un accord a finalement été trouvé avec le patron du restaurant pour éteindre la musique lors des messes et cérémonies religieuses. Cette anecdote est révélatrice des formes de concurrences pour l'espace, dans des territoires très investis par des publics variés. À Cuba, l'État demeure le principal décideur des modes d'occupation de cet espace public et central, bien que des compromis et négociations doivent être trouvés avec les acteurs religieux.

Source : Laurine Chapon, 2024.

Fig. 1   La zone de l'*emboque* et le ceiba sacré, un espace public et sacré.
          The emboque *area and the sacred ceiba, a public and sacred space.*

Les mobilités religieuses vers l'Église de Notre-Dame de Regla s'expriment selon différentes temporalités au cours de l'année. Ces dernières revêtent un caractère très local, et les gens viennent surtout des autres *municipios* de La Havane. Grâce à la très bonne accessibilité de l'*emboque* depuis le quartier hyper-central et touristique de la vieille Havane les mobilités sont quotidiennes et diffuses. Le 8 septembre, l'Église organise la procession de la Vierge dans les rues du quartier. Cet événement est particulièrement attendu par les habitant.es et correspond à un jour de fête qui structure leurs calendriers. Des personnes se déplacent également depuis toute la capitale pour assister à la procession qui réunit majoritairement des initiés de la *santería* et des catholiques. En 2015, le

Source : Dany del Pino Rodriguez, photographe cubain vivant à Regla – avec son autorisation – Instagram : https://www.instagram.com/depinorodriguez/?hl=fr.

Fig. 2   La procession de la Vierge de Regla le 8 septembre 2023.

The procession of the Virgin of Regla on 8 September 2023.

cabildo[6] prend part à la procession et ce moment est un lieu de rassemblement de la communauté. L'hymne national est joué à la sortie de la Vierge de l'Église, contribuant à la création d'un grand moment de communion nationale.

L'espace du pèlerinage, par son caractère localisé dans le temps et dans l'espace, est un facteur de transformation du territoire mais seulement à l'échelle de l'*emboque*. Les différentes pratiques religieuses ont toutefois un ancrage discret et diffus sur l'ensemble du territoire. Le dynamisme du sanctuaire doit en effet se comprendre au regard du dynamisme de la pratique des religions afro-cubaines dans la municipalité, berceau de la *santería* et de la confrérie abakuá.

1.2 Le sacré partout : diffusion du fait religieux dans le paysage

Si la pratique des religions afro-cubaines revêt un caractère très individuel et personnel, les signes et symboles du sacré n'en sont pas moins visibles dans l'espace public. Le caractère ostentatoire de la *santería* contribue à façonner les paysages du quartier. Ces manifestations sont multiples et prennent des formes indiciaires, comme autant de traces qui révèlent le sacré dans l'espace.

Les choix esthétiques et architecturaux en matière de logement révèlent notamment l'importance de la religion comme registre explicatif du paysage. La

---

6   Les *cabildos* étaient des associations de personnes esclaves, créées à Cuba dès le XVIe siècle. Le *cabildo* avait une fonction religieuse et sociale et regroupait souvent des personnes venant d'une même région d'origine en Afrique.

fabrique urbaine du quartier est essentiellement réalisée par auto-construction et sous forme d'ajustements, de rénovations et de réhabilitations d'un bâti hérité de la période prérévolutionnaire. La peinture des façades revêt un caractère important, puisqu'elle témoigne de la bonne santé économique d'un foyer et possède une dimension sociale et symbolique importante. Celles-ci sont régulièrement repeintes au mois de décembre, pour marquer l'entrée dans la nouvelle année. De nombreuses personnes choisissent alors des couleurs qui ont une signification religieuse, comme le bleu ou le violet, couleurs des *orishas* (les divinités). Certaines peintures murales sont expressément destinées à un saint protecteur, comme l'illustre la photographie suivante (fig. 3). Sa propriétaire m'explique avoir commandé à un peintre muraliste un motif maritime pour orner sa façade en remerciement à la déesse *Yemayá*. Un grand espace, sous forme d'autel, lui est aussi dédié dans le salon, témoignant de l'attachement à celle-ci mais aussi de la prospérité du foyer. Ces aménagements ont en effet été financés par la fille de celle-ci, émigrée récemment aux États-Unis et manifestent le succès de la trajectoire résidentielle de la famille.

Source : Laurine Chapon, 2023.

Fig. 3   Maison peinte en bleu en l'honneur de Yemaya et autel à l'intérieur.
            House painted blue in honour of Yemaya and altar inside.

La liberté relative de construction permet alors des créations originales. Toutefois, les aménagements architecturaux sont toujours l'objet d'interprétations multiples dont la prolifération interdit de construire une grille d'interprétation symbolico-religieuse univoque et surplombante qui mettrait en cohérence tous les éléments paysagers. Une habitante m'explique ainsi avoir installé de petites sculptures de dauphins sur sa façade car elle est de signe astrologique poisson, tandis que d'autres installent ces mêmes dauphins en béton moulé uniquement en référence à *Yemayá*. De plus, la gestion du logement reste toujours contrainte par le manque des matériaux de construction, le manque de peinture et par la nécessité de faire avec l'existant dans un contexte déjà bien documenté de « débrouille » [Oroza, 2011].

Ces éléments contribuent toutefois à territorialiser la pratique religieuse, à l'ancrer dans le quartier et renforcent parallèlement l'identité même du lieu, à la fois pour ces habitant.es, qui le fréquentent de manière quotidienne et pour les visiteurs de passage, locaux ou touristes. Selon Katarina Kerestetzi,

> « C'est là toute la pertinence d'une approche spatiale : le cadre physique n'est pas un simple contenant pour les objets mais une partie constitutive de leur identité et de leur potentiel agissant. La notion de domesticité externalisée est d'ailleurs rendue explicite par les dispositifs magiques qui décorent les maisons où sont pratiqués les cultes et qui grignotent souvent l'espace de la rue, en étendant du même coup, dans l'espace public, le champ d'influence des pratiquants qui occupent la maison » (Kerestetzi, 2019, p. 178).

Les « dispositifs magiques » visibles depuis la rue sont multiples : vêtements des initiés (blancs et bleus essentiellement), reliquats rituels ou encore plantes et dispositifs de protection disposés sur les façades des maisons (des cactus, des rideaux de rafia et des motifs pour protéger du mauvais œil) ou encore bruit des *toques* et *tambors*, surtout les fins de semaine, sont des éléments spatialisés qui construisent une identité territoriale au quartier. Si ces signes sont visibles dans l'ensemble des espaces urbains cubains, l'originalité est qu'ils soient ici concentrés en grand nombre sur une échelle réduite. L'espace vécu des habitant.es, celui de leurs pratiques quotidiennes et de leurs interactions sociales, est ainsi saturé de signes et de traces du religieux, en raison notamment du grand nombre d'initiés dans le quartier. La religion est alors structurante dans les modes d'habiter ce territoire, y compris pour les personnes non pratiquantes. Regla est en effet composé en grande partie de logements individuels (sous formes de petites maisons)[7], ce qui permet et renforce peut-être l'expression d'une religiosité vers l'extérieur. Dans le quartier d'Alamar au contraire, quartier de grands ensembles construits dans les années 1970 sur le modèle soviétique, les signes du religieux sont plus discrets et davantage cantonnés à la sphère domestique. Cette différence s'explique aussi par l'histoire du contrôle politique révolutionnaire, plus fort à Alamar, quartier censé incarner le modèle de la ville nouvelle socialiste.

---

7   Une partie de ces maisons ont été construites dès l'époque coloniale et la municipalité a largement été urbanisée à la fin du XIXe et au début du XXe siècle, notamment pour loger les ouvriers émigrés venant d'Espagne. De nombreux promoteurs étaient présents à Regla et leurs noms subsistent dans les archives et les mémoires familiales, à l'instar *del turco* (le turc) qui semble avoir été à l'origine de la construction de nombreuses maisons de personnes enquêtées, dans le centre mais aussi dans les quartiers de *Loma-Modelo*. D'autres maisons, dans les interstices du quartier et notamment à l'arrière de la centrale thermoélectrique Frank Pais, ont été autoconstruites, en partie par des populations venues des provinces orientales de l'île. Enfin, l'Etat a aussi construit, *via* les micro-brigades, des logements collectifs à différents endroits du quartier, mais ce type de logements n'est pas majoritaire à Regla.

Source : Laurine Chapon, 2023.

Fig. 4   Un San Lazaro au pied d'un arbre dans un parc public du quartier.
A San Lazaro at the foot of a tree in a local public park.

1.3 Le religieux dans l'espace domestique : analyse micro-locale

L'échelle micro-locale révèle des aspects intimes et complexes des croyances et systèmes de valeurs partagés par les habitant.es, entre construction individuelle et (re)production collective des normes sociales (Collignon, Staszak, 2004). Elle est la première sphère d'expression des croyances individuelles, qui se manifestent par la suite dans l'espace public. Le fait religieux pourrait sembler s'y exprimer avec plus de liberté, mais son strict encadrement, y compris à l'échelle du logement, témoigne du caractère semi-public de ce dernier et de la normalisation importante des comportements individuels, jusque dans la sphère du foyer.

Le fait religieux structure tout d'abord la répartition du public et du privé au sein même du logement des personnels religieux, *santeros* et *babalaos*[8]. Ces

---

8   Le *babalao* est un expert du système divinatoire d'Ocho-Ifa (devin). Cette charge est exclusivement réservée aux hommes. Le *santero* ou la *santera* sont des personnels religieux de premier plan qui, après s'être initiés eux-mêmes à la religion, peuvent parrainer et accompagner dans leurs initiations de nouveaux pratiquant.es.

maisons sont appelées des *casas templos*, puisque c'est là que se déroulent les cérémonies et rituels. Dans ces logements, les modalités de présence du religieux dépendent fortement de la trajectoire personnelle et familiale des habitant.es et les marques du sacré sont présentées de manière différenciée selon les histoires individuelles. Chez certains *santeros*, le salon principal où l'invité est reçu, qui correspond à une partie semi-publique du logement, est très sommairement décoré et aucun élément ne souligne le statut religieux des habitant.es. Au contraire, une image générique du Christ, d'inspiration spiritiste, peut être installée, ainsi que des éléments décoratifs rappelant l'héritage espagnol des familles. Les équipements religieux sont situés dans des salles isolées, une chambre ou une pièce indépendante, dans lesquelles sont installés les objets rituels, notamment les étagères contenant les soupières[9] accueillant les saints. Pour ces *santeros*, l'activité religieuse doit rester du ressort de l'intime et du privé. Cette décision s'explique largement par leur trajectoire individuelle. L'un d'entre eux, devenu *santero* dès l'âge de neuf ans, m'explique avoir beaucoup souffert de son appartenance religieuse dans son adolescence, dans un contexte étatique de répression de celle-ci. Il a donc toujours appris à la pratiquer discrètement et dans des espaces privés. Un autre *santero* a quant à lui été longtemps conseiller municipal du *poder popular*[10] et leader communautaire important. Il préfère donc réserver les espaces du religieux au privé et faire de son salon un espace de réunion public où sont organisés des tournois de dominos pour les jeunes du quartier.

Au contraire, certaines familles laissent apparaître avec ostentation leurs appartenances et pratiques religieuses. Les soupières et différents saints des membres du foyer sont fièrement exposés dans le salon principal. Ces personnes sont souvent membres d'organisations religieuses structurées et sont des figures publiques dans le domaine religieux ; c'est par exemple le cas d'un *santero*, fonctionnaire et responsable du *cabildo*, qui dispose de deux armoires vitrées éclairées spécialement dans son salon, l'une pour ses saints et l'autre pour les saints du *cabildo*. Dans ce cas-là, les saints du *cabildo* sont eux-mêmes exposés dans une vitrine donnant sur la rue et aménagée dans le garage attenant au logement individuel du *santero*, local qu'il a acheté et rénové pour l'occasion.

Enfin, les familles plus récemment entrées en religion ou qui ont partiellement mis en tourisme leurs activités, manifestent aussi leurs croyances de manière plus ostentatoire et publique. Pour tous ces professionnels de la religion, la maison-temple devient alors elle-même un espace du religieux, et elle demeure ouverte

---

9   Les soupières sont des récipients qui ont une fonction religieuse fondamentale, puisqu'elles incarnent l'espace dans lequel est logé le saint associé à une personne une fois que celle-ci a été initiée. Elles sont placées dans l'espace domestique selon des règles et principes codifiés, notamment selon le saint qu'elles hébergent (certains saints ne peuvent pas être à côté ou certains doivent être placés au sol par exemple...) ou selon les hiérarchies familiales.

10 Les délégués aux assemblées municipales du pouvoir populaire sont élus au conseil populaire et représentent les habitant.es de ce même conseil. Ils participent aussi aux assemblées municipales et désignent les candidats à l'Assemblée nationale du pouvoir populaire. Ils sont le premier maillon d'un système de gouvernance pyramidale et sont le relais du gouvernement à l'échelle locale. Ils s'assurent du respect des règles et principes révolutionnaires et sont très investis dans la « communauté ».

sur la rue et l'extérieur. Les allers-venus des filleuls (*ahijados*), voisins et autres membres du réseau d'entraide sont nombreux. De la nourriture et du café sont disponibles à toute heure de la journée pour accueillir les visiteurs. Les frontières espace public – espace privé se brouillent alors, tout comme celles du temps libre et du temps de travail, certaines personnes se plaignant de fortes fatigues face au rythme social intense requis par la pratique religieuse.

Les manifestations spatiales du fait religieux révèlent également les dynamiques familiales au sein des foyers. Katarina Kerestetzi analyse les différentes stratégies et micro-ajustements qui permettent la cohabitation religieuse à l'échelle domestique dans les cas, fréquents, de pluralisme religieux au sein des familles (Kerestetzi, 2018). À Regla, ce pluralisme des familles est manifeste dans de nombreux logements, les objets relatifs à la *santería* étant les plus visibles. Les objets de culte liés au *palo monte* sont eux moins visibles et situés au fond des patios et des jardins, dans des cabanes en bois, dans les recoins des cuisines ou cachés sous des couvertures et ils sont peu mentionnés par les interlocuteurs, comme le montre Katarina Kerestetzi dans ces travaux. Souvent, les personnes non croyantes expliquent tolérer et accepter les objets de leurs familiers et connaissent même souvent le nom des saints et leurs fonctions rituelles et symboliques. L'espace domestique est ainsi bien souvent marqué par le religieux, constituant un *continuum* spatial entre le dedans et le dehors et renforçant la manifestation du sacré dans le quartier.

1.4 D'autres pratiques, d'autres régimes d'existence dans l'espace

D'autres ensembles religieux sont également présents. Ils s'inscrivent différemment et plus discrètement dans le territoire. La société secrète *abakuá* est très implantée dans le municipe. Géraldine Morel, dans ses travaux, souligne le caractère très territorialisé de ces confréries, qui recrutent dans les milieux urbains, populaires et marginaux de la capitale. Les populations afrodescendantes, souvent plus précaires dans un contexte national où le racisme perdure (Nunez Gonzalez, 2011), sont majoritaires parmi ces groupes. À l'échelle de La Havane, les principaux temples *abakuás* sont situés dans les municipalités périphériques et ouvrières, comme Marianao, San Miguel del Padron ou encore Regla. À l'échelle même de ces quartiers, les temples, où sont pratiquées les activités rituelles, s'inscrivent de manière très discrète dans l'espace et se situent souvent dans les interstices, héritage d'une histoire marquée par la clandestinité des confréries (Torres Zayas, 2010). À Regla, l'un des quatre temples présents est par exemple situé sur la *loma*, une des collines du quartier urbanisé de manière spontanée et difficilement accessible. Il faut emprunter plusieurs escaliers et chemins à travers des zones d'habitats précaires pour accéder à la *planta*, la petite maison-temple de la confrérie. Aucun signal n'indique sa présence. Ces derniers sont toutefois nombreux dans le quartier et se retrouvent en certains lieux publics, notamment au stand de *l'emboque*, où ils viennent consommer bières et autres rafraîchissements alcoolisés. S'ils ne manifestent pas directement leur appartenance à la confrérie, celle-ci est connue de tous et s'exprime dans leur ethos corporel et leurs pratiques sociales.

L'identité *abakuá* repose sur « une construction de genre spécifique fondée sur une masculinité de type machiste » (Morel, 2013), qui s'exprime ici directement dans l'usage qui est fait de l'espace public. Ce réseau est aussi puissant dans l'organisation sociale du quartier ; en juillet 2021, lors des manifestations historiques qui secouent Cuba, les habitant.es de Regla se soulèvent peu. Plusieurs personnes m'expliquent qu'un des membres du Conseil d'État, plus haute instance gouvernementale cubaine, est *abakuá* et aurait noyauté, *via* des consignes depuis ce réseau, une partie de la contestation. Ces pratiques obéissent au même régime de discrétion dans l'espace public que le vodou haïtien. Il connaît lui aussi de nouvelles dynamiques, notamment portées et relayées par les membres des diasporas, replaçant les religions afro-cubaines dans un processus plus large et transnational de retour du religieux dans la Caraïbe (Hurbon, 2000 ; Béchacq, 2012).

Les églises protestantes, évangélistes et pentecôtistes, historiquement très discrètes, sont aujourd'hui aussi très dynamiques : elles se signalent par de petits écriteaux apposé devant le bâtiment (mais se remarquent plus facilement les dimanches, jour de culte). La dimension individuelle et plurielle de ces églises explique en partie qu'elles soient situées dans des logements privés. Enfin, les loges maçonniques sont toujours en activité dans le quartier et particulièrement importantes selon les interlocuteurs rencontrés. Comme souvent à Cuba les temples maçonniques ont conservé leurs marques distinctives bien visibles dans les rues.

2 Patrimonialisation du religieux et sacralisation du patrimoine : quelles dynamiques ?

2.1 La religion comme culture et tradition locale

Pour l'État cubain, les pratiques religieuses relèvent de la sphère privée et sont toujours soumises aux règles de la Révolution, qui prévalent sur l'ensemble des normes et valeurs partagées dans la société. L'État tisse avec les acteurs du religieux des relations spécifiques, afin d'inscrire celles-ci dans les principes socialistes. La *santería* est présentée par la municipalité comme un élément de culture et de tradition locale permettant d'asseoir l'identité du territoire et de valoriser celui-ci à différentes échelles. La direction municipale du ministère de la culture organise ainsi régulièrement des activités liées aux religions afro-cubaines afin de valoriser le patrimoine territorial, comme des cours de danse et de musique afro-cubaine (*rumba* et percussions). La directrice du département est elle-même une *santera* influente dans le quartier et elle reconnaît valoriser les activités culturelles à connotation religieuse. La municipalité a d'ailleurs gagné l'an dernier un concours de danses traditionnelles, le gouvernement provincial reconnaissant les efforts effectués en matière de valorisation du patrimoine local par les autorités municipales.

Si l'État, à différentes échelles, instrumentalise les mouvements religieux pour s'inscrire localement, les acteurs religieux jouent également habilement des porosités entre le culturel et le religieux pour pouvoir valoriser leurs pratiques. Le cas du *cabildo* est particulièrement révélateur de ces interactions. Cette institution religieuse vivante jusqu'en 1960 a été interdite par la Révolution. En 2015, le conservateur du musée municipal de Regla, *santero* et issu d'une grande famille religieuse, propose de relancer le *cabildo*, officiellement au nom de la préservation du patrimoine culturel local. Il s'appuie notamment sur les critères de définition de l'Unesco relatifs aux patrimoines immatériels de l'humanité, pour monter le dossier. Après de multiples réunions auprès de différentes institutions et de nombreuses péripéties bureaucratiques, qui durent près d'un an, il obtient l'autorisation des autorités de créer de nouveau le *cabildo* de Regla. Cette organisation, à l'origine sociale et religieuse, est autorisée cette fois-ci au nom de la conservation du patrimoine immatériel du quartier. Elle est un des éléments vivants de la culture locale et élément central du musée d'anthropologie de Regla, en restauration. Si l'État, dans la version autorisée du *cabildo*, semble l'avoir vidé de son sens religieux, celui-ci demeure fondamental pour son promoteur, qui explique mettre dans cette initiative une double signification.

Les acteurs religieux sont donc des acteurs à part entière de la fabrique territoriale, tant dans les actions ponctuelles qu'ils organisent que dans les relations d'influence et de dialogues qu'ils opèrent auprès du gouvernement, bien que la religion en tant que telle ne soit officiellement jamais placée au centre des préoccupations des autorités. Celles-ci autorisent la pratique d'activités religieuses au nom de la reconnaissance d'un patrimoine culturel, déplaçant là le sens du sacré contribuant à une forme de sécularisation de celui-ci, voire de folklorisation. Paradoxalement, cette désacralisation opérée au nom de la culture contribue à renforcer des systèmes de croyance et de valeurs auprès d'acteurs qui mobilisent ces doubles significations. Ces interactions ne vont pas sans créer de concurrences pour le contrôle de l'espace. Le gouvernement a par exemple réattribué un local public au *cabildo*, alors que celui-ci était dépendant de l'Église. Le curé a perçu cette réattribution comme un affront, accusant le *cabildo* et son directeur d'être des communistes soumis au gouvernement. Le directeur du *cabildo* a alors pris rendez-vous avec l'Église, en court-circuitant l'autorité municipale, pour réaffirmer son respect à l'institution ecclésiale. Ce dernier résume ainsi les jeux d'acteurs au sein desquels il faut s'insérer : « ici, c'est l'Église, l'État et les Yorubas » (les Yorubas faisant référence à la *santería*).

2.2 La religion comme attraction touristique

Les espaces religieux, et notamment les lieux de pèlerinage, ont connu ces dernières années des processus de mise en tourisme importants, donnant à voir des processus de « remonétisation de la valeur sacrée » (Chevrier, 2016), impliqués par les fréquentations de touristes internationaux. Ces phénomènes de mise en tourisme témoignent d'un processus de sécularisation des sociétés, qui valorisent davantage les dimensions culturelles de tels lieux, mais ils cristallisent paradoxalement le sacré en certains espaces précis, renforçant aussi certaines pratiques cultuelles (Chevrier, 2016). À Regla, ce processus s'observe à travers la discrète mise en tourisme du territoire, opérée depuis les années 2010 et l'essor du tourisme à Cuba. Ces mobilités s'inscrivent dans un contexte mondial de mutation des pratiques touristiques, où le registre expérientiel et le tourisme « hors des sentiers battus » deviennent importants (Gravari-Barbas, 2017). La fréquentation de cet espace périphérique est très accessible depuis l'hypercentre touristique de La Havane et attire des touristes, essentiellement étasuniens, désireux de visiter un Cuba plus authentique. Ces derniers achètent des « expériences Airbnb » proposées par quelques habitant.es du quartier. Cinq personnes proposent à ce jour ces parcours, axés sur la découverte de la *santería* et des religions afro-cubaines. Ils comprennent une visite de l'Église et de la zone de l'*emboque* (le *malecon*, la *Ceiba*), puis terminent dans une maison temple, souvent appartenant à la famille de l'hôte. Une collation, inspirée des pratiques afro-cubaines est proposée et un *tambor*[11] peut être joué pour un coût supplémentaire. Ces visites guidées sont pour le moment le fait d'acteurs individuels, tant visiteurs que visités, et aucune agence étatique ne les propose. Ce tourisme expérientiel se diffuse toutefois progressivement, et il n'est pas rare désormais que des habitants abordent des étrangers en leur proposant de rencontrer un *babalao* ou de leur montrer leurs saints en échange de quelques dollars. Ces pratiques restent toutefois limitées dans le temps (quelques heures) et dans l'espace (surtout dans la zone de l'*emboque*) et concernent de faibles effectifs de touristes (quelques groupes par jour), ce qui préserve l'apparence d'authenticité recherchée.

Les pratiques touristiques, orientées vers le patrimoine religieux, construisent une vision parfois essentialisante d'un territoire qui serait magique et dépourvu d'autres registres explicatifs que le religieux. Le quartier de Regla est ainsi l'objet d'un grand nombre de reportages photographiques, tant nationaux qu'internationaux, portant sur les pratiques afro-cubaines. Des photographes locaux proposent régulièrement des projets à des magazines étrangers autour de ces sujets. Ils savent que ces thèmes intéressent la presse étrangère et décident alors de les investir, réifiant en partie les visions exotisantes du territoire, coproduites par les acteurs locaux et internationaux. Ces images, diffusées largement sur les réseaux sociaux, contribuent à esthétiser le religieux dans le quartier et étendent ce territoire du sacré dans l'espace numérique.

2.3 Transnationalisation des pratiques religieuses et fabrique territoriale

Outre ce tourisme culturel, il existe également des mobilités internationales religieuses très importantes, dans un contexte de transnationalisation des religions afro-cubaines (Morel, 2014 ; Argyiardis, 2007 ; Argyiardis, Capone, 2004) et

---

11 Littéralement *tambour*, ce terme désigne par métonymie, un ensemble de rituels de la *santería* effectués à des occasions variées, dans lesquels les instruments à percussions jouent un rôle important. Toutes les cérémonies religieuses ne sont pas accessibles aux non-initiés et les *tambor* touristiques sont souvent peu chargés d'éléments religieux.

Source : Laurine Chapon, 2023.

Fig. 5   Un photographe local réalisant un reportage photographique sur un *santero* du quartier pour une revue internationale.

A local photographer doing a photo report on a local santero for an international magazine.

d'expansion des pratiques « New Age » à Cuba (Gobin, 2015). De nombreux étrangers viennent à Regla pour « faire leur saint », entraînant une augmentation des prix des prestations religieuses considérable. Les Cubano-américains sont parmi les plus nombreux à revenir se faire initier à Cuba. Plusieurs *santeros* expliquent ce retour comme un moyen de paiement d'une dette au pays après une migration réussie, ou de réponse à une crise existentielle et identitaire, face au déracinement entraîné par la migration. Les prix pratiqués par les religieux de Floride, beaucoup plus élevés, expliquent aussi ces formes de mobilités hybrides entre tourisme religieux et diasporique. Ces mobilités permettent l'entrée de ressources non négligeables sur le territoire, notamment monétaires et matérielles ; les fastueux costumes des saints du *cabildo* sont ainsi cousus avec des textiles offerts par les Cubain.es de Miami au chef du *cabildo*. Ces ressources s'accompagnent aussi d'une forme d'inflation. Les dépenses nécessitées par les différentes étapes de l'initiation ont ainsi considérablement augmenté. Dans les années 1950, ces différents rituels coûtaient, selon un *santero*, environ 125 $ et ont augmenté à 1 200 $ américains en 1980. Aujourd'hui, certaines personnes, essentiellement binationales, pourraient débourser jusqu'à 8 000 $ américains pour se faire initier. Les prix sont alors adaptés en fonction des clients et les Cubains locaux paient environ 80 000 pesos cubains, soit entre 800 et 900 $ américains[12]. Entrer en religion devient donc un élément ostentatoire, et matérialise l'aisance d'une famille et son pouvoir économique. Dans le contexte récent de crise socio-économique que connaît l'île, ces dernières semblent s'accentuer, notamment en lien avec les mobilités migratoires (Bava, Capone, 2010). Les candidats au départ, très nombreux en 2022, s'initient en effet fréquemment afin de bénéficier de l'appui des *orishas* dans leur voyage, soulignant l'imbrication importante entre fait religieux et réalité des trajectoires individuelles et familiales. Un *santero* explique ainsi avoir observé un rebond dans son activité en 2022 et dit être débordé par un calendrier très chargé, qu'il attribue directement à la crise migratoire. Ces initiations précipitées sont décrites de manière dépréciative par certaines personnes, qui en déplorent le caractère utilitariste et faussement sacré. Les pratiques religieuses opèrent ainsi comme agents de transnationalisation du quartier, et connectent l'espace aux territoires de la diaspora. Les acteurs religieux sont d'ailleurs très habitués aux interactions avec les touristes et étrangers, que ce soit à travers l'initiation religieuse, la visite commentée ou même les entretiens ethnographiques. Les chercheur.es internationaux sont en effet nombreux à transiter dans le quartier, attirés par ses spécificités, et les personnes sont habituées à répondre à leurs questions ou à enseigner leurs pratiques. Les *santeros* disposent d'ailleurs souvent d'un capital international important et ont tissé de nombreuses « amitiés » (*amistades*) dans le monde. Ces réseaux sont de précieuses ressources, y compris d'un point de vue matériel, dans un contexte de pénuries où le commerce à la valise est central pour les approvisionnements divers. Une famille de religieux explique ainsi avoir pu rénover et agrandir la maison de Regla grâce aux dons, matériels et financiers, de leur centaine de filleuls, dont une moitié vit à l'étranger (Espagne, États-Unis et Mexique).

L'internationalisation du quartier passe donc par une mise en tourisme hybride, entre tourisme culturel, expérientiel, diasporique et religieux. Même si ces pratiques restent diffuses, elles entraînent de discrètes formes de gentrification à l'échelle locale, essentiellement autour de la zone de l'*emboque*, plus accessible au centre de La Havane. Ainsi, dans une rue, six maisons ont été rachetées par des étrangers, souvent mariés à un Cubain ou une Cubaine[13]. Une seule, très bien restaurée, est actuellement habitée et mise en location. Des activités sur le thème de la religion (notamment consultations et tirages de coquillages et cartes) sont à l'occasion proposées aux hôtes. Les autres maisons sont en cours de restauration et plusieurs familles ont arrêté les travaux à la suite de la crise de la pandémie Covid. Toutefois, plusieurs habitant.es de Regla évoquent cette rue comme étant celle des étrangers et ont conscience des transformations à l'œuvre.

---

12 Quand 1 dollar US valait en 2023 100 *pesos* cubains au marché noir – en février 2024, un dollar vaut désormais 300 *pesos* cubains et l'inflation continue d'augmenter, empêchant des données réellement fixées sur les prix. Cela donne toutefois une idée des ordres de grandeur.

13 Il est interdit pour les étrangers d'acheter un bien immobilier à Cuba. Les mariages mixtes ou les prête-noms sont alors des moyens pour les étrangers d'acquérir de tels biens dans le pays.

Une Cubano-Américaine a aussi racheté dans cette même rue un immeuble où vivaient en 2015 dix familles réparties dans plusieurs petits appartements divisés. Elle a payé une somme à chaque famille, qui ont pu se reloger souvent plus loin de l'*emboque*, mais *a priori* dans de meilleures conditions, afin de restaurer l'édifice colonial et y créer sa galerie et son atelier d'artiste. Originaire d'un quartier central de la capitale, où elle vit toujours après une expérience aux États-Unis, cette interlocutrice participe et encourage la gentrification du quartier au nom de son développement local. Malgré ces signes discrets de gentrification, localisés surtout autour de la zone centrale et accessible de l'*emboque* et du sanctuaire, la mise en tourisme de Regla reste davantage journalière, centrée autour de la découverte du patrimoine religieux, mais peu localisée et très temporaire. Il existe quelques Airbnb et *casas particulares* (maisons en location) mais elles sont peu nombreuses, Regla n'étant qu'un espace de passage. Le quartier de Guanabacoa, autre berceau des religions afro-cubaines connaît des dynamiques similaires centrées sur le tourisme expérientiel.

Conclusion

Les religions afro-cubaines, et essentiellement la *santería*, jouent un rôle central dans la fabrique territoriale du quartier de Regla. Cet espace périphérique possède une identité territoriale forte liée aux pratiques religieuses nombreuses qui s'y opèrent, à différentes échelles. La zone de l'Église concentre les mobilités religieuses autour d'un espace sanctuaire syncrétique et partagé où la municipalité reste un acteur majeur de l'aménagement. Le fait religieux se manifeste selon différentes modalités dans le paysage urbain, tant dans les formes architecturales et les façades des maisons individuelles, que dans les objets et les sons laissés dans l'espace public par les pratiquant.es. L'espace domestique est également la première sphère de manifestation de cette religiosité, qui transparaît de manière originale dans des espaces hybrides, entre public et privé. La mise en tourisme du religieux, tant du sanctuaire que des pratiques diffuses dans l'espace, contribue à faire de celui-ci un élément majeur de l'identité territoriale, partagée à la fois par les habitant.es et les visiteurs et construit le quartier comme un lieu symbolique et sacré, sujet à des appropriations singulières et des mises en discours spécifiques. Regla se présente et est représenté comme un haut-lieu de la *santería* cubaine, dont la charge symbolique et historique dépasse les frontières nationales, entraînant des mobilités religieuses transnationales ponctuelles mais significatives pour le territoire. Si la *religion* est structurante dans les dynamiques territoriales et paysagères du quartier, elle ne doit toutefois pas être essentialisée, et ces pratiques s'inscrivent aussi dans des jeux de pouvoir et des stratégies d'acteurs complexes. L'État cubain réaffirme régulièrement la prééminence des principes et valeurs socialistes et intègre la religion *via* sa patrimonialisation. En reconnaissant les pratiques afro-cubaines comme des éléments de culture et de folklore local, la municipalité participe de leurs valorisations, mais aussi de leur sécularisation.

Paradoxalement, les acteurs religieux utilisent ces espaces négociés pour exercer leurs pratiques, qui s'en trouvent alors renforcées. Analyser les spatialités du fait religieux renseigne alors sur les dynamiques de production de l'espace, qui peuvent se comprendre comme des imbrications de phénomènes matériels et spirituels. L'entrée par le sacré permet alors d'épaissir la grille de lecture du géographe pour comprendre les paysages et la manière dont ils sont produits, en les dotant d'une épaisseur culturelle qui n'en retire pas moins d'importance aux significations politiques et sociales des processus de fabrique territoriale.

CREDA-Université Paris 3 Sorbonne-Nouvelle
Campus Condorcet, 5 cours des Humanités
93322 AUBERVILLIERS
laurine.chapon@sorbonne-nouvelle.fr

Bibliographie

Argyiardis, K. (1999), *La religion à La Havane. Actualité des représentations et des pratiques culturelles havanaises*, Paris, Editions des Archives contemporaines.

Argyiardis, K. (2007), « Le tourisme religieux à La Havane et l'accusation de mercantilisme », *Ateliers d'anthropologie*, n° 31.

Argyiardis, K., Capone, S. (2004), « Cubanía et santería. Les enjeux politiques de la transnationalisation religieuse (La Havane – Miami) », *Civilisations. Revue internationale d'anthropologie et de sciences humaines*, n°51, p. 81-137.

Bava, S., Capone, S. (2010), « Religions transnationales et migrations : regards croisés sur un champ en mouvement », *Autrepart*, n° 56, p. 3-15.

Béchacq, D. (2012), « Histoire(s) et actualité du vodou à Paris. Hiérarchies sociales et relations de pouvoir dans un culte haïtien transnational », *Sciences Religieuses*, n° 41, p. 257-279.

Bortolotto, C. (2011), « Introduction. Le trouble du patrimoine culturel immatériel », in : Bortolotto, C. (éd.), *Le patrimoine culturel immatériel*, Paris, Éditions de la Maison des sciences de l'homme, p. 21-43.

Capone, S. (2005), *Les Yorubas du nouveau monde : religion, ethnicité et nationalisme noir aux États-Unis*, Paris, Karthala Éditions, 395 p.

Chevrier, M.-H. (2016), « Le pèlerinage à l'heure de la sécularisation : dilution ou cristallisation du sacré dans l'espace ? », *L'Information géographique*, n° 80, p. 105-129.

Collignon B., Staszak J.-F. (dir.) (2003), *Espaces domestiques. Construire, habiter, représenter*, Paris, Bréal, 447 p.

Gobin, E. (2016), « L'émergence du New Age dans la Cuba postsoviétique : Changement social, médecines alternatives et circulations religieuses », *Autrepart*, n. º74-75, p. 137-156.

Gobin, E. (2008), « À propos des cultes d'origine yoruba dans la Cuba socialiste (1959 à nos jours) », *Cahiers des Amériques latine*, n° 57-58, p. 143-158.

Gobin, E., Morel, G. (2013), « L'ethnographie et l'anthropologie religieuses de Cuba : repères historiques et bibliographiques », *Ateliers d'anthropologie*, n° 38.

Gravari-Barbas, M. (2017), « Tourisme de marges, marges du tourisme. Lieux ordinaires et « no-go zones » à l'épreuve du tourisme », *Bulletin de l'association de géographes français*, n° 94, p. 400-418.

Hurbon, L. (dir.) (2000), *Le phénomène religieux dans la Caraïbe*, Paris, Karthala Éditions, 380 p.

Kerestetzi, K. (2018), « La maison aux esprits : configurations spatiales, pluralité religieuse et syncrétismes dans l'espace domestique afro-cubain », *Journal de la Société des américanistes*, n° 104, p. 75-116.

Kerestetzi, K. (2019), « Paysages idéologiques cubains : dialogues visuels entre les religions afro-cubaines et le régime politique dans l'espace public », in. Rougeon, M., Santiago, P. (dir.), *Entre les divinités des uns et les démons des autres. Religion, ville et État*, Paris, Maisonneuve & Larose ; Hémisphères Éd., p. 167-185.

Lasseur, M. (2016), « Le pluralisme religieux dans la production des villes ouest-africaines », *Géoconfluences*.

Morel, G. (2013), « Masculinité et relations de genre dans la société secrète abakuá », *Ateliers d'anthropologie*, n° 38.

Morel-Baró, G. (2010), « Enjeux de pouvoir, pouvoir en jeu et institutionnalisation de la société secrète abakuá à la Havane », *Échogeo*, n° 12.

Núñez González, N. (dir.), (2011), *Las relaciones raciales en Cuba. Estudios contemporáneos*, La Habana, Fundación Fernando Ortiz.

Oroza E. (2011), *Editing Havana, Stories of Popular Housing*, Copenhague, Publications Aristo.

Torres Zayas, R. (2010), *Relación barrio-juego abakuá en la ciudad de La Habana*, La Habana, Edición Fundación Fernando Ortiz, 348 p.

Trouillet, P.-Y., Lasseur, M. (2016), « Introduction. Les lieux de culte entre territoires et mobilités du religieux : cadre théorique et perspectives contemporaines depuis les Suds », *Les Cahiers d'Outre-Mer*, n° 69, p. 538.

Natures sacrées et territoires des sorcières écoféministes : l'exemple de l'investissement magique et politique de Starhawk

Ecofeminist Witches's Sacred Natures and Territories: The Example of the Starhawk's Magical and Political Implication

Anne Jégou

Maîtresse de conférences en Géographie, laboratoire ThéMA, université de Bourgogne et laboratoire CESAER, INRAE

Résumé
Nos années 2010-2020 nous ramènent aux années 1970-1980 des écoféministes, des sorcières et du sacré : Starhawk, sorcière écoféministe californienne, incarne cette traversée transatlantique des époques. Au-delà des critiques, comment situer et lire sa pensée en géographie, l'analyser au regard des natures sacrées et de leurs implications territoriales, pour nourrir une réflexion paradigmatique en géographie culturelle de l'environnement ? Starhawk articule dans une pensée originale nature sacrée, magie et *empowerment* horizontal. Créatrice d'une *earth-based spirituality*, elle honore une Déesse immanente en chaque être vivant. En tant qu'activiste, son sacré est ce pour quoi nous sommes prêts à faire des sacrifices, devenant politique. Permacultrice, elle observe son « territoire-milieu de vie » et le ritualise plutôt qu'elle n'y laisse son empreinte anthropique, dessinant une territorialité alternative. Les sorcières écoféministes se situent géographiquement, au travers d'une éthique écocentrée, dans leurs territoires-milieux de vie pour défendre ce qui leur est sacré : la perpétuation de la vie sur la planète. Ce *Reclaim* écoféministe cherche donc à retisser les liens du vivant (humain.es inclus) qui avaient été séparé.es, dans une médiation sacrale – représentée par le territoire lui-même – et une ontologie relationnelle pour un autre art d'habiter.

Abstract
Our 10-20's bring us back the 70-80's years of feminism, witches and sacred : Starhawk, as an ecofeminist and Californian witch, embodies that travel in ages across the Atlantic. Beyond the criticisms, how can we situate and read her thought in geography, analyzing it with regard to sacred natures and their territorial implications, to nourish a paradigmatic reflection in the cultural geography of the environment ? Starhawk's original thinking articulates sacred nature, magic and horizontal empowerment. As a creator of an earth-based spirituality, she honors an immanent Goddess in every living. As an activist, her sacred is what we are willing to sacrifice for, and becomes political. During political mobilizations, streets and prison become spaces for ritualization. Permaculture designer, she watches and ritualizes her "territory-milieu of living" shared with neighbors, in a light anthropic planning, drawing an alternative territoriality. Ecofeminist witches situate themselves geographically, through an ecocentric ethic, in their "territories-milieus of living" to defend what is sacred to them : the perpetuation of life on the planet. This ecofeminist Reclaim thus seeks to reweave the links between living beings (human beings included) that had been separated, in a

sacred mediation — represented by the territory itself — and a relational ontology for another art of living.

Mots-clés   sacré, écoféminisme, sorcières, magie, écocentrisme, activisme, géographie environnementale, géographie de la relationalité, empuissancement

Keywords   *sacred, ecofeminism, witches, magic, ecocentrism, activism, environmental geography, geography of relationality, empowerment*

Avec le retour du sacré, dans un réenchantement de la nature (Grésillon et Sajaloli, 2013), les sorcières aussi sont de retour. Elles défendent également une nature sacrée, comme tissu vivant de la planète, mais différente des sanctuaires de *Wilderness*, dans une perspective féministe, jusque dans des mobilisations politiques. Certaines sorcières constituent des figures de référence dans les quelques mobilisations écoféministes contemporaines, par exemple les Bombes Atomiques dans le mouvement antinucléaire à Bure[1] ainsi que dans les écoféminismes vernaculaires (Pruvost, 2019). Starhawk[2], autrice californienne, pratiquante d'une religion polythéiste nommée Wicca, constitue une des figures contemporaines majeures de la sorcière depuis les années 1970 jusqu'à aujourd'hui. Se désignant avant tout comme sorcière en hommage à celles qui ont été brûlées lors des Lumières, Starhawk constitue à bien des égards une partie émergée de la nébuleuse écoféministe. Considérant le sacré comme ce pour quoi nous sommes prêts à faire des sacrifices, elle a créé une *earth-based spirituality,* une spiritualité néopaïenne de la terre, associant pensée magique et action politique. Invitée par la philosophe des sciences belge Isabelle Stengers à Notre-Dame des Landes en 2017, elle y a pratiqué ses rituels préférés : les eaux du monde, où les zadistes ont mêlé l'eau des neuf sources de la zone humide à quelques gouttes d'un flacon d'eaux du monde entier et la danse en spirale, pour faire monter l'énergie du groupe sur le territoire à protéger.

Point de rencontre du féminisme et de l'écologie politique, l'écoféminisme constitue un autre féminisme et un autre environnementalisme, fondé sur une autre gouvernance (Larrère, 2016). « La nature est un problème féministe » (Warren, 2001) car domination de la Terre et domination des femmes relèvent d'un même système de domination. La démarche écoféministe consiste à « *reclaim* » (se réapproprier/récupérer) ce qui est pris aux femmes par la société patriarcale, notamment la perpétuation de la vie sur Terre (Hache, 2016). Les modes d'expression et d'écriture sont aussi divers que créatifs, pour confronter les lecteur.rices, explorer des modes alternatifs de pensée et sortir de la rationalité moderne. Vaste nébuleuse au foisonnement anarchique et inégal, l'écoféminisme a pu connaître errances et dérives : certaines penseuses, comme Janet Biehl, cessent de se réclamer ; Starhawk s'affiche davantage comme sorcière qu'écoféministe.

---

1   https://www.arteradio.com/son/61662635/ecofeminisme_1er_volet_defendre_nos_territoires#

2   Nom d'autrice signifiant littéralement « Faucon étoile ».

L'œuvre de Starhawk présente trois perspectives géographiques : (1) Sa pensée intègre le rapport au territoire de vie et à la planète, en ce qu'ils sont habités. Tous les lieux peuvent être considérés comme sacrés, dans la mesure où ils font l'objet d'un attachement territorial. (2) Starhawk propose une vision de l'écocentrisme, à partir de l'immanence, conférant une valeur à chaque être vivant. (3) Ce rapport écocentré au milieu soutient une action politique forte. Trois échelles spatiales se dégagent chez Starhawk, qui défend une mise en réseau d'organisations locales, à plusieurs échelles, comme en toile d'araignée, pour construire une action globale : (a) la création de l'espace sacré « entre les mondes du visible et de l'invisible » par l'ouverture d'un cercle et l'appel des directions ; (b) la gestion collective des territoires de vie au regard des enjeux climatiques, en mémoire des peuples autochtones ; (c) des mobilisations lors de Sommets internationaux, à l'échelle planétaire.

À quel sacre de la nature (Grésillon et Sajaloli, 2019) les sorcières comme Starhawk procèdent-elles et dans quelles relations aux territoires ? Dans quelle mesure le *Reclaim* écoféministe, via l'*empowerment* (« empuissancement » en français), s'applique-t-il aussi au sacré ? En quoi l'œuvre de Starhawk peut-elle nourrir une réflexion paradigmatique en géographie de l'environnement, en particulier de la relationalité (Marage et Jégou, 2022) ? Une approche culturelle en géographie de l'environnement permettra de situer la pensée de Starhawk, en partant de la réception de ses œuvres et des critiques qu'elles ont reçues. La *earth-based spirituality* de Starhawk, issue d'une Wicca féministe et activiste, s'appuie sur l'immanence, les connexions et la communauté pour relier magie et politique grâce au « pouvoir-du-dedans ». L'entretien des liens aux milieux de vie, dans la mise en œuvre d'une éthique écocentrée et d'un *care* environnemental, propose une territorialité alternative, féministe ou autochtone.

1 Analyser l'œuvre de Starhawk en géographie culturelle de l'environnement

Autrice aussi prolifique qu'empirique, Starhawk passe par des styles littéraires variés. Je m'emploierai à situer sa pensée (en ce qu'elle est et ce qu'elle n'est pas), avec toutes les limites que cela suppose pour une sorcière qui ne s'inscrit pas explicitement dans des courants de pensée mais plutôt en lien avec ses camarades de lutte. L'écoféminisme et Starhawk en particulier ont été très peu étudiés en géographie, encore moins francophone. La démarche sera culturelle, pour une géographie culturelle de l'environnement, à partir d'un corpus principal mis en dialogue avec un corpus secondaire, afin de comprendre la réception des œuvres de Starhawk et des critiques formulées à leur égard.

1.1 Méthodologie : corpus d'étude pour une autrice aux différentes carrières

Cet article s'appuie sur un corpus d'ouvrages sélectionnés par les trois éditeurs français (tab.1)[3], quelques textes non traduits de Starhawk et une méta-littérature. Compte tenu du délai de traduction (l'ouvrage le plus vendu de Starhawk, *Spiral Dance*, a été traduit en français 42 ans plus tard[4]), les dates de première publication seront systématiquement précisées. Les publications comprennent plusieurs préfaces et remerciements à différentes éditions, permettant de constater le recul pris par Starhawk sur ses propres publications. Deux anthologies de textes écoféministes (1989 et 1990) lui ont demandé des textes originaux et Émilie Hache a choisi un extrait de son blog pour l'anthologie française de l'écoféminisme (2016 [2005]).

Tab. 1   Les ouvrages du corpus, en anglais et français.
Books in the Corpus, in English and French.

Titre américain	Première édition	Titre français	Edition française utilisée
Spiral Dance	1979 HarperOne	*Spiral Dance*	2021 Véga
Dreaming the Dark	1982 Beacon	*Rêver l'obscur*	2015 Cambourakis
Webs of Power	2002 New Society Publishers	– *Chroniques altermondialistes* – *Quel monde voulons-nous ?*	– 2016 Cambourakis – 2019 Cambourakis
The Earth Path	2004 HarperOne	*La voie de la terre*	2022 Véga
The Empowerment Manual.	2011 New Society Publishers	*Comment s'organiser ?*	2021 Cambourakis

Le corpus étudié comprend surtout des essais, ponctués de récits (diffusés sur le vif ou extraits de journal personnel) et parsemés de rituels et d'exercices : méditations, prières, lectures publiques, sortilèges ou charmes, mythes, chants, lettres, fictions et poèmes, y compris d'autres personnes. Starhawk passe aisément d'un genre littéraire à l'autre, avec des transitions assez travaillées, qui dégagent un déroulement « en spirale » de la réflexion. Cette écriture alternative s'inscrit dans le courant de l'écoféminisme « culturel », dont les modes d'expression sont plus poétiques qu'argumentatifs. Selon Émilie Hache (2016), ces textes hybrides, de « nature expérimentale et créative, étrange et non académique »,

---

3   Les premières éditions françaises, de 2003 et 2004 par Les empêcheurs de penser en rond, épuisées, n'ont pas été utilisées.

4   Les références de date sans mention d'auteur font référence à Starhawk. Les citations sont issues des publications en français et si elles n'existent pas, de ma propre traduction.

non constructivistes, en polyarticulation des disciplines et des domaines, sont de « véritables ovnis » politiques appelant à modifier la réalité. Privilégier le récit est un « choix épistémologique, préférant un mode de pensée et de connaître sensible » (Hache, 2016, p. 18-19), invitant les lecteurs et les lectrices à l'immersion.

Quelques autrices ont analysé la pensée de Starhawk (Hache, 2016 ; Burgart-Goutal, 2020 ; Querrien, 2017), ainsi que des historiens spécialistes des spiritualités féministes (Feraro, 2017 ; Snyder, 2019). Isabelle Stengers a traduit et publié Starhawk en français, préfaces à l'appui ; elle parle également de ses enseignements dans deux interviews récentes. Janet Biehl, féministe et écologiste américaine, est la plus critique vis-à-vis de Starhawk (1988 ; 1991).

L'activité principale de Starhawk en tant qu'autrice s'appuie sur 3 carrières, qui se sont chevauchées plus que succédé : prêtresse de magie wicca, activiste altermondialiste et enseignante en permaculture (encadré 1 et figure 1).

STARHAWK, UN PARCOURS QUI FAIT SENS PAR SES CARRIÈRES SUCCESSIVES

Cette biographie sélective a été reconstituée à partir du site Internet[5] et de la page Facebook de Starhawk, des préfaces à ses ouvrages, et du travail de l'historien Shaï Feraro (2017).

Prêtresse Wicca. Née en 1951, Myriam Simos a grandi dans une banlieue de Los Angeles, dans une famille de confession juive. Son activisme féministe commence au lycée. Lors de ses études en Beaux-Arts (spécialité Films), elle découvre la Wicca : une mouvance spirituelle féministe, honorant principalement une Déesse dans des *covens* (petits groupes) féminins. Starhawk prend rapidement de l'ampleur dans le mouvement wiccan en construisant sa propre vision de la Wicca, qu'elle transmet dès 1979 dans son premier ouvrage intitulé *Spiral Dance*. Elle fonde le réseau *Reclaiming*, qui relie des milliers de personnes dans une dimension militante et cocréative conjuguant guérison personnelle, pratique personnelle et action politique. *Dreaming the Dark* (1982) retrace cet activisme féministe et spirituel, suite à l'expérience initiatique du blocus de la centrale nucléaire Diablo Canyon. Elle valide la même année un master de thérapie féministe.

Activisme altermondialiste. L'activisme de Starhawk s'élargit ensuite, devenant environnemental et antinucléaire, au sein des réseaux de la baie de San Francisco. Elle se dit anarchiste, œuvrant pour le mouvement global pour la justice environnementale. À partir de sa méthode d'action directe non violente, elle devient médiatrice et formatrice dans des mobilisations internationales. Son ouvrage *Webs of Power* (2002), reprend des textes écrits sur le vif de Seattle en 1999 (contre l'OMC) à Gênes 2001 (contre le G8), en passant par Prague en 2000 (contre le FMI), destinés à retracer la montée en puissance du mouvement altermondialiste au tournant des années 2000. Cette expérience la pousse à créer en 2001 les *Earth Activist Trainings,* pour transmettre via ces formations le design en permaculture, une spiritualité reliée à la nature et des compétences d'organisation de mobilisations. Paru en 2011, *The Empowerment Manual* est consacré à ces techniques d'action collective.

Enseignante en permaculture. Les rituels wiccans restant abstraits concernant la nature, Starhawk cherche à acquérir à partir de 1996 des connaissances écologiques et des

---

5 https://starhawk.org/about/biography/ Il est vraisemblable qu'elle l'alimente elle-même, tout comme sa page Facebook, faisant d'elle une sorcière très connectée.

compétences en permaculture. *The Earth Path* (2022 [2004]) ressemble parfois à un manuel d'écologie. Aujourd'hui, à plus de 70 ans, Starhawk se consacre à l'enseignement de la permaculture dans son ranch au Nord de la Californie et à l'animation sur Zoom de rituels liés aux saisons.

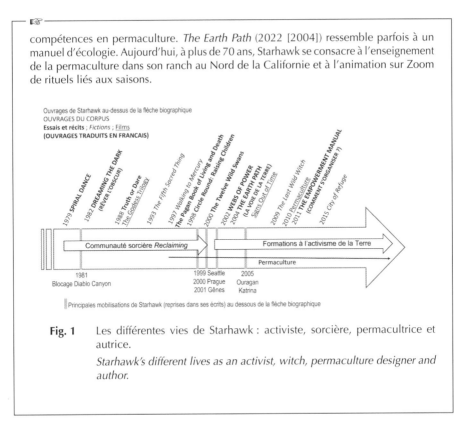

Fig. 1   Les différentes vies de Starhawk : activiste, sorcière, permacultrice et autrice.

Starhawk's different lives as an activist, witch, permaculture designer and author.

1.2 Publier, recevoir, lire, critiquer les œuvres d'une sorcière

S'afficher comme sorcière constitue une posture subversive, qui s'entend plus facilement dans un contexte californien des années 1970. Les critiques dont Starhawk a fait l'objet dans les années 1990 prennent plutôt la forme d'un rejet en bloc de la pensée magique. Julie Cook (2015 [1998]) montre que Douglas J. Buege, très critique vis-à-vis de Starhawk, ne l'a vraisemblablement pas lue. À notre connaissance, seule Janet Biehl (1988 ; 1991) a proposé une critique argumentée de la pensée de Starhawk.

Starhawk a été principalement publiée par trois éditeurs américains spécialisés : HarperOne, Bantam, New Society Publishers. Ses ouvrages ont été traduits dans de nombreuses langues. Salomonsen (2002) indique environ 300 000 exemplaires pour *Spiral Dance*. Starhawk essaime via différents supports : ouvrage pour les enfants, films, CD de méditations ou chants. Elle a été publiée en français en 2003-2004, grâce à Isabelle Stengers qui a découvert ses textes via une amie américaine et a perçu les mobilisations à Seattle contre l'OMC comme « un coup des sorcières américaines »[6]. Les publications reprennent en 2015, sous l'impulsion de la philosophe française Émilie Hache et de l'éditrice

---

6   Interview d'Isabelle Stengers https://www.youtube.com/watch?v=WzttKJgqvXU.

Isabelle Cambourakis à l'origine d'une collection « Sorcières ». Or 2015 constitue un moment charnière après la COP21 (Bugart-Goutal, 2020 ; Larrère, 2023), dans un élan de reconnexion des questions environnementales au spirituel (Becci et Grandjean, 2021) et d'un regain féministe à la suite du mouvement #MeToo (Froidevaux-Metterie, 2021). Publications et traductions écoféministes ou sorcières se multiplient en France (Shiva, 2022 ; Merchant, 2021 ; Griffin 2021) inspirant des courants divers : écospiritualités (Choné, 2016), mouvement de la Déesse (Snyder, 2019 ; Rimlinger 2021), nouvelles sorcelleries (Obadia, 2023), écologismes contemporains, écoféministes vernaculaires contemporains (Pruvost, 2019).

En 2003, la journaliste Mona Chollet, qui pourtant a publié en 2018 l'essai féministe *Sorcières : la puissance invaincue des femmes*[7], a trouvé Starhawk dérangeante en première lecture : « Elle oblige le lecteur à se confronter avec ce qui, en lui, considère effectivement les anciennes guérisseuses comme des sorcières rétrogrades, sales et superstitieuses [...] ; avec sa propre tendance à dévaloriser et à rejeter le corporel et le nourricier ; avec sa propre adhésion à la vision mécaniste du monde » (Chollet, 2003). Isabelle Stengers va plus loin : « La fumée des sorcières brûlées est toujours dans nos narines et les descendants des chasseurs de sorcières sont toujours parmi nous. [...] Nous avons un choix à faire entre descendants chasseurs de sorcières et prendre parti pour les sorcières dont nous ne savions pas qui elles étaient. [...] Les francophones sont les descendants des inquisiteurs. Ils appellent cela « Descartes ». Ce n'est pas la faute de Descartes, c'est leur monde qui a porté le cartésianisme[8]. »

Michelet avait déjà préfiguré ce renversement des perspectives dans *La Sorcière* en 1862. Les écoféministes ont cherché à comprendre la misogynie profonde qui a dévalorisé sur le temps long sage-femmes et guérisseuses (Enhrenreich et English, 2014) pour leur retirer le contrôle du corps des femmes. *Caliban et la sorcière* (Federici, 2014) est une démonstration magistrale de cette longue guerre contre les femmes accompagnant la mise en œuvre du capitalisme, dont l'apogée est la chasse aux sorcières. Starhawk y a aussi contribué dans *Dreaming the Dark* (2015 [1982]) qui contient son mémoire de master sur le lien entre le mouvement des enclosures et la chasse aux sorcières.

Starhawk a été critiquée comme appartenant à un ensemble d'autrices écoféministes (Susan Griffin, Carolyn Merchant, Mary Daly, Charlene Spretnak, Carol P. Christ) considérées comme relevant d'un courant « culturel », par d'autres féministes, se réclamant elles-mêmes d'un écoféminisme « social/iste », ainsi que par des philosophes (Val Plumwood, Karen Warren) dans leur démarche d'académisation de l'écoféminisme au cours des années 1990. Ces critiques expliquent ensuite la traversée du désert de l'écoféminisme jusqu'aux années 2010 (Burgart-Goutal, 2020). Trois aspects sont critiqués : la religion de la Déesse, la dimension prétendument essentialiste de leur féminisme et l'expression alternative. Or si les

---

7   Chez La Découverte, qualifié de long-seller, avec près de 300 000 exemplaires vendus.
8   Interview d'Isabelle Stengers : https://www.youtube.com/watch?v=i5qSWcH2_LY.

écoféministes se réapproprient l'identification des femmes à la nature, cela ne signifie pas qu'elles l'endossent (Hache, 2016). Cette exploration de l'essentialisme, destinée à en chercher les origines dans un acte d'*empowerment*, relève d'un essentialiste stratégique selon Gayatri Spivak (2009). Mais l'essentialisme reste une sorte de « monstre chimérique » contenant les pensées terrifiantes de celleux qui accusent (Griffin, 2021). L'anthologie française revalorise l'écoféminisme culturel, déconstruisant des critiques insuffisamment fondées (Hache ; Cook, 2016).

Janet Biehl, figure de l'écologie sociale et compagne du philosophe Murray Bookchin, a fourni les critiques les plus précises de Starhawk au tournant des années 1990, après lecture attentive de ses premiers ouvrages (1988 ; 1991). Elle adresse un ouvrage aux écoféministes culturelles, dont Starhawk, puis cesse de se désigner comme écoféministe, reprochant surtout à Starhawk l'usage d'une pensée magique : « La magie a été habituellement utilisée pour éblouir les gens, mais pas pour les libérer » (1988, p. 25).

1.3 Starhawk, sorcière néopaïenne et/ou écoféministe ?

Starhawk se déclare explicitement sorcière, mais elle a surtout été lue comme écoféministe. Représente-t-elle pour autant la nébuleuse écoféministe ? Deux anthologies écoféministes lui ont demandé un texte original. Anne Querrien, l'une de ses traductrices, se déclare surprise de l'affiliation de Starhawk comme « prototype de l'écoféministe américaine » (2017), y compris par Émilie Hache (2016). Starhawk ne se désigne pas elle-même comme écoféministe, peut-être suite aux critiques subies par la branche dite « culturelle » de l'écoféminisme, mais elle constitue une des voix de la conversation écoféministe (Larrère, 2023) lorsqu'elle affirme que les problèmes environnementaux sont « des problèmes de femmes car celles-ci sont malades […] et meurent de produits toxiques, de sécheresses, de famines alors que ce sont elles qui portent le poids du soin aux malades, aux mourants et à la génération future » (1990, p. 83). Cherchant à convaincre les écologistes d'intégrer un positionnement féministe (1990), Starhawk défend l'engagement des femmes pour la préservation de la vie sur Terre, la nature de proximité et la santé publique. Pour elle, l'écoféminisme remet en question toutes les relations de domination (1989). Cela s'étend aux relations entre races, classes, êtres humains et terres : toutes les formes de dominations sont interconnectées et destructrices (Starhawk et Valentine, 2000). Certaines références écoféministes américaines sont explicites dans ses textes (Feraro, 2017) : l'historienne des sciences Carolyn Merchant (2021), la théologienne Mary Daly (1978), la poétesse Susan Griffin (2021) et l'écopsychologue Joanna Macy (1984). Starhawk se positionne plus explicitement dans les textes rédigés pour les anthologies, à la fin d'une décennie structurante pour l'écoféminisme (Hache, 2015), en mettant en avant la dimension spirituelle, implicitement ou explicitement à la base de l'écoféminisme au travers de la question des valeurs (1989). Finalement son positionnement montre combien l'écoféminisme est une nébuleuse.

Starhawk préfère se qualifier, tout au long de sa vie, comme *witch* (sorcière) car ce mot permet d'exprimer la réalité des renversements à accomplir. Pour elle, les sorcières sont maîtresses et façonneuses de réalité comme les chamanes mais, vivant dans le monde moderne, elles doivent redessiner la culture occidentale (1989). *Witch* constitue un outil de lutte contre la peur tenace du pouvoir des femmes (2019 [2002]) : « La vision de l'art sorcier que je présente [...] se veut provocatrice, ne représentant pas seulement ce qui est, mais faisant exister ce qui pourrait être » (2015 [1982]). Nous avons perdu la voix de toutes les femmes brûlées comme sorcières à la Renaissance, lors des Lumières, seuls restant les écrits des inquisiteurs les accusant de satanisme (Merchant, 2021). Pour leur rendre hommage, il faut chercher à se réapproprier leur héritage, quitte à l'inventer, comme la féministe Monique Wittig[9] nous y a invité.es : « Fais un effort pour te souvenir. Ou, à défaut, invente » (Wittig, 1978, p. 127). Pour Starhawk, retrouver qui étaient ces femmes, c'est changer de conscience : « le trajet des sorcières, s'il n'est pas un modèle (et ne peut sans doute pas l'être), est quelque chose avec lequel il importe de faire connaissance, au sens fort, au sens où cela oblige à penser et sentir » (2015 [1982]).

2 Coconstruire une *earth-based spirituality* activiste

De cette posture de sorcière, issue de la Wicca féministe (encadré 2), Starhawk construit une *earth-based spirituality*, qui relie magie et politique grâce à l'*empowerment* et l'activisme.

WICCA, PREMIÈRE RELIGION DE STARHAWK

Formalisée par les britanniques Margaret Murray et Gerald Gardner dans les années 1950 et se définissant comme une religion, la Wicca correspond à une sorcellerie païenne (Feraro, 2017) dite « blanche » (d'abord ne pas nuire). Élément essentiel de la contre-culture états-unienne reconnu par l'État fédéral (Burgart-Goutal, 2017), le mouvement reste anglo-américain car assez secret, mais certaines de ses branches ont été observées en France par la Miviludes[10]. Les Wiccans, femmes et hommes, sont les plus féministes des néopaïen.nes (Snyder, 2019), favorisant l'*empowerment* des femmes, qui remplissent des fonctions décisionnelles. Dans les années 1970 à Los Angeles, Zsuzsanna Budapest développe une « tradition Dianic » particulièrement féministe, honorant en direct une Déesse[11] (Rimlinger, 2021), sous diverses figures qui l'apparentent à un polythéisme (Feraro, 2017). C'est à partir de cette « tradition » que Starhawk développe la sienne.
La Wicca vise à revivre des traditions magiques de l'Europe pré-chrétienne, de l'ancienne religion de la Déesse qui aurait existé au Néolithique, de 6500 à 3500 avant J.-C. (Snyder,

---

9   Monique Wittig a fait ses études en France puis elle a enseigné dans plusieurs universités américaines.

10 Rapport 2021, p. 118 https://www.miviludes.interieur.gouv.fr/sites/default/files/publications/francais/ MIVILUDES-RAPPORT2021_0.pdf

11 Je mets comme Starhawk une majuscule à la Déesse, comme pendant féministe du Dieu (plutôt masculin et non pas neutre) des religions monothéistes du Livre.

☞

2019) dans la « Vieille Europe », comme a cherché à le montrer l'archéologue lettone Marija Gimbutas à partir des statuettes de fertilité (Chartier, 2016). Dans un film qu'elle co-réalise en 2004, *Signs Out of Time,* Starhawk cherche à réhabiliter le travail de celle-ci, contribuant à une « contre-(pré)histoire » sorcière et écoféministe. Montrer que le patriarcat a un début permet de mieux penser sa fin (Merchant, 2021 [1980]). Cette religion aurait survécu au christianisme puis à la grande chasse aux sorcières, par tradition orale dans les *covens.*

Très créative, Starhawk a contribué au développement de la nébuleuse spirituelle féministe, (comme Carol P. Christ, Charlene Spretnak et Rosemary Radford Ruether) présente en Amérique du Nord sous l'intitulé « mouvement de la Déesse » (Snyder, 2019) et importée en France sous la forme d'un « féminin sacré » (Rimlinger, 2021). Dans cette nouvelle sorcellerie, Starhawk fusionne magie et spiritualité (Obadia, 2023). Ces mouvances nourrissent vraisemblablement la contre-culture New Age, « syncrétisme en mouvement » postmoderne dans lequel la relation avec le sacré est personnelle (De la Torre, 2011), dont Starhawk se dissocie (2015 [1982]).

2.1 Fondamentaux théalogiques de la earth-based spirituality

Selon Starhawk, le sacré n'est pas « un truc imposant devant lequel on se prosterne » (2016 [2002]). Au contraire, « lorsque nous comprenons ce pour quoi nous nous battons, ce pour quoi nous acceptons de courir des risques [...] ce qui est le plus profondément important pour nous et nous nourrit, ce qui nous inspire le plus profondément, nous savons ce qui, pour nous, est sacré » (2019 [2002], p. 196). Pour Starhawk, c'est la préservation de la vie sur Terre : « Je pense que le *credo quia absurdum* des sorcières est la croyance en la vie qui continue et en la possibilité d'une culture qui soit véritablement au service de la vie [...] ce n'est pas une question de foi mais de volonté. Je veux que la vie continue » (2019 [2002]), ce qui peut rappeler St Augustin : « *Vita mutator, non tollitur*[12] ». La Déesse, polarité féminine primordiale, représente la vie : « La Déesse n'est pas tant une personnalité qu'une grande force de régénération qui agit à travers les cycles de la naissance, de la croissance, de la mort et de la renaissance » (2019 [2002], p. 210).

Starhawk reprend la définition de Dion Fortune, occultiste britannique, pour définir la magie comme « l'art de changer les consciences avec la volonté », un mot qui « met les gens mal à l'aise, aussi je l'utilise délibérément car les mots avec lesquels on se sent bien, [...] acceptables, rationnels [...], le sont précisément parce qu'ils font partie de la langue de la mise à distance » (2015 ([1982]). Cette ontologie de la pensée magique, profondément dévalorisée par l'ontologie moderne dans une perspective coloniale (Escobar, 2018), est désormais associée au primitif ou à la psychiatrie (Rosengren et French, 2013). Mais Jeanne Favret-Saada s'en est emparée dans une démarche anthropologique (1985).

Starhawk met en avant trois concepts-clés pour définir sa *earth-based spirituality* : immanence, interconnexion et communauté (1990). La Déesse est

---

12 Pour que la vie change mais ne disparaisse pas.

immanente à chaque être vivant, comme dans les spiritualités tribales et les religions préchrétiennes (1990) : « L'**immanence** signifie que chacun d'entre nous a une valeur propre » (2015 [1982], p. 157), le sacré se situant donc en chacun d'entre nous. Les **interconnexions** s'établissent entre êtres vivants, y compris humain.es : les autres sont nos allié.es. Celles-ci se traduisent par une compassion, une capacité à ressentir avec et de s'identifier aux autres (1989), que les rituels permettent de ressentir en mobilisant l'énergie émotionnelle vers l'empowerment. Ces interconnexions sont le terreau d'une **communauté** des êtres vivants, en s'identifiant « avec la vision du monde comme être vivant, apprendre à la célébrer dans des rituels, agir à partir de cette vision pour préserver la vie sur terre et construire une communauté autour de cela » (1990).

La Terre est le corps vivant de la Déesse : « la Déesse est le visage et la voix que les gens donnent à la manière dont la terre leur parle » ; « un vaste océan de conscient omniprésent dans lequel nous baignons et qui communique sans cesse. » (2022 [2004]) ». Les sorcières doivent comprendre le fonctionnement des écosystèmes, par exemple « la fonction des mycorhizes dans la communauté naturelle dans laquelle la communauté humaine est embarquée » (2022 [2004]). Cela passe par les corps humains aussi : « Nous dansons, car après tout c'est ce pour quoi nous nous battons : pour que l'emportent cette vie, ces corps, ces seins, ces ventres, cette odeur de chair, cette joie, cette liberté » (2015 [1982]). Le corps de la terre lui-même est le terrain du développement spirituel, au contact de la vie (1989). La *earth-based spirituality* est terrestrialisée car il n'y a pas d'autre endroit où aller, pas d'échappatoire, personne pour nous sauver (1989). Les hiérophanies, manifestations du sacré (Eliade, 1965), sont des éléments de nature, comme un « charme » bricolé à partir de végétaux (2022 [2004]) ou des références aux quatre éléments, aux astres ou à des processus écologiques. Les aléas naturels, par exemple le feu ou l'ouragan, font l'objet de rituels. Starhawk ne dégageant pas de classification d'espace plus ou moins sacré, celui-ci est à la fois partout et en particulier là les sorcières le dessinent sous la forme d'un cercle de protection, « entre les mondes » du visible et de l'invisible » : il se ferme en début de rituel et se rouvre à la fin pour favoriser les processus magiques à l'intérieur. Starhawk y appelle les quatre directions (Est, Sud, Ouest, Nord) associés aux quatre éléments (Air, Feu, Eau, Terre) et aux quatre saisons (printemps, été, automne, hiver), pour se situer sur la Terre, en lien avec les cycles de la nature, notamment lunaire et solaire (2022 [1979]). En permacultrice, Starhawk dessine le cercle avec un sécateur.

2.2 Relier magie et politique, vision et action

La Wicca développée au tournant des années 1980 par Starhawk prend rapidement une vocation activiste, s'inscrivant ainsi dans la « tradition nord-américaine des mouvements de libération enracinés dans la spiritualité » (Hache, 2015) : « Quoique nous fassions, notre spiritualité a besoin d'être enracinée dans l'action » (2022 [1979], p. 85). Cela relève de l'interconnexion : « Quand nous voyons le monde comme interconnecté, nous comprenons aussi que les problèmes politiques ne sont pas séparables » (1989) ; « les problèmes environnementaux SONT des problèmes de justice sociale ainsi que des problèmes internationaux » (1990, p. 82).

L'action politique pour Starhawk ne consiste pas à s'inscrire dans les partis traditionnels mais à mettre en œuvre une stratégie de mobilisation alternative, au sein du courant global de la justice environnementale : manifestations et blocages, soutien aux victimes d'inégalités environnementales. Starhawk s'inscrit dans des groupes et réseaux divers : « Bien que j'appartienne à beaucoup de groupes, peut-être à trop de groupes [...] je ne parle pour aucun d'entre eux » (2015 [1982], p. 30). Sans prosélytisme, elle parle depuis sa « tradition » et non pas pour celle-ci (1989).

Son réseau *Reclaiming* manifeste la volonté de récupérer ce qui a été pris par la domination masculiniste, y compris la magie. Dès lors, sa principale originalité se situe dans sa volonté de faire le lien entre magie et politique. « Ce livre tente de relier le spirituel et le politique, ou plutôt d'accéder à un espace au sein duquel cette séparation n'existe pas en dehors des dualités de notre culture » (2015 [1982]). La magie comme la politique sont un mélange de visions et d'actions : à partir d'une image de ce qu'on souhaite, il s'agit d'y mettre de l'énergie et de l'ancrer dans la réalité. Les rituels donnent de la force aux visions. La magie comme la politique constituent un « art de la transformation de soi et du monde, en passant par le langage et les rituels » (Pignarre et Stengers, 2003). Le sacré devient politique. Starhawk passe de la pensée magique à une pensée politique avec une grande agilité et semble déployer plus de temps et d'énergie pour son action dans la réalité ordinaire qu'à ritualiser (2016 [2005]). Par exemple, en 2005, lors du passage de l'ouragan Katrina, Starhawk pratique des rituels païens pour dévier la trajectoire de l'ouragan et diminuer son intensité puis elle se consacre au secours des sinistrés de la Nouvelle Orléans abandonnés par l'administration Bush, se livrant alors à une analyse géopolitique fine de la gestion de la catastrophe (2016 [2005]).

La comparaison de *Spiral Dance* (2021 [1979]) et de *The Earth Path* (2022 [2004]) permet de constater le cheminement spirituel et politique de Starhawk. La Wicca des débuts a évolué vers une spiritualité de la nature, activiste à l'échelle mondiale, avec un ancrage local. Elle s'est démocratisée dans un esprit de partage et de co-construction. Les destinataires ne sont plus seulement les initiées d'un *coven*, mais aussi les camarades de lutte ou bien les voisin.es de Starhawk (vivant près de chez elle). Starhawk invite à désapprendre le racisme, nourrir la diversité culturelle et à marcher avec toutes sortes de manifestant.es (2019 [2002]).

2.3 La earth-based spirituality, soutien personnel et collectif à l'action politique

La *earth based spirituality* constitue une source de force et de renouveau des énergies, vite brûlées dans l'action politique, pour tenir l'engagement dans la durée (1989), grâce à la définition du sacré et à la vision d'un monde cyclique, issue des rythmes de la nature. Cet extrait (écrit après 5 jours de prison à Seattle en 1999) suggère comment surmonter l'épreuve de la prison, grâce à la visualisation :

> « Maintenant ils vont vous arracher les dernières couches de votre individualité. [...] votre défi est de ne pas [...] rompre le contact. Prenez soin de respirer. Souvenez-vous que chaque molécule d'oxygène qui trouve son chemin à travers ces murs de béton est un cadeau des ancêtres. Ils et elles sont avec nous. Fermez les yeux et vous les verrez s'amasser en rivières qui croissent et enflent, faisant irruption à travers le béton. [...] Vous passez la journée enfermée avec 50 femmes [...]. Votre défi, maintenant, est de chevaucher les vagues d'énergie qui parcourent cette salle étouffante. Un chant murmuré devient une danse, devient un cercle, devient un cône de pouvoir [...]. Dansez la danse spirale. Elle se lève, la Terre se lève ; elle change, la marée change [...] Souvenez-vous de votre pouvoir, faites appel aux éléments qui existent dans votre corps même si cet endroit est conçu pour les neutraliser [...] Un lac de lumière brûlante monte, fait céder le béton. Des toiles se tissent, l'herbe disloque le ciment. Des structures qui semblaient invincibles s'écroulent. *Si, se puede* ! » (2016 [2002], p. 49-51)

Les rituels de *earth-based spirituality* relient les êtres humains entre elleux par la co-construction. Starhawk est sollicitée en tant que facilitatrice dans les mobilisations (Frémeaux et Jordan, 2021) : « Ce qui caractérise Starhawk, c'est la volonté de faire tenir ensemble les contraires les mieux établis, comme le *Black Bloc* et les *Tutti Bianchi* à Gênes, ces frères et sœurs ennemis » (Querrien, 2017). Starhawk dialogue avec des activistes violents car iels sont lié.es, non pas dans une convergence des luttes mais dans des « divergences solidaires ». La magie aide, par sa créativité, à souder les groupes grâce à des rituels simples. « Une manifestation est un rituel parce qu'elle a des éléments qui se répètent » (Starhawk, 2015 [1982], p. 252) : une procession, des slogans, des orateurs, de la musique, etc. Starhawk « harmonise l'énergie » en jouant du tambour et « fait monter le pouvoir », pour encourager ses camarades. Tous les territoires temporairement occupés sont possibles : manifestation, campement, prison. Lors « des rituels facilités [...] au campement puis à la prison lors du blocus de Diablo Canyon[13] [...] nous voulions partager le pouvoir du rituel pour créer un lien de groupe, mais nous savions aussi que la plupart des gens dans le camp n'honoraient pas la Déesse et n'avaient pas envie de devenir sorcières. Nous étions très attentives au fait de ne pas *imposer* notre religion à qui que ce soit – mais nous avions envie de *partager*[14] l'expérience de la magie » (2015 [1982], p. 246). En prison, les femmes ont formé un cercle, invoqué plusieurs déesses, psalmodié, cogné du poing sur le sol et répété « Le Diablo Canyon n'ouvrira jamais » (2015 [1982], p. 263). Certains rituels sont des « tactiques de rue fluides et mobiles » pour

---

13 Diablo Canyon est une centrale nucléaire californienne à laquelle Starhawk s'est opposée en 1981 et qui a fini par démarrer en 1984.

14 C'est Starhawk qui souligne.

« revendiquer un espace et le redéfinir » (2016 [2002] p. 226). Ainsi, en 2001 contre le Sommet des Amériques à Québec, Starhawk et les Païen.nes dessinent ensemble une rivière vivante qui coule avec fluidité dans les rues pour porter la déclaration de Cochabamba (pour une eau gratuite et accessible) afin « d'attirer l'attention sur la question de l'eau, mais notre but véritable est de donner corps à l'eau, en tant qu'élément, dans le feu de la lutte » (2016 [2002]).

2.4 Une autre gouvernance par le « pouvoir-du-dedans »

Starhawk distingue le « pouvoir-sur » et le « pouvoir du-dedans », la domination qui détruit et l'immanence qui transforme (2015 [1982]). Le pouvoir-sur caractérise les dynamiques de pouvoir et de hiérarchie à l'œuvre dans le monde. Pour le détourner, il s'agit d'activer notre puissance personnelle, le pouvoir du-dedans, qui vient d'en bas, de la Terre, de l'immanence de la Déesse : c'est la faculté pour chacun.e de devenir ce que nous sommes appelés à être, comme des graines. La magie est l'art de la Déesse de faire appel au pouvoir du-dedans, tout comme le pouvoir-avec qui accorde une influence parmi les égaux (Starhawk et Valentine, 2000) et le pouvoir-parmi issu d'une plus grande expérience (2016 [2002]).

L'*empowerment* personnel nécessite de faire face à l'obscur, qui représente aussi bien les forces de destruction et d'anéantissement de la vie à l'ouvrage sur la planète que la matrice de la terre où les graines sont plantées, la force d'agir de l'immanence qui se trouve au fond de nous. C'est « tout ce dont nous avons peur, tout ce que nous ne voulons pas voir » (2015 [1982], p. 31). De cette matrice les visions « s'élèvent pour restaurer la terre » (2015 [1982], p. 152). La renaissance nécessite de passer par des formes de mort ou d'anéantissement, par exemple (*a*) une action politique comme le blocus de la centrale nucléaire Diablo Canyon ; (*b*) une méditation qui visualise le trajet d'une feuille en décomposition dans le sol, mangée par les vers de terre, qui descend dans les profondeurs de la terre, puis remonte jusqu'à la feuille pour entamer un nouveau cycle (2022 [2004]). Ainsi, « l'anéantissement est présent au milieu de la vie ; il n'est pas séparé de la vie » (2015 [1982], p. 140). Même jardiner c'est choisir « laquelle des laitues arracher, laquelle je garde. Je manie [...] le pouvoir d'anéantir » (2015 [1982], p. 141). Cette place de la mort nous interpelle dans notre éthique du respect de la nature (Ameisen, 2003). Rêver l'obscur c'est être capable d'affronter le désenchantement du monde, de « vivre avec le trouble » (Haraway, 2020) en plongeant à l'intérieur de soi pour y trouver son pouvoir et une vision, préalable à l'action.

De cet *empowerment* collectif peut naître alors une autre gouvernance : « ces pratiques politiques [...] sont à elles-mêmes leur propre fin [...] elles n'entrent pas dans la compétition pour le pouvoir » (Larrère, 2016, p. 387-389). Les apports principaux de Starhawk sont la transmission de techniques de gestion de groupe et d'action collaborative, pour des communautés sans domination, décidant par consensus : cela apporte efficacité, endurance et créativité dans l'action. Le public est aussi varié que subalterne, des femmes au foyer au *Black bloc* en passant par les Amérindiens, apportant une multiplicité de points de vue alternatifs. Cette action collaborative dessine d'autres pratiques démocratiques, à l'écart de l'État et des représentants du peuple. Dans ces modes d'organisation non hiérarchiques, au sein de petits groupes autonomes (groupes d'affinités lors des mobilisations altermondialistes ou groupes d'action locale), chacun.e est habilité.e à prendre des décisions. Les groupes locaux se coordonnent par réseaux dans une gouvernance polycentrique et pluriscalaire.

3   Se relier au milieu de vie, dans une éthique écocentrée : pour une territorialité alternative

L'*empowerment* grâce au pouvoir-du-dedans s'appuie sur le lien avec le territoire de vie, dans une éthique écocentrée favorisant une moindre anthropisation du paysage. Le *care* environnemental (Laugier, 2015 ; Molinier *et al.*, 2021) induit une territorialité alternative. Nous reprendrons dans cette partie des critiques pertinentes de Janet Biehl, pour mieux discuter les perspectives géographiques de la pensée de Starhawk.

3.1 Entretenir le lien avec le milieu naturel, ses habitant.es et ancêtres autochtones

Dans *The Earth Path* (2022 [2004]), Starhawk invite à l'observation quotidienne dans les bois, son jardin ou une friche urbaine, une pratique moins contemplative qu'elle n'y paraît, pour « développer des liens avec les lieux ». La familiarité et la quotidienneté du lieu d'observation priment sur sa qualité paysagère ou écologique, le faisant devenir territoire. Il s'agit d'un lieu de connexion à la terre, grâce à la sensorialité du corps de l'observateur ou de l'observatrice. La pratique s'inspire de la permaculture qui observe le terrain et les associations végétales spontanées avant d'y intervenir en tant que jardinier ou jardinière. L'objectif est d'apprendre à voir les manifestations de l'énergie dans le lieu d'observation, mieux comprendre les dynamiques écologiques et le voir évoluer d'une saison à l'autre, d'une année à l'autre (calendrier des oiseaux migrateurs ou des floraisons par exemple). L'observateur ou l'observatrice immobile détermine un lieu vu d'un seul tenant et suit un protocole d'observation : énergie, courants, communautés, motifs, lisières et limites, passé et avenir. Starhawk conseille de s'ancrer, se relier à ses sens et à son moi profond, écouter les chants des oiseaux pour tenter de comprendre les messages qu'ils se transmettent. Dans ce temps d'observation intérieure, il s'agit de ressentir toutes les interconnexions entre les éléments du vivant, êtres humains inclus : « Ces arbres sont une part de nous aussi bien que nous sommes une part de cette terre » (2022 [2004]). L'observation régulière se fait aussi en marchant, dans une forme de *care* environnemental (Mathevet et Marty, 2015), alliant veille et soin pour constater des améliorations ou dégradations écologiques, reprenant une pratique ancienne d'arpentage (*earthwalking*) des terres par un.e propriétaire terrien.ne se sentant responsable de « la santé écologique et spirituelle du lieu » (2022 [2004], p. 5). Cette pratique peut être rapprochée du *Walking* de Thoreau (1862) ou de manière plus contemporaine du *land stewardship* (intendance des territoires) qui prend soin de ce qui a de la valeur (Mathevet *et al.*, 2018). Cette observation immobile ou en mouvement, dans une perception sensorielle du milieu vivant, s'apparente au ressort du sacré qu'est le mystère de la vie – plutôt la complexité pour Starhawk – conduisant vers l'expérience sacrale de la symbiose avec la nature (Sajaloli et Grésillon, 2019), mais dans l'écoumène, à partir de son propre corps.

The Earth Path décrit le territoire de vie de Starhawk et en dessine le périmètre : « la petite ville de Cazadero à l'Est, la rancheria Kashaya Pomo au Nord, l'océan à l'Ouest, les crêtes et les ravins au Sud ». Ce sont les montagnes côtières du Nord de la Californie : Cazadero Hills. Starhawk démontre la connaissance de son territoire : « Venez avec moi dans les collines de Cazadero et je vous dirai le nom de chaque arbre » (2019 [2002], p. 54). Starhawk précise aussi les techniques collectives de collecte et d'irrigation de l'eau dans ces montagnes du Nord de Californie, qui nécessitent une bonne entente entre voisin.es : « Nous nous nourrissons et nous nous abreuvons de cette terre » (2022 [2004]). Représenté et protégé par un cercle à vocation magique, ce territoire fait l'objet de rituels pratiqués avec les voisins, avant l'été et avant l'automne. Starhawk raconte le rituel de prévention du feu, nécessaire car « cette terre est une écologie du feu » (2022 [2004], p. 1), et complété par un rituel de retour de la pluie, dédié à la recharge des nappes phréatiques. Starhawk précise que ces rituels sont des cocréations récentes, sans lien avec ceux du peuple autochtone Pomo, même si elle rend systématiquement hommage aux peuples autochtones là où elle ritualise, pour avoir pris soin de la terre. En amont du rituel, la communauté locale a pris soin du milieu : les sources ont été dégagées, des tuyaux ont été posés, certains bois ont été éclaircis. Dans ce récit, les voisins apportent de l'eau de chacune des sources du territoire, des branches provenant des arbres ainsi qu'un « charme » symbolisant le feu et le cycle, fait d'un cercle en branches de laurier. Chants et prières complètent le rituel. Ces représentants territoriaux autres qu'humains, ni classifiés ni triés, mais « aussi familiers que les amis humains » (2022 [2004]) sont nommés par leur essence et lieu de provenance et intégrés à la communauté locale au travers du rituel.

Starhawk se déplace pour exécuter des rituels sur d'autres territoires de vie, comme à Notre-Dame des Landes, pour mieux relier au milieu biophysique. Les habitant.es ont apporté l'eau de chacune des neuf sources du territoire au centre du cercle, en les nommant (Frémeaux et Jordan, 2021) et Starhawk y verse quelques gouttes de la fiole des eaux du monde, collectées partout dans le monde, représentant d'autres territoires (2022 [2004]). À nouveau le territoire est représenté par ses habitant.es ainsi que ses sources et relié au monde. En revanche, Starhawk ne ritualise pas hors des territoires de vie des humains. Elle évoque ainsi un site anglais sacré où elle fait le choix de ne pas ritualiser pour ne pas déranger le « petit peuple » (elfes, fées, etc.) qui l'habite.

3.2 Au rebours de la Wilderness, une éthique écocentrée

Sans employer de concepts ou citer d'auteurs, Starhawk est très claire sur son éthique de l'environnement. Ainsi, elle rejette la pensée de la *Wilderness* historiquement dominante dans l'environnementalisme américain (Nash, 2014 ; Arnould & Glon, 2006), spirituelle mais plutôt masculiniste. Outil de colonisation, cette pensée a mis en avant une nature perçue comme vierge et sauvage, support de ressourcement et de fusion individuelle et transcendantale avec le Dieu des chrétiens, par exemple chez Thoreau. Le préservationnisme de la nature (Depraz, 2008) qui en est issu a été imposé au détriment des peuples autochtones qui l'habitaient (Cronon, 2009). Starhawk considère la *wilderness* comme une image faussée issue du mépris colonialiste : « Les écosystèmes que nous admirons […] ont éco-évolué avec les cultures humaines. […] La nature dont nous considérons être les fléaux est le fruit de millénaires de cohabitation » (2019 [2002]). Elle préfère manifester sa reconnaissance vis-à-vis des peuples amérindiens : « L'interaction avec le territoire [des premières Nations de Californie] était si intelligemment ajustée que les envahisseurs européens n'y ont rien compris. Ils ont cru qu'ils avaient découvert une terre sauvage, vierge […] alors que [c'était] plutôt un jardin sauvage merveilleusement entretenu » (2019 [2002]). Selon Janet Biehl, Starhawk glorifierait les peuples autochtones dans la vision systématique d'une relation équilibrée de ceux-ci avec leur environnement. Toutefois celle-ci précise qu'« il ne s'agit pas de se faire des idées romantiques sur les cultures autochtones, qui pour certaines ont détruit leur milieu naturel. (2019 [2002]) ».

Starhawk critique l'ensemble des éthiques biocentrées (Depraz, 2008) qui sanctuarisent une nature dégradée par des humain.es néfastes. Selon elle, certains écologistes comme Earth First !, n'accordent pas suffisamment de valeur intrinsèque à tous les êtres humains comme ils le font pour les arbres et la Terre. Elle compare destruction et préservation de la nature :

> « Se croire par essence mauvais, c'est se croire profondément séparé du monde naturel. De plus, cela nous décharge subtilement de la responsabilité d'avoir à développer une relation saine avec la nature […] La vision des êtres-humains-comme-fléau est contre-productive […]. Se sentir mauvais, coupables et inauthentiques n'est pas ce qui fait agir. Tant que nous considérons les êtres humains comme séparés de la nature, que nous nous situions au-dessus ou en dessous, nous fabriquons inévitablement une opposition humains/nature où tout le monde sort perdant » (2019 [2002], p. 51).

Chez Starhawk, l'horizontalité des humains, animaux, végétaux, éléments abiotiques au sein d'une même communauté, issue de l'immanence de la Déesse, s'apparente à un écocentrisme. Défini par Catherine Larrère (1997) comme une éthique de l'environnement plaçant les humain.es dans la nature, dans une forme de troisième voie entre anthropocentrisme et biocentrisme, l'écocentrisme s'inspire de la *land ethic* d'Aldo Leopold qui vise à préserver « la santé de la terre […] c'est-à-dire la capacité de la terre à se renouveler elle-même. L'écologie, c'est notre effort pour comprendre et préserver cette capacité » (Leopold, 1949, p. 279). La position écocentrée de Starhawk en est proche : l'observation et la connaissance intime de son milieu de vie, des humain.es qui prennent leurs responsabilités lorsqu'iels prennent soin de la nature, jardinent ou prélèvent du bois dans la forêt, sans forcément chercher à aménager le milieu et à façonner le paysage. Leopold ne parle pas d'immanence, mais de valeur (p. 282), et d'élargissement des « frontières de la communauté de manière à y inclure le sol, l'eau, les plantes, les animaux, ou collectivement la terre », *Homo sapiens* devenant « membre et citoyen parmi d'autres de cette communauté », en insistant les interdépendances (p. 258). Si Leopold est marqué par sa responsabilité vis-à-vis du milieu naturel dont il a la charge, Starhawk va plus loin dans l'utilité des êtres humains pour les êtres non-humains : « Les humains peuvent répondre aux besoins des êtres non humains. La nature veut nous parler [...] Elle serait incomplète sans les humains » (2016 [2004]), faisant ici écho à Lucrèce dans *De Rerum Natura*. Le jardinage constitue une nécessité relationnelle avec la nature et le milieu de vie. Starhawk reprend un témoignage d'une aînée du peuple Pomo invitant le plus possible à jardiner : « Quand les gens n'utilisent pas les plantes, celles-ci deviennent rares. [...] Si on ne les récolte pas, si on ne leur parle pas, si on ne prend pas soin d'elles, elles mourront » (2019 [2002]). Ces pratiques jardinées rejoignent le jardin en mouvement de Gilles Clément (2001) (Beau, 2017) ou le jardin punk d'Éric Lenoir (2021), des paysagistes français visant l'accompagnement de la nature.

L'écocentrisme se conçoit-il sans immanence ? Pour Janet Biehl (1988), l'immanence de la Déesse[15] n'inviterait pas davantage à la protection et à l'action, pas plus qu'elle ne permet de résoudre la séparation entre humain.es et nature. Elle amènerait à considérer les humains et dès lors l'ordre social comme naturels, renforçant son immuabilité. Biehl souligne aussi que l'idée d'une Terre vivante dans l'interconnexion de tous les êtres, à l'opposé d'une vision mécaniste en éléments atomisés, fait parvenir Starhawk à un point de *oneness* (tout contenu dans un tout) à partir duquel il devient difficile de penser. Mais pour Starhawk le polythéisme est « une façon de reconnaître qu'aucun nom, aucune image [...] ne sauraient rendre justice à ce Tout insurmontable [de l'unicité sous-jacente de l'Univers]. Les dieux et les déesses, les textes sacrés et les religions, sont tous des cadres, des descriptions, des cartes. Aucun d'entre eux ne représente le paysage dans son entièreté » (2022 [2004]). Pour David Abram (2013) qui cherche à réhabiliter une « écologie de la magie et des sens », la magie permet d'accéder à d'autres relations avec le vivant et de ressentir, dans une sensorialité animale du corps humain, les connexions du vivant. Dans une démarche phénoménologique, il montre que la valorisation de la vision et de l'audition a contribué à séparer progressivement les Occidentaux de la nature, ne leur permettant plus d'écouter

---

15 Janet Biehl n'accorde pas de majuscule à la déesse, mais au Dieu juif et/ou chrétien oui.

la terre, du moins pour mieux accéder aux messages que se transmettent les êtres vivants entre eux.

L'écocentrisme de Starhawk est un *Reclaim* écoféministe et sorcier, reliant ce qui a été séparé : la diversité du vivant, y compris les humain.es. Comme Aldo Léopold, Starhawk conçoit la nature dans une pensée de la connexion (Hache, 2016) au sein d'une communauté (Larrère, 2016), autrement dit dans une ontologie relationnelle (Escobar, 2018).

3.3 Une territorialité alternative du care environnemental et de l'écocentrisme

Si la posture écocentrée de Starhawk est claire, il est nécessaire de dépasser ses oscillations sémantiques et l'absence de référence explicite à des auteurs pour développer une analyse géographique, territoriale et mésologique, du sacré écoféministe.

D'après Janet Biehl, Starhawk n'est pas rigoureuse dans ses définitions, utilisant régulièrement un mot pour l'autre. C'est tout à fait juste pour ce qui est des termes désignant la nature, l'environnement, la terre. Certes la traduction en français ajoute de la confusion, d'autant plus qu'au moins cinq traductrices différentes ont œuvré. Le mot *land*, utilisé fréquemment, est souvent traduit par terre. Mais en anglais aussi le mot *earth* est utilisé dans toute son ambiguïté. Le plus souvent il ne porte pas de majuscule, celle-ci apparaissant lorsque les enjeux sont explicitement mondiaux. Le mot *earth* désigne surtout le sol vivant, au sens pédologique : Starhawk la permacultrice ritualise même son tas de compost en y déposant ses ennuis pour qu'ils s'y décomposent. Parfois Starhawk utilise le mot Gaïa pour désigner la Terre, faisant à la fois référence à la déesse grecque et à la Gaïa de Lovelock (1979) : « Nous les sorcières [...], sommes libres d'expérimenter Gaïa comme une entité vivante et consciente » (2022 [2004]). Il en est de même concernant l'espace de vie de Starhawk : elle utilise invariablement les mots région, zone, terre. Les limites territoriales qu'elle évoque s'avèrent trop floues pour une cartographie, dessinant un territoire très allongé vers la réserve indienne au Nord. La densité humaine y est très faible, mais Starhawk donne le sentiment d'un territoire très habité, qui fait clairement l'objet d'un attachement, personnel ainsi que d'une communauté de voisinage. Grâce à l'observation individuelle et les rituels collectifs, ce territoire est bien plus veillé et soigné qu'il n'est approprié. La dimension de propriété y est absente, dans un appropriement collectif le rapprochant des communs (Ostrom, 2010). L'attachement s'appuie sur la configuration biophysique du lieu, dans une dimension presque géosystémique (Bertrand et Bertrand, 2002), autrement dit plutôt un milieu (Le Lay *et al.*, 2023). Les hauts lieux sont absents de la pensée de Starhawk : ainsi le lieu du rituel à Cazadero Hills se situe simplement « au sommet d'une colline ». L'engagement de Starhawk est donc situé, à partir de son « territoire-milieu de vie » qu'est Cazadero Hills (et auparavant la baie de San Francisco), ce qui lui permet de le relier à d'autres territoires-milieux de vie et aux mobilisations concernant la planète dans son ensemble, dans une dialectique local-global et une interterritorialité.

Cette moindre appropriation territoriale et l'écocentrisme sont à relier à une empreinte écologique qui se veut faible, dans une forme « d'écologie du renoncement » (Mathevet, 2021). Starhawk écrit notamment dans une cabane dans la forêt, alimentée par des panneaux solaires qui limitent sa consommation d'électricité et donc son temps d'écriture. Cette volonté d'anthropisation modérée pourrait dessiner une médiance propre, comme sens de la relation d'une société à son environnement et le sens d'un milieu : par celle-ci le milieu auquel nous appartenons de quelque manière, porte les marques des actions humaines et transforme un milieu en paysage (Berque, 1990). Mais si Starhawk pratique l'observation quotidienne, dans une immersion sensorielle globale, son regard n'est pas forcément paysageant, car l'humain.e observateur ou observatrice a surtout pour intention d'être en lien avec le milieu observé.

Sobriété écologique et énergétique s'articulent ici avec une « sobriété territoriale », au travers de l'attachement à un espace de vie à la fois territoire et milieu et un autre art de l'habiter (Alvarez-Villareal, 2023). Les géographes féministes ont montré que les définitions classiques du territoire, comme enjeu de pouvoir, sont androcentrées (Jackmann *et al.*, 2020 ; Hancock, 2004 ; Valentine, 2001), privilégiant des territorialités alternatives. Celles-ci sont à rapprocher des débats sur la déterritorialisation en Amérique latine (Castellano et Ludec, 2021), en lien avec les ontologies autochtones (Escobar, 2018). Le sacré autochtone manifeste une disposition spatiale englobante et une ontologie holistique sur l'ensemble du territoire « naturel-humanisé » (Desbiens et Gagnon, 2021). Loin de fabriquer des territoires, les sorcières ritualisent jusque dans la rue et en prison dans l'espace qui leur est temporairement laissé, depuis leur position subalterne, au travers de pratiques aussi éphémères qu'ambulantes. Mais elles se situent toujours géographiquement dans leurs territoires-milieux de vie pour défendre ce qui leur est sacré, dans un maintien de la médiation sacrale (Berque, 1990) : la perpétuation de la vie sur la planète, par le soin aux relations du vivant.

4   Conclusion : que retenir pour la géographie environnementale ?

Avec la *earth-based spirituality* de Starhawk, les sorcières écoféministes sacralisent une nature humanisée, ordinaire, puisqu'elles conçoivent des relations horizontales entre humain.es et autres qu'humain.es, dans une éthique écocentrée à l'ontologie d'abord relationnelle. Depuis leur territoires-milieux de vie, à partir de leur corps, elles défendent d'abord la perpétuation de la vie sur Terre, localement et à l'échelle planétaire. L'ancrage local, à la fois micro (le cercle sacré ou le lieu d'observation) et macro (le territoire soigné et ritualisé collectivement avec la communauté des voisins), caractérisé par une moindre anthropisation et une territorialité alternative, permet de se projeter vers d'autres territoires-milieux de vie ainsi que des mobilisations internationales. Le *Reclaim* écoféministe cherche donc à retisser les liens du vivant, êtres humains inclus, qui avaient été séparé.es, dans une médiation sacrale représentée par le territoire lui-même et un autre art d'habiter. Le sacré chez Starhawk est politique : c'est ce pour quoi nous sommes prêts à faire des sacrifices, c'est l'immanence et la diversité qui donnent de la valeur à chacun.e ainsi que de la force dans l'action politique. C'est bien là le sens des rituels de Starhawk comme la danse en spirale où les participant.es se prennent les mains et se croisent en se regardant dans les yeux, rejoignant une des étymologies possibles du mot religion : *religare* pour relier.

À l'ère de l'Anthropocène, l'anthropocentrisme, même raisonné, a montré ses limites (Rodary *et al.*, 2003 ; Tordjmann, 2021). La géographie environnementale s'est de plus en plus tournée ces dix dernières années vers l'écocentrisme au travers de nouvelles formes de relationalité avec le vivant par la rencontre et la cohabitation avec le sauvage ou les hybrides (Lespez et Dufour, 2021), tout en maintenant une « bonne distance » (Bortolamiol *et al.*, 2017 ; Berthier, 2019 ; Capon, 2022). Les sorcières écoféministes nous invitent en tout cas à repenser les rapports au savoir, en revisitant l'épistémologie des sciences, pour « changer de changement » (Blandin et Marage, 2021) face aux crises écologiques en cours. L'intérêt de l'œuvre de Starhawk pour une réflexion paradigmatique en géographie environnementale est de renforcer l'écocentrisme en l'associant au sacré et à un *empowerment* non hiérarchique mais politique, mais aussi de proposer des outils pour une meilleure qualité relationnelle (Marage et Jégou, 2022). À quelles conditions de validité ? L'articulation de la pensée magique et de la pensée rationnelle, la volonté d'agir dans le monde réel comme dans le monde subtil, peuvent participer de ces conditions, dans une perspective de plurivers, *id est* une pluralité d'ontologies (Escobar, 2018).

Je tiens à remercier Anne Volvey, Damien Marage et Isabelle Stengers pour leurs conseils ainsi que les reviewers de cet article et les coordinateurs de ce numéro.

Laboratoire ThéMA
Université de Bourgogne
Bâtiment Droit-Lettres
4 boulevard Gabriel
21 000 DIJON
anne.jegou@u-bourgogne.fr

Bibliographie

Corpus étudié

Biehl, J. (1991), *Rethinking Ecofeminist Politics*, Boston, South End Press, 191 p.

Biehl, J. (1988), *Dare to know. A review of Starhawk's Truth or Dare*, Green Program Project, 26 p.

Chollet, M. (2003), « Quitter la terre ferme des certitudes », Recension de *Femmes, magie et politique* de Starhawk https://www.peripheries.net/article215.html.

Starhawk, (2022), *La voie de la Terre. Connectez votre esprit aux rythmes de la nature*, Véga, 443 p., traduit de (2004) *The Earth path: grounding your spirits in the rythms of nature*, San Francisco, Harper

Starhawk, (2021), *Comment s'organiser ? Manuel pour l'action collective*, Paris, Cambourakis, 336 p., traduit de (2011), *The Empowerment Manual*, Gabriola Island, New Society Publishers.

Starhawk, (2021), *Spiral Dance. Renaissance de l'ancienne religion de la grande Déesse*, Paris, Véga, 600 p., traduit de (1979) *Spiral Dance. A Rebirth of the Ancient Religion of the Goddess*, New York, Harper Collins.

Starhawk, (2019), *Quel monde voulons-nous ?*, Paris, Cambourakis, 208 p., traduit et extrait de (2002) *Webs of power : Notes from global uprising*, Gabriola Island, New Society Ltd.

Starhawk, (2016), *Chroniques altermondialistes. Tisser la toile du soulèvement global.* Paris, Cambourakis, 240 p., traduit et extrait de (2002) *Webs of power : Notes from global uprising*, Gabriola Island, New Society Ltd.

Starhawk, (2005), « Une réponse néopaïenne après le passage de l'ouragan Katrina » *in* Hache E. (2016), *Reclaim – Recueil de textes écoféministes,* Paris, Cambourakis, p. 269-284.

Starhawk, Valentine, H. (2000), *Twelve wild swans : a journey to the realm of magic, healing and action*, San Francisco, HarperOne.

Starhawk, (1990), « Power, authority, and mystery : Ecofeminism and Earth-Based Spirituality » *in* Diamond I. & Orenstein, Gloria Freman éd., (1990), *Reweaving the World. The Emergence of Ecofeminism*, San Francisco, Sierra Club Books, p. 73-86.

Starhawk, (1989), "Feminist, Earth-based Spirituality and Ecofeminism" *in* Plant J. éd., 1989, *Healing the wounds : The Promise of Ecofeminism*, p. 174-185, Philadelphia, New Society Publishers, p. 174-185.

Starhawk, (2015), *Rêver l'obscur. Femmes, magie et politique*, Paris, Cambourakis, 384 p., traduit de (1982) *Dreaming the dark: magics, sex and politics*, Beacon Press.

Autres références bibliographiques

Abram, D. (2013 [1996]), *Comment la terre s'est tue. Pour une écologie du sensible*, Paris, La Découverte, 250 p.

Alvarez-Villareal, L. (2023), « Postface. Les féminismes du Sud ancré. Vers une politique de la Terre habitée », in Fronty E., *Vivantes. Des femmes qui luttent en Amérique latine*, Bellevaux, Dehors, p. 237-232.

Ameisen, J.-C. (2003), *La sculpture du vivant. Le suicide cellulaire ou la mort créatrice*, Paris, Points Seuil, 480 p.

Arnould, P., Glon, E. (dir.), (2006), « Wilderness. La nature en Amérique du Nord », *Annales de géographie*, n° 649, 2006/3, 114 p.

Beau, R. (2017), *Ethique de la nature ordinaire. Recherches philosophiques dans les champs, les friches et les jardins*, Paris, Publications de la Sorbonne, https://books.openedition.org/psorbonne/105177.

Becci, I., Grandjean, A. (2021), "Is Sacred Natured Gendered or Queer ? Insights from a Study on Eco-Spiritual Activism in Switzerland", *Religions*, 13: 23

Berque, A. (1990), *Médiance, de milieu en paysages*, Paris, Reclus, 159 p.

Berthier, A. (2019), *Oiseaux urbains ? : les conditions d'une cohabitation humains-animaux dans le Grand Paris*, thèse de géographie de l'université Paris 1

Bertrand, C. et Bertrand, G. (2002), *Une géographie traversière. L'environnement à travers territoires et temporalités*, Paris, Arguments, 311 p.

Blandin, P., Marage, D. (dir.), (2021), *L'avenir du vivant. Nos valeurs pour l'action.* Rapport du comité français de l'Union Internationale pour la Conservation de la Nature, 53 p.

Bortolamiol, S., Raymond, R., Simon L., (2017), « Territoires des humains et territoires des animaux : éléments de réflexion pour une géographie animale », *Annales de géographie*, vol. 176, n° 4, p. 387-407.

Burgart-Goutal, J. (2020), *Être écoféministe. Théories et pratiques,* Paris, L'échappée belle, 317 p.

Burgart-Goutal, J. (2017) « Un nouveau printemps pour l'écoféminisme ? », *Multitudes*, n° 67 vol. 2, p. 17-28

Capon, M. (2022), *Accueillir les mammifères sauvages en ville : jonctions et injonctions dans la Métropole du Grand Paris*, thèse de géographie de l'université Paris 1.

Castellano C., Ludec N. (2021), « Introduction : territoires féministes en Amérique latine – voix périphériques », *Les cahiers Amérique latine histoire et mémoire*, vol. 41, https://doi.org/10.4000/alhim.9379.

Chartier, D. (2016), « Gaïa, hypothèse scientifique, vénération néopaïenne et intrusion », *Géoconfluences*, octobre 2016

Chollet, M. (2018), *Sorcières. La puissance invaincue des femmes*. Paris, La Découverte, 240 p.

Chollet, M. (2003), « Quitter la terre ferme des certitudes ». Recension de Femmes, magie et politiques de Starhawk, *Périphéries*, https://www.peripheries.net/article215.html.

Choné, A. (2016), « Éco-spiritualités » *in* Choné, A., Hajek, I., Hamman, P., *Guide des humanités environnementales*, Lille, Presses universitaires du Septentrion, p. 59-71.

Clément G., (2001), *Le jardin en mouvement, de la vallée au jardin planétaire*, Paris, Sens et Tonka, 281 p.

Cook, J. (2015 [1998]), « La colonisation de l'écoféminisme par la philosophie » *in* Hache E., *Reclaim*, Paris, Cambourakis, p. 285-318.

Cronon, W. (2009 (1995]), « Le problème de la wilderness ou le retour vers une mauvaise nature », *Écologie et politique*, n° 38, p. 173-199

Daly, M. (1978), *Gyn/Ecology. The Methaethics of radical feminism*, Boston, Beacon, 484 p.

De la Torre, R. (2011), « Les rendez-vous manqués de l'anthropologie et du chamanisme », *Archives des sciences sociales des religions*, n° 153, p. 145-158

Depraz, S. (2008), *Géographie des espaces naturels protégés. Genèse, principes et enjeux territoriaux*, Paris, Armand Colin, 320 p.

Desbiens, C. et Gagnon, J. (2021), « Géographies autochtones du sacré – propos introductifs », *Géographie et cultures*, n° 118, https://journals.openedition.org/gc/18673.

Eliade, M. (1965), *Le sacré et le profane*, Paris, Gallimard, 187p.

Ehrenreich, B. et English, E. (2023 [1973]), *Sorcières, sages-femmes et infirmières. Une histoire des femmes soignantes*, Paris, Cambourakis, 139 p.

Escobar, A. (2018), *Sentir-penser avec la Terre. Une écologie au-delà de l'Occident*, Paris, Le Seuil, 240 p.

Favret-Saada, J. (1985 [1979]), *Les Mots, la Mort, les Sorts. La sorcellerie dans le Bocage*, Paris, Gallimard, 432 p.

Federici, S. (2014 [2004]), *Caliban et la sorcière : femmes, corps et accumulation primitive*, Genève, Entremonde, 464 p.

Feraro, S. (2017), "The Politics of the Goddess: Radical/Cultural Feminist Influences of Starhawk's Feminist Witchcraft" *in* Bardsen Tollefsen I. & Giudice C. (éd.), *Female Leaders in New Religious Movements*, Palgrave Macmillan, p. 229-248.

Frémeaux, I. et Jordan, J. (2021), « Préface – Starhawk, l'alchimiste du collectif » *in* Starhawk, *Comment s'organiser, manuel pour l'action collective*, Paris, Cambourakis, p. 9-18.

Froidevaux-Metterie C. (2021), *Le corps des femmes. La bataille de l'intime*, Paris, Points, 160 p.

Grésillon, E. & Sajaloli, B. (dir.) (2019), *Le sacre de la nature*, Paris, Sorbonne université presses, 408 p.

Grésillon, E. et Sajaloli B. (2013), « Sacrée nature, paysages du sacré. Géographie d'une nature réenchantée ? », *Carnets de géographes*, n° 6, https://doi.org/10.4000/cdg.932.

Griffin, S. (2021 [1978]), *La Femme et la Nature. Le rugissement en son sein*, Paris, Le pommier, 470 p.

Hache, E. (2016), *Reclaim – Recueil de textes écoféministes*, Paris, Cambourakis collection Sorcières, 412 p.

Hache, E. (2015), « Préface – Where the future is » in Starhawk, *Rêver l'obscur. Femmes, magie et politique*, Paris, Cambourakis, p. 7-25

Hache, E. (2011), *Ce à quoi nous tenons. Propositions pour une écologie pragmatique*, Paris, La Découverte, 270 p.

Haraway, D. (2020 [2016]), *Vivre avec le trouble*, Vaulx-en-Velin, Les éditions des mondes à faire, 400 p.

Hancock, C. (2004), « L'idéologie du territoire en géographie : incursions féminines dans une discipline masculiniste » *in* Bard, C. (dir.) *Le genre des territoires : féminin, masculin, neutre*, Presses de l'université d'Angers, p. 167-176

Huston N. (1980), « Lettre à certaines sorcières », *Sorcières : les femmes vivent*, n° 20 « La nature assassinée », p. 37-40

Jackman A., Squire R., Bruun J., Thornton P. (2020), « Unearthing feminist territories and terrains », *Political Geography*, https://doi.org/10.1016/j.polgeo.2020.102180.

Larrère C., (2023), *L'écoféminisme*, Paris, La Découverte, 128 p.

Larrère, C. (2022), « L'écoféminisme en paroles et en actes », *Communications*, vol. 110, n° 1, p. 139-152.

Larrère, C. (2016), « Postface. L'écoféminisme ou comment faire de la politique autrement », in Hache E., Reclaim. *Une anthologie de textes écoféministes*, Paris, Cambourakis, p. 369-389.

Larrère, C. (1997), *Les philosophies de l'environnement*, Paris, PUF, 130 p.

Laugier, S. (2015), « Care, environnement et éthique globale », *Cahiers du genre*, n° 59, p. 127-152.

Le Lay, Y.-F., Comby, E., Bouron J.-B. (2023) « Notions en débat. Milieu, environnement et nature », *Géoconfluences*, novembre 2023.

Leopold, A. (2017 [1949]), *Almanach d'un comté des sables*, Paris, Flammarion, 290 p.

Lenoir, E. (2021), *Grand traité du jardin punk*, Mens, Terre vivante, 256 p.

Lespez, L., Dufour S. (2021) « Les hybrides, la géographie de la nature et de l'environnement », *Annales de géographie*, vol. 1, n° 737, p. 58-85.

Lovelock, J. (2017 [1979]), *La Terre est un être vivant : l'hypothèse Gaïa*, Paris, Flammarion, 288 p.

Macy, J. (1984), *Despair and Personal Power in the Nuclear Age*, Gabriola Island, New Society Publishers, 194 p.

Marage, D., Jégou, A. (2022), « Pour une géographie de la relationalité. Repenser la solidarité territoriale urbaine avec les non-humains », *Bulletin de l'Association des Géographes Français*, vol. 99, n° 3, p. 386-399.

Mathevet, R. (2021) « Les quatre écologies de l'anthropocène », *The conversation*, https://theconversation.com/les-quatre-ecologies-de-lanthropocene-152490.

Mathevet, R., Bousquet, F., Raymond, CM. (2018), "The concept of stewardship in sustainability science and conservation biology". *Biological conservation*, vol. 217, p. 363-370

Mathevet, R. et Marty, P. (2015), « Géographie de la conservation : entrevoir, voir et porter attention à la biodiversité » *in* Mathevet, R. et Godet, L. (2015), *Pour une géographie de la conservation : biodiversités, natures et sociétés*, Paris, L'Harmattan, p. 11-31.

Merchant, C. (2021 [1980]) *La mort de la nature. Les femmes, l'écologie et la Révolution scientifique*, Marseille, Wildproject, 454 p.

Michelet, J. (2016 [1862]), *La Sorcière*, Paris, Folio, 480 p.

Molinier, P., Laugier, S., Paperman, P. (2021) *Qu'est-ce que le care ? Souci des autres, sensibilité, responsabilité*, Paris, Payot, 304 p.

Nash Frazier, R. (2014 [1967]), *Wilderness and the American mind,* New Haven & London, Yale university press, 409 p.

Obadia, L. (2023), *La spiritualité*, Paris, La Découverte, 128 p.

Ostrom, E. (2010 [1990]), *Gouvernance des biens communs : pour une nouvelle approche des ressources naturelles*, De Boeck, 301 p.

Pignarre, P., Stengers, I. (2003), *La sorcellerie capitaliste : pratiques de désenvoûtement,* Paris, La Découverte, 234 p.

Pech, P. (2022), *Le droit à la religion. Réflexions pour libérer les croyances des pouvoirs religieux,* Paris, l'Harmattan, 140 p.

Pruvost, G. (2019), « Penser l'écoféminisme. Féminisme de la subsistance et écoféminisme vernaculaire », *Travail, genre et société*, n° 42, p. 29-47

Querrien, A. (2017), « Starhawk, écoféministe et altermondialiste », *Multitudes*, vol. 67, n° 2, p. 54-56

Rimlinger, C. (2021), « Féminin sacré et sensibilité écoféministe. Pourquoi certaines femmes ont toujours besoin de la Déesse », *Sociologie*, n° 1 vol. 12, p. 77-91

Rodary E., Castellanet C., Rossi G. (2003), *Conservation de la nature et développement : l'intégration impossible ?*, Paris, Karthala, 308 p.

Rosenberg, K. S., French A. J. (2013), « Magical Thinking » in Taylor M., *The Oxford Handbook of the Development of Imagination*, Oxford university press, p. 42-60

Sajaloli B., Grésillon E. (2019), « Les milieux naturels et le sacré. Esquisse d'une biogéographie spirituelle de la nature », *Bulletin de l'Association des Géographes Français*, vol. 96, n° 2, p. 265-281

Salomonsen, J. (2002), *Enchanted Feminism : The Reclaiming Witches of San Francisco*, London, Routledge, 318 p.

Shiva, V. (2022 [1988]), *Restons vivantes. Femmes, écologie et lutte pour la survie*, Paris, Rue de l'échiquier, 432 p.

Snyder, P. (2019), « Le mouvement de la déesse : controverses dans le champ académique féministe », *Nouvelles questions féministes*, vol. 38, p. 70-85

Stengers, I. (2013), *Une autre science est possible ! Manifeste pour un ralentissement des sciences.* Paris, La Découverte, 200 p.

Spivak, G. (2009), *Les subalternes peuvent-elles prendre la parole ?*, Paris, éditions Amsterdam, 144p.

Tordjman, H. (2021), *La croissance verte contre la nature. Critique de l'écologie marchande.* La Découverte, Paris, La Découverte, 344 p.

Thoreau, H. D. (2020 [1862]), *De la marche*, Paris, Fayard, 79 p.

Valentine, G. (2001), *Social Geographies. Space and Society*, Harlow, Prentice Hall, 416 p.

Warren, K. (2001), « Nature is a feminist issue", *The philosopher's magazine*, n° 14, p. 19-20

Wittig, M., Zeig, S. (1978), *Brouillon pour un dictionnaire des amantes*, Paris, Minuit, 238 p.

(Re)sacraliser la nature, un levier pour considérer le vivant ?

(Re)sacralizing Nature: a Lever for Considering Living Things?

Étienne Grésillon

Maître de conférences en géographie, Université Paris Cité, UMR Ladyss 7533 CNRS

Brice Gruet

Maître de conférences en géographie, INSPE/Université Paris-Est Créteil, UMR LAVUE 7218 CNRS

Bertrand Sajaloli

Maître de conférences en géographie, Université d'Orléans, EA 1210 CEDETE

Résumé

La prise de conscience de la finitude spatio-temporelle du monde (crises écologiques, climatiques, sanitaires...), l'anxiété qu'elle crée chez les êtres humains, en particulier en Europe, favorisent le retour du sacré et sa fixation sur des objets environnementaux. Pour intégrer ce qui relie la nature et la culture, les spiritualités offrent à la fois un précieux recueil d'expériences et une boîte à outils pour dépasser la crise actuelle. La force de la religion réside en ce qu'elle traite des relations entre les vivants, entre ces vivants et l'univers, et ce du quotidien depuis le début jusqu'à la fin des temps. Cause avancée et remède proclamé de la crise écologique, le sacré transforme un discours scientifique en une éthique spirituelle accessible pour tous, avec des propositions sur les raisons du monde (création), des solutions (encyclique *Laudato Si*) et un univers des possibles. Si le vivant et Gaïa ouvrent des questionnements spirituels sur l'univers, et ce de moins en moins en marge du domaine scientifique *stricto sensu*, le sacré et notamment la redécouverte des cultures rurales et populaires, propose une sorte d'ontologie alternative face aux visions plus institutionnelles de la nature.

Abstract

Awareness of the finiteness of the world in space and time (ecological, climatic and health crises, etc.) and the anxiety it creates in human beings, particularly in Europe, are encouraging a return to the sacred and a focus on environmental objects. When it comes to integrating the links between nature and culture, spirituality offers both a valuable compendium of experience and a toolbox for overcoming the current crisis. The strength of religion lies in the fact that it deals with the relationships between living beings, and between living beings and the universe, from the beginning to the end of time. As both cause and remedy for the ecological crisis, the sacred transforms a scientific discourse into a spiritual ethic accessible to all, with an idea of the reasons for the world (creation), solutions and a universe of possibilities (Laudato Si). If living beings and Gaia are opening up spiritual questions about the universe, outside the realm of science in the strict sense of the term, then the sacred, and in particular the rediscovery of rural and popular cultures, offers a kind of alternative ontology to the more institutional visions of nature.

Mots-clefs géographie, sacrés, écologie, vivant, crises écologiques, religions, naturalisme, animisme.

Ann. Géo., n° 756-757, 2024, pages 175-201, © Armand Colin

Keywords   *geography, the sacred, ecology, relations to living, ecological, ecological crises, religions, naturalism, animism.*

La prise de conscience de la finitude du monde (crises écologiques, climatiques, sanitaires...), l'anxiété qu'elle crée chez les êtres humains favorisent le retour vers le sacré en Europe et sa fixation sur des objets environnementaux (Sajaloli et Grésillon, 2019a ; Grésillon et Sajaloli, 2020). Avec le terme sacré, nous désignons la croyance de l'existence d'une présence immanente ou transcendante qui implique un rapport immatériel aux autres vivants ou non-vivants (Grésillon et Sajaloli, 2019b). Cette existence perçue provoque un mystère qui se traduit par des usages rituels ou non (Eliade, 1965), une recherche d'harmonie, une admiration, un sentiment de peur ou d'effroi (Otto, 2001), et même parfois une certaine violence (Girard, 1972). Le sacré formalise ainsi des pratiques et des représentations du monde et outrepasse dès lors une acception purement religieuse ou spirituelle. Ce déplacement favorise le travail sur les manifestations du sacré dans les sociétés (Tarot, 2008 ; Larrère et Hurand, 2014 ; Azria et Hervieu-Léger, 2019) et ouvre un champ de recherche pour la géographie (Sajaloli et Grésillon 2019a).

Dans ce retour du sacré, la nature est un rouage important. Elle est utilisée de manière polymorphe comme méthode-miracle pour soigner les corps ainsi que les âmes et comme solution pour réduire les angoisses de fins du monde. À une nature extérieure à l'humain, objectivée, délaissée par les sociétés occidentales, succède une nature patrimonialisée (Roussel *et al.*, 2020), sacralisée (Grésillon et Sajaloli, 2019a), renvoyant pour le paysagiste Gilles Clément à la figure d'un génie (Clément, 2012). La nature se trouve ainsi élevée au rang de divinité.

Dans le même temps, apparaît une véritable remise en cause du naturalisme qui serait une ontologie construite sur la dichotomie entre nature et culture (Descola, 2019 ; Latour, 2017), du capitalisme extracteur vorace de la faune et de la flore (Tsing, 2017) et de la conception occidentale anthropocentrique de la nature (Escobar, 2018). Pour dépasser la crise environnementale, il s'agit de considérer le vivant, de travailler sur ce qui relie tous les vivants entre eux (Morizot, 2020 ; Bouteau *et al.*, 2021 ; Grésillon *et al.*, 2023), qu'ils soient humains ou non, et de penser le vivant sans hiérarchie (Haraway, 2016) en intégrant les relations d'interdépendance (Gilbert *et al.*, 2012). Il s'agit également de bouleverser les pratiques et méthodes scientifiques en mettant en dialogue des savoirs scientifiques, des savoirs vernaculaires/autochtones (Kimmerer, 2021) et des représentations religieuses (Margulis *et al.*, 2011 ; Chartier, 2016a). D'objet ressource, la nature, par le truchement du vivant, devient sujet, acquiert droit, valeur et prend même des figures religieuses.

En amont de ces débats, les différentes stratégies de réenchantement du monde succèdent à une sortie du religieux théorisée et décrite par Danièle Hervieu-Léger (Hervieu-Léger, 2002) ou Marcel Gauchet (Gauchet, 1985), relayant Max Weber (Weber, 1917) qui avait pointé ce désenchantement du monde. Elles interrogent la rupture entre le monde et nous-mêmes instituée par la modernité et le christianisme qui est source de souffrance chez nombre de nos contemporains (Rey, 2006). À l'inverse, la résurgence des rituels, inventés ou non, et la recherche du sacré afférente traduisent un besoin de « reliance » (c'est-à-dire ce besoin d'éprouver une connexion à l'altérité qui ait du sens) à l'univers et à la nature dont la presse se fait largement l'écho.

Ainsi, cette rupture, considérée comme un acquis indépassable de tout l'édifice intellectuel occidental depuis la Renaissance est remise en cause, notamment depuis les années 1960, par tous les écrivains critiques de la civilisation industrielle tels qu'Ivan Illich, Günther Anders, ou encore Herbert Marcuse, Pierre Charbonnier. Elle trouve aujourd'hui un écho favorable chez les intellectuels engagés dans l'écologie politique. Parmi les géographes, Augustin Berque critique la décosmisation du monde, générant angoisse et écoanxiété, et s'interroge à l'inverse sur les possibilités d'une recosmisation de ce même monde (Berque 2014, 2015, 2017). Dans cette démarche de reconnexion avec le monde, le sacré est un allié important pour définir des usages, des représentations d'une vie plus en adéquation avec les écosystèmes terrestres (Callicott, 2011 ; Larrère 2020). Jean-Marie Pelt évoque ainsi la nécessité d'une méta-écologie ouverte à la dimension spirituelle pour « donner un peu de verticalité à l'horizontalité » (Pelt, 2015, p. 85) de la recherche. Cette spiritualisation de l'écologie s'effectue simultanément avec la conversion écologique du religieux, notamment chrétien (Grésillon et Sajaloli, 2015), dans un mouvement de double balancier.

En portant notre attention sur ce retour d'une sacralisation de la nature en Occident, l'article interroge cette capacité du sacré à mettre en relation les humains avec la terre et plus spécifiquement la nature. Quels sont les moteurs, les fonctionnements et les objets d'une sacralisation de la terre, des vivants et non-vivants dans les religions institutionnelles, dans les sciences et dans des connaissances vernaculaires ? Quelles représentations du monde et de la nature en sont produites ? Quels sont les effets de cette sacralisation sur la façon dont les sociétés occidentales conçoivent l'histoire de la vie, les relations entre les vivants et la terre ?

À partir de représentations religieuses et scientifiques, l'article s'intéresse aux leviers utilisés pour sacraliser la terre et les vivants. Si (i) la religion catholique présente un bel exemple d'une re-sacralisation de la nature, les notions de vivant et Gaïa (ii) développent une intrusion du sacré dans la compréhension de la terre et des vivants par les sciences alors que (iii) les cultures vernaculaires délimitent d'autres sacralités de la terre et de la nature.

1   D'une religion anthropocentrée à une religion éco-compatible

Les crises environnementales remobilisent les visions spirituelles de la nature et érigent le sacré (Sajaloli et Grésillon, 2019a) en agent performant de la protection du vivant. Ces interprétations inédites déplacent les rapports respectifs entre les humains, le.s divin.s et leurs environnements. Une nouvelle géographie sacrée se construit qui a une grande incidence sur les représentations de la nature et sur les pratiques humaines consommatrices des plantes, des animaux et des non-vivants. Comment le christianisme est-il passé d'une religion anthropocentrée à une religion compatible avec l'écologie politique contemporaine ? Quels sont les points de passage ayant favorisé des avancées structurelles vers une considération du vivant dans son hétérogénéité et vers une remise en cause de la lecture anthropocentrique anciennement prêtée à l'Église catholique (Grésillon et Sajaloli, 2015).

1.1 « Puisque les racines de la crise écologique sont religieuses, le remède doit être aussi religieux » (Lynn White)

Dans la transformation du discours sur les questions écologiques des religions judéo-chrétiennes et plus particulièrement du catholicisme, la publication de Lynn White (1967), médiéviste américain, qui attribue aux religions chrétiennes et juive une lourde responsabilité historique dans la crise écologique planétaire (Pelletier et Grésillon, 2020) est essentielle. Selon lui, ces religions ont fait de l'homme un maître et un possesseur de la nature induisant le développement d'une mécanique de destruction des milieux naturels et de pollution à grande échelle (White, 1967). Cet article « demeure un point de départ incontournable pour une question inévitable » (Eslin 2015, p. 849).

Désacralisée ou « désenchantée », la nature n'inspire plus une considération ou une crainte, ce qui libère les instincts de destruction (Lacroix, 1993) : « la science actuelle comme la technologie actuelle sont toutes les deux si imprégnées d'arrogance chrétienne envers la nature que toute solution pour notre crise écologique ne peut être attendue d'elles seules. Puisque les racines de notre trouble sont si religieuses, le remède doit être aussi essentiellement religieux, qu'on l'appelle ainsi ou pas » (White 1967, p. 1207). Ainsi, Lynn White insiste sur l'importance de la religion pour renverser ce paradigme, la re-sacralisation de la nature étant motrice de la protection de la nature. D'où sa volonté de reconsidérer la tentative franciscaine, « une sorte de panthéisme psychique original envers les choses animées et inanimées, désignées à la glorification de leur créateur transcendant » (White 1967, p. 1207). Selon lui, François d'Assise attribue de l'esprit à toutes les choses animées et à tous les êtres vivants (panpsychisme unique) pour la glorification de leur Créateur transcendant, qui, dans le monde entier, est le seul à avoir une vision de la nature. Cette vision confère aux vivants une certaine liberté par rapport aux humains et à dieu, tout en gardant la conception d'un dieu transcendant biblique : « Chaque créature loue le créateur à leur manière, comme le fait frère homme à la sienne » (*ib.*). En dépossédant l'homme de sa « monarchie » (terme utilisé par Lynn White) François d'Assise initie « une démocratie de toutes les créatures de Dieu » (*ib.*). Après cet éloge, Lynn White propose d'ériger François d'Assise en saint patron pour les écologistes » (White 1967, 1207), ce que décidera Jean Paul II en 1979. Lu ou non par le clergé, cet article a eu des effets sur la parole officielle de l'Église catholique, et plus largement du christianisme.

Le deuxième moteur de la remise en cause de cette vision monarchique et de la construction d'une nouvelle approche du vivant émane des rassemblements œcuméniques comme Pax Christi (Sajaloli et Grésillon, 2019c).

Dès les années 1970, les églises protestantes engagent une réflexion sur la sauvegarde de la création. Ce sont d'abord les églises scandinaves (norvégienne, suédoise et finlandaise) qui appellent à une prise de conscience sur les enjeux de protection de la nature et considèrent cette thématique comme aussi centrale que la justice et la paix. Le terme création, qui désigne les êtres vivants et l'univers créé par Dieu, apparaît avec de plus en plus d'insistance dans les textes officiels des différentes confessions chrétiennes, jusqu'à faire consensus et susciter une véritable remise en cause de la vision consommatrice de la nature.

En 1979, la Commission de la défense de la nature des Églises de la Confession d'Ausbourg et réformée d'Alsace et de Lorraine publie un article, *Nature menacée et responsabilité chrétienne (*Marx et Siegwalt, 1979*)*. Le texte critique l'interprétation littérale de « dominer la terre » (Gn 1, 28), en montrant que la phrase est en opposition avec les religions contemporaines de l'écriture de la Bible qui étaient panthéistes. La domination humaine ne doit donc pas être celle d'un tyran mais celle d'un berger. Cela implique un respect de la nature, car elle est créée par Dieu.

Le cercle s'élargit en 1983 avec la sixième Assemblée des Églises œcuméniques, qui rassemble les protestants et les orthodoxes à Vancouver, et prône un processus conciliaire d'engagement mutuel en faveur de la justice, de la paix et de l'intégrité de toute la création. Il faudra attendre le rassemblement œcuménique de Bâle en 1989 qui réunit 638 délégués officiels des Églises européennes (catholiques, protestantes, et orthodoxes), autour du thème « paix et justice pour la création » pour que l'ensemble des grands courants religieux chrétiens procèdent à un véritable *aggiornamento* en matière d'environnement. Les Églises appellent à limiter la destruction des forêts tropicales, l'utilisation des énergies fossiles et de l'énergie nucléaire, les dépôts des déchets... Comme la charte mondiale de la nature de l'ONU de 1982, l'assemblée demande que des mesures soient prises pour protéger la diversité des espèces. Le deuxième rassemblement œcuménique de Graz, en 1997, va plus loin en réclamant un changement profond de l'ordre du monde et de son système de valeur. Il appelle à une responsabilité écologique par rapport à ce qui est légué aux générations futures[1]. Cette responsabilité implique un contrôle des incidences écologiques des découvertes scientifiques et techniques (nucléaires, génétiques...), une ouverture à la beauté de la création, un respect de la diversité des espèces et une protection du climat. Enfin Graz fait directement allusion à l'Agenda 21 qui devient *de facto* un tableau de bord pour les Églises.

Le dialogue entre les primats catholiques (Jean-Paul II) et le primat de l'Église orthodoxe de Constantinople (Bartholomaios I) favorise également des

---

1   Les Églises chrétiennes étaient très représentées lors du Sommet de la terre de Rio de Janeiro en juin 1992 et ont pesé sur les débats (voir Sajaloli et Grésillon, 2019c).

avancées notables, en établissant un lien entre le péché originel et la crise écologique actuelle : en ne veillant pas sur la création, les humains auraient détruit l'harmonie originelle. Ainsi, « les chrétiens et les autres croyants doivent jouer un rôle spécifique en proclamant les valeurs morales et en éduquant les personnes à une *conscience de l'écologie,* qui n'est autre que la responsabilité envers soi-même, envers les autres, et envers la création » (Jean-Paul II et Bartholomaios I, 2002). Cet appel à une « conversion dans le Christ » pour changer la façon de penser et d'agir est une étape importante pour la rédaction de l'encyclique *Laudato Si.*

1.2 Les déplacements spirituels opérés par Laudato Si pour une intégration du vivant

Apogée de la trajectoire vers une conversion écologique du catholicisme (Grésillon et Sajaloli, 2015 ; Carmen Molina et Pérez-Garrido, 2022), l'encyclique *Laudato Si* du pape François du 24 mai 2015 invite à un changement radical, quasi révolutionnaire, dans les pratiques pour retrouver une harmonie avec la création, et ce sans renier les principes génésiaques qui placent l'humain en haut de la hiérarchie du vivant (Larrère, 2020).

La force du propos du pape François réside dans le fait qu'il assume une critique de la lecture anthropocentrique chrétienne : « Nous devons reconnaître que, nous les chrétiens, nous n'avons pas toujours recueilli et développé les richesses que Dieu a données à l'Église, où la spiritualité n'est déconnectée ni de notre propre corps, ni de la nature » (François 2015, § 216). Si dans l'encyclique, l'être humain conserve sa position spéciale « à l'image et à la ressemblance de Dieu" (François, 2015, § 65) », cette supériorité ne doit pas être interprétée comme « une gloire personnelle » ou une « domination irresponsable » mais comme « une capacité différente [...] qui naît de sa foi » (François 2015, § 220). C'est donc dans un cheminement spirituel qu'il est possible de trouver des solutions écologiques. Acte écologique et acte de foi sont confondus (Revol, 2016). L'humain ne comprendrait pas « sa supériorité comme motif de gloire personnelle ou de domination irresponsable, mais comme une capacité différente, lui imposant à son tour une grave responsabilité qui naît de sa foi » (François, 2015, § 220).

L'encyclique insiste sur le lien fort entre les enjeux de protection de la nature et ceux des exclus des sociétés (Crabbé, 2016). Les humains sont à la fois la cause de la crise écologique et ceux qui peuvent la dépasser : « Les possibilités de solution requièrent une approche intégrale pour combattre la pauvreté, pour rendre la dignité aux exclus et simultanément pour préserver la nature » (François 2015, § 139). Cette assimilation entre les relations des humains entre eux, avec les vivants et avec le divin constitue le socle de la définition de l'écologie intégrale déjà utilisée par Benoît XVI lors de la journée mondiale de la paix en 2015[2].

---

2   Cette notion a une paternité ambiguë en France (Grésillon et Sajaloli, 2015) puisque c'est à partir du « nationalisme intégral » de Charles Maurras que l'Action française a publié le premier des articles

Pourtant, la conversion écologique de l'Église, son indéniable engagement social, antilibéral, voire anticapitaliste, ne s'accompagnent pas d'un assouplissement des valeurs morales catholiques (Le Bot, 2017)[3].

Les proximités entre les enjeux humains et les enjeux écologiques sont d'ordre filial dans un monde créé par dieu, où nous sommes tous des frères et des sœurs. L'encyclique *Laudato Si* commence par une invitation à penser la terre « comme une sœur, avec laquelle nous partageons l'existence, et comme une mère, belle, qui nous accueille à bras ouverts » (François, 2015, § 1) en reprenant le Cantique des Créatures de François d'Assise. Réunissant deux figures féminines, la terre prend une dimension surréelle et surnaturelle. Elle devient un élément primordial portant et nourrissant les humains, ce qui n'est pas sans rappeler la figure de Gaïa, la « déesse mère » (Grésillon *et al.*, 2023) agissante de la mythologie grecque (voir chapitre 2.2).

La définition de l'environnement de l'encyclique insiste sur la proximité entre les humains et la nature, qui est construite sur « une relation », dans laquelle les humains sont inclus dans la nature[4]. Le texte évoque même un enchevêtrement entre les sociétés et la biosphère (François 2015, § 139), d'où le recours à l'écologie intégrale, prenant « en compte les interactions des systèmes naturels entre eux et avec les systèmes sociaux » (François 2015, § 139) et qui est ouverte « à des catégories qui transcendent le langage des mathématiques ou de la biologie ». Le pape François appelle à parler davantage « le langage de la fraternité et de la beauté dans notre relation avec le monde » (François 2015, § 11), à une conversion qui « implique aussi la conscience amoureuse de ne pas être déconnecté des autres créatures, de former avec les autres êtres de l'univers une belle communion universelle » (François 2015, § 220).

Dans cette opération de reconnaissance du vivant, l'encyclique invite à prendre « conscience que chaque créature reflète quelque chose de Dieu et a un message à nous enseigner ; ou encore l'assurance que le Christ a assumé en lui-même ce monde matériel et qu'à présent, ressuscité, il habite au fond de chaque être, en l'entourant de son affection comme en le pénétrant de sa lumière ; et aussi la conviction que Dieu a créé le monde en y inscrivant un ordre et un dynamisme que l'être humain n'a pas le droit d'ignorer » (François, 2015, § 221). Le lien entre les trois figures divines (Dieu, l'esprit saint et Jésus-Christ) et les vivants sont très explicites. Il s'agit donc de lire la terre comme étant le fruit d'un triptyque entre les humains, la nature et les figures divines. Dans cet univers habité par la transcendance divine, la foi permet « d'interpréter le sens et la beauté

---

appelant à un ré-enracinement de la France (Blin, 2022) et porté aujourd'hui par des militants contre le mariage homosexuel comme Gaultier Bès et Eugénie Bastié (Bès *et al.*, 2014).

3   Notons néanmoins que la déclaration doctrinale du 18 décembre 2023 dit « qu'il est possible de bénir les couples en situation irrégulière [les couples divorcés] et les couples de même sexe », ce qui constitue une avancée historique même si le *distinguo* entre bénédiction et rituel du mariage est fortement réaffirmé.

4   Plus récemment, l'exhortation apostolique *Laudate Deum* du 4 octobre 2023 invite l'homme à se penser « comme faisant partie de la nature » et éreinte violemment les climatosceptiques.

mystérieuse de ce qui arrive » (François, 2015, § 79). La préservation du monde repose sur la considération que l'humain est « l'instrument de Dieu pour aider à faire apparaître les potentialités » que dieu a « lui-même mises dans les choses » (François, 2015, § 124).

Le pape invite ses lecteurs à « consacrer un peu de temps à retrouver l'harmonie sereine avec la création », à réfléchir sur leur style de vie et sur leurs idéaux, à contempler le Créateur, qui vit parmi nous et dans ce qui nous entoure, dont la présence « ne doit pas être fabriquée, mais découverte, dévoilée » (François, 2015, § 225).

Cette encyclique évoque également la place spéciale des communautés aborigènes et de leurs cultures, qui « ne constituent pas une simple minorité parmi d'autres, mais doivent devenir les principaux interlocuteurs » (François, 2015, § 146). La sacralité particulière de ces communautés est réaffirmée « la terre n'est pas pour ces communautés un bien économique, mais un don de Dieu et des ancêtres qui y reposent, un espace sacré avec lequel elles ont besoin d'interagir pour soutenir leur identité et leurs valeurs » (*ibid.*). Ce sont ces communautés qui préserveraient le mieux leurs territoires. Il s'agit d'un véritable changement de paradigme pour l'Église catholique, qui pendant longtemps a pourchassé et évangélisé les religions dites païennes (Martin, 2016). Le texte ouvre aux autres croyances et demande un élargissement des cercles de réflexions œcuméniques (partie 1.1) : « la gravité de la crise écologique exige que tous nous pensions au bien commun et avancions sur un chemin de dialogue qui demande patience, ascèse et générosité, nous souvenant toujours que la réalité est supérieure à l'idée » (François, 2015, § 201).

L'encyclique offre enfin une place particulière aux chercheurs qui bénéficient d'une grande liberté académique et d'une facilitation de leurs interactions (François, 2015, § 140). Ainsi, « ils devraient permettre de reconnaître aussi comment les différentes créatures sont liées et constituent ces unités plus grandes qu'aujourd'hui nous nommons "écosystèmes" » (François, 2015, § 140). Le pape propose ici la mise en place de recherches associant un concept d'écologie (écosystème) avec un vocabulaire biblique (créature) plaçant les vivants en relation avec un créateur. Selon lui, « leur utilisation rationnelle » mais également « leur valeur intrinsèque indépendante de cette utilisation » sont reliées (François, 2015, § 140). « Tout comme chaque organisme est bon et admirable, en soi, parce qu'il est une créature de Dieu, il en est de même de l'ensemble harmonieux d'organismes dans un espace déterminé, fonctionnant comme un système » (François, 2015, § 140). La création divine est ici présentée comme étant à deux échelles, celles des individus et celles des écosystèmes. Donc ce n'est pas seulement « l'existence de ces créatures qui seraient un signe (direct ou indirect) divin, mais également le fonctionnement des écosystèmes ». Avec cette ouverture sur les sciences, l'encyclique critique, le « relativisme » qui servirait les intérêts personnels, immédiats, le culte de la personne, la logique du marché (achat d'organe, de peau en voie d'extinction), aux détriments de l'environnement (François 2015, § 124).

En écho aux injonctions papales, ou plutôt cheminant sur leur propre constat d'une crise globale, les scientifiques comme Teilhard de Chardin et Michel Serres (Brédif, 2019), ont engagé une réflexion sur la communauté des liens êtres humains et nature. Dans le même temps, les termes de vivant et de Gaïa apparaissent dans des travaux scientifiques et chacun de ces mots organise à leurs manières une intrusion du sacré dans le champ des connaissances scientifiques.

2   Utiliser le sacré pour penser la terre ?

La réflexion se construit ici en deux temps. Le premier s'attache à définir l'épistémologie du terme vivant et la manière dont il change les travaux autour des questions environnementales et délimite une nouvelle sacralisation de la nature. Le second temps, s'articule autour de l'hypothèse Gaïa, son origine, son utilisation et son effet sur une certaine sacralisation de la terre.

2.1 Le vivant comme levier pour penser le lien entre écologie et spiritualité

Nouveau récit de la nature, le vivant se substitue, voire invisibilise depuis moins de dix ans les notions de biodiversité, de développement durable et d'écologie. Mot d'ordre de la communication institutionnelle (Collectif Agir pour le vivant, 2020, 2021), politique (Les Écologistes, 2022) et artistique (Zhong Mengual, 2021)[5] en matière de protection de la nature (Sajaloli, 2022), il oriente également les sciences biologiques en explorant ses limites et ses frontières (Brechignac, 2021 ; Cailloce, 2021 ; Caron, 2018 ; Fauché *et al.*, 2022 ; Godin, 2020 ; Vigne *et al.*, 2022)[6] mais aussi l'intelligence des plantes (Mancuso et Viola, 2018 ; Mancuso, 2019) ainsi que les connivences génétiques et sensorielles entre les humains et les non humains (Bouteau *et al.*, 2021 ; Mancuso, 2021 : Grésillon *et al.*, 2022). Comprendre cet avènement suppose de restituer le vivant dans une pensée plus longue des liens entre humains et nature et de distinguer quatre étapes. L'apparition du terme dans les années 1980, est fortuite (Blandin, 2010[7]) mais préparée par un débat éthique (Brédif, 2004 ; Descola, 2005 ; Jacob, 1970 ;

---

5   « Le monde vivant est à la fois omniprésent dans notre culture et décidément absent. Car percevoir le vivant comme un décor, un symbole ou un support de nos émotions sont autant de manières de ne pas le voir. Et si nous apprenions à voir le vivant autrement ? Si nous entrions dans un monde réanimé, repeuplé par les points de vue d'autres êtres que nous ? Ce livre se propose d'équiper notre œil pour saisir le vivant autour de nous comme foisonnant d'histoires immémoriales, de relations invisibles et de significations insoupçonnées » (Zhong Mendal, 2021, p. 250).

6   Les associations sont nécessaires à la vie. Tout être vivant est soit contenu dans un être vivant plus grand, soit contient des êtres plus petits – aucun n'existe de manière isolée. C'est cette complexité que nous devons maintenant aborder (Cailloce, 2021).

7   Patrick Blandin, professeur émérite au Muséum d'histoire naturelle avait proposé à Albin Michel le sous-titre « Pour que la nature vive » à son ouvrage Biodiversité. L'éditeur a préféré « l'avenir du vivant » lançant ainsi, fortuitement, la fortune du terme.

Léopold, 1948, 2019[8] ; McNeely, 1990 ; Schweitzer, 1969)[9]. La maturation conceptuelle est liée à la critique post-moderne du développement durable (Latouche, 2019 ; Latour, 1991, 1999, 2017, 2021), à l'ampleur des crises environnementales (Bineau et Chopot, 2017) et à la recherche de solutions qui n'empruntent pas à la théorie de l'effondrement (Achard, 2022 ; Brédif, 2021 ; Caron *et al.*, 2017 ; Larrère et Larrère, 2020 ; Simon et Brédif, 2022). L'irruption médiatique et sociale du terme vivant est liée à la crise sanitaire récente qui a tout à la fois ravivé le sentiment de fragilité de l'humanité et l'impérieuse nécessité de davantage respecter la vie. Il s'ensuit une profusion de plaidoyers pour le vivant (Bourg et Swaton, 2021 ; Drobenko, 2021 ; Hamant, 2022 ; Lordon, 2021 ; Noel, 2022 ; Tillon, 2021 ; Weber, 2021) et une grande diversité d'approches.

Parmi elles, et comme en filigrane des quatre étapes décrites, le sensible est un puissant levier. En quête des origines de la crise écologique, Morizot (2020, p.17), sans doute le philosophe du vivant le plus médiatique, évoque une « crise de la sensibilité » et appelle « à se sentir vivant, à s'aimer comme vivants ». Il relie la solitude humaine (le « huis clos anthroponarcissique ») à la mort de dieu et utilise un champ sémantique sacral pour retisser les liens entre humains et non humains : « la communication est possible, elle a toujours eu lieu, elle est ourlée de mystère, d'énigmes inépuisables, d'intraduisibles aussi » (Morizot, 2020, p. 35). Barbara Glowczewski prône une écoute des spiritualités non monothéistes qui relèvent « d'une confiance de réception des forces du vivant, dont la coupure judéo-chrétienne entre le corps et l'esprit a en quelque sorte bloqué l'accès » et appelle également au sensible : « l'éveil des sens sur les rochers, et d'autres pratiques énergétiques proposées par deux enchanteuses de la montagne Limousine allaient faire naître un désir collectif de penser ensemble le soin de la terre » (Glowczewski, 2021, p. 17-18). La notion de confiance, commune aux deux auteurs, est un indispensable prélude à la réconciliation « pour les Aborigènes d'Australie qui ressentent la terre comme habitée de vies et de forces diverses, il ne s'agit pas d'une croyance en quelque chose mais d'un rapport de confiance avec ce qu'ils et elles vivent en mettant leurs seuils de perception à nu, en s'ouvrant à tout ce qui les traversent » (Glowczewski, 2021, p. 17-18). De même, la sensibilité est au cœur de la démarche de Clara Cornil et David Subal (2020) dont les récits racontent, autour de la question « comment vivez-vous la forêt » notre humanité sensible, et de celle de Vanessa Manceron (2022) qui, en suivant les naturalistes amateurs, propose une autre manière de regarder, de se rendre sensible aux minuscules différences et de toucher du doigt une autre façon de vivre et d'habiter.

---

8   Aldo Leopold (1847-1948) dans l'éthique de la terre se rapproche de l'acception contemporaine du vivant en soulignant notre commune appartenance, humains ou humbles plantes ou animal, à la même et unique vie, liés que nous sommes par une incontournable solidarité écologique.

9   Albert Schweitzer (1874-1965) prône une éthique de la révérence pour la vie : « Je suis la vie qui veut vivre [...] L'éthique consiste donc à me faire éprouver par moi-même la nécessité d'apporter le même respect de la vie à tout le vouloir-vivre qui m'entoure [...] C'est la vie en tant que telle qui est sacrée pour l'homme » (Schweitzer, *Natur und Etik*, 1969).

Sensibilité, confiance, induisent une dimension affective, motrice d'un commun nature-culture, promue notamment par Delphine Gardey (2011) et Donna Harraway dans une perspective féministe. Focalisés sur les relations entre espèces, les ouvrages de Donna Haraway (2007, 2010, 2013) travaillent les dimensions affectives, cognitives et politiques de notre relation en tant qu'espèce avec « nos espèces compagnes » et vise ainsi à penser les qualités sociales et politiques d'un « monde commun » sous-tendu par les notions de « responsabilité » ou de « redevabilité », et perçu davantage comme un « devenir ». Selon Gardey (2013), « en plaçant la réflexion du côté des espèces (et sur un plan d'emblée bio-social), [Haraway] ouvre la réflexion sur la cohabitation, la coévolution et des modalités de sociabilité inter-espèces, hier et aujourd'hui. Aimer le vivant n'est ainsi plus une incantation mais un moyen d'agir, à même de « réparer la terre par le bas » (Blanc *et al.*, 2022). C'est d'ailleurs ce chemin de la « conservation conviviale » que propose de suivre Büscher et Fletcher (2023) dans leur ouvrage sur le vivant et la Révolution.

Dès lors, avec le vivant, ce n'est pas tant une remise en question opérationnelle de la nature-ressource qui est explorée que l'avènement d'un nouveau rapport intime et spirituel avec elle. Bruno Latour (1991, 2021), en remobilisant Michel Serres (1990) donne ainsi une autre définition de la religion. Au lieu de se référer au verbe *religare* (relier), il souligne l'idée de la non-négligence *relegere* (relire) et soutient le sens de la religion comme soin : « être religieux, c'est d'abord se rendre attentif à ce à quoi d'autres tiennent ». C'est aussi ce que soutient Baptiste Morizot (2020, p. 283) en refusant le dualisme profane-sacré : « il n'y a pas deux espaces, profane et sacré, il n'y a pas deux logiques de l'action – exploiter ou sanctuariser –, il n'y a qu'un monde, et qu'un style de pratiques soutenables à son égard : vivre du territoire avec égards », et en incitant d'être « cosmopoli ». C'est encore ce que soutiennent Dominique Bourg et Sophie Swaton (2021, p. 323) en invoquant le monisme (versus le dualisme être humain-nature) et en « formulant l'hypothèse d'un savoir poreux à deux types de connaissances [le religieux, le scientifique] elles-mêmes rattachées à une substance inconnue ».

L'enjeu est bien, pour l'être humain, de se sentir non seulement solidaire de toute source de vie, mais également de prendre conscience de son appartenance au vivant, de le percevoir comme une unité créatrice. Ce qui ouvre la voie à un retour des spiritualités, qu'elles émanent, avec la création, des théologies chrétiennes, ou qu'elles relèvent de savoirs chamaniques activement revisités.

2.2 Gaïa, une intrusion du sacré dans les sciences de la nature

Le surgissement de Gaïa dans les études sur la dynamique du vivant sur terre vient de « l'hypothèse Gaïa » définie par James Lovelock dans les années 1960 puis ajustée avec Lynn Margulis dans les années 1970. Elle constitue un jalon important dans les manières de concevoir le système terre (Dutreuil, 2017) et la nature dans les sciences la vie (Margulis, 2008), du climat (Goldblatt *et al.*, 2006 ; Lenton, 1998 ; Bertrand, 2008) et dans les sciences sociales (Chartier, 2016a, 2016b). Cette utilisation de la déesse Gaïa a généré un intérêt croissant pour les ontologies religieuses de la nature (Abram, 1990 ; Primavesi, 2000, 2008 ; Midgley, 2001 ; Bell et Todd, 2001 ; Stenger, 2009 ; Latour, 2015 ; Callicott, 2011) et obligea Lovelock à répondre à de nombreuses critiques portant sur la sacralité adossée à son hypothèse qui a en grande partie dénaturé son propos. Centrale pour la sacralisation de la nature dans les sciences, Gaïa constitue ainsi une posture idoine afin de suivre l'intrusion du sacré.

L'emprunt d'une déesse mythologique pour prendre le nom de l'hypothèse entretient une ambigüité religieuse sur l'argumentation de Lovelock et Margulis. Le choix de Gaïa aurait été suggéré par l'écrivain William Golding (Lovelock, 1972, p. 579). Gaïa, la déesse de la mythologie grecque, renvoie à deux types de puissance, celle de la création qui engendre une grande partie des divinités primordiales (Ouranos, Pontos, Ouréa, les nymphes, les titans...) et celle de la destruction qui provoque la rébellion de Cronos contre Ouranos et celle de Zeus contre Cronos. Ce double symbole offre une image duale, l'une d'une déesse mère protectrice, l'autre d'un être implacable « d'avant que les Grecs confèrent à leurs dieux le sens du juste et de l'injuste, avant qu'ils leur attribuent un intérêt particulier envers leurs propres destinées » (Stenger, 2009, p. 35). Malgré cet intérêt symbolique, il existe une profonde différence entre la déesse grecque inventée pour définir la genèse du monde et une hypothèse construite à partir d'une approche scientifique. Ce fossé conduit Lovelock à préciser que « la théorie Gaïa elle-même est véritablement de la science et non une simple métaphore » (Lovelock 2001, p. 6).

Scientifiquement l'hypothèse Gaïa pose que « l'ensemble des organismes vivants qui constituent la biosphère agit comme une entité unique pour réguler la composition chimique, le pH de la surface de l'eau, éventuellement le climat » (Lovelock et Margulis, 1974, p. 3). Ainsi, la planète terre n'est pas qu'un simple répertoire d'espèces ou une somme d'individus ou d'écosystèmes mais constitue une vraie entité unique : Gaïa (Lovelock, 1983). Cette personnalisation des processus biophysiques n'aide pas à la bonne compréhension des phénomènes et confère au système-terre une puissance d'agir (Kirchner, 1989). Lovelock (2006) répond à cette critique en insistant sur l'orientation sans but, sans délibération ni prévoyance des mécanismes de régulation de Gaïa à l'échelle planétaire. « Gaïa ne représente qu'une tendance globale luttant contre d'autres tendances abiotiques qui n'ont d'autre but commun que l'élimination de toutes les irrégularités chimiques et thermodynamiques » (Moody, 2012, p. 281-282).

Derrière l'hypothèse Gaïa, il y a une volonté de dépasser les analyses locales pour passer à des travaux à l'échelle globale holiste. Cependant ce passage d'échelle reste abstrait et les travaux qui ont montré l'intérêt de l'hypothèse Gaïa se situent *a contrario* au niveau des organismes (plancton -Lovelock, 2008-, des objets de surface (glace, forêt), des molécules ou des atomes (nitrate, phosphore et oxygène – Lenten et Watson, 2000-). Selon Moody (2012), la compréhension du mécanisme général de l'hypothèse Gaïa reste encore insaisissable par une approche scientifique. Lovelock lui-même avoue que l'hypothèse Gaïa résiste « à l'explication dans le langage scientifique traditionnel de cause à effet » (Lovelock

2006, p. 36) ce qui laisse le champ à des chercheurs en sciences sociales pour travailler sur les déplacements opérés par ce travail sur les relations entre les humains et la nature insufflés par l'hypothèse Gaïa (Abram, 1990 ; Callicott, 2011 ; Latour, 2015 ; Midgley, 2001 ; Stengers, 2009, Chartier 2016a, 2016b, Dutreuil, 2017).

Bruno Latour construit son discours autour de la dimension religieuse de l'hypothèse Gaïa (Latour, 2015). D'après lui, les innombrables facettes de Gaïa déploient « tout ce que la notion de Nature avait confondu : une éthique, une politique, une étrange conception des sciences et, surtout une économie et même une théologie » (Latour, 2015, p. 400). La place de la sagesse des religions est très importante dans son argumentation (Corrêa et Magnelli, 2021) car « seule l'assemblée de tous les dieux peut encore nous sauver » (Latour, 2015, p. 368). Cette centralité donnée au religieux, parfois très critiquée, inscrit une certaine ambiguïté dans ses propos qui mêlent argumentation philosophique et discours spirituel. Jérôme Lamy (2017) montre que l'architectonique religieuse de l'ouvrage « aurait certes dépassé les dogmatismes des institutions ecclésiales bien installées, mais n'en chercherait pas moins à refonder ce qui s'apparente à un christianisme écologiste, sans Églises et sans prêtres » (Lamy, 2017, p. 388). Diogo Silva Corrêa et André Ricardo do P. Magnelli (2021, p. 321) vont plus loin en faisant de Bruno Latour un évangéliste. « Peut-être pourrons-nous lire, dans un futur proche, l'Évangile selon saint Latour. Il y a ainsi confusion des genres entre ce qui est du registre du savoir et ce qui est du registre de la foi comme pour Lovelock précédemment, d'où une une certaine gêne à invoquer le sacré comme résolution des crises environnementales, les croyances ayant valeurs d'invocations et d'argumentations. » Or, cette dualité relève de postures non opposables car ne reposant pas sur les mêmes registres de la preuve.

Également critique, Isabelle Stengers évite le piège d'un religieux dogmatique en érigeant Gaïa en une figure transcendantale absolue, « une transcendance dépourvue des hautes qualités qui permettraient de l'invoquer comme arbitre ou comme garant ou comme ressource ; un agencement chatouilleux de forces indifférentes à nos raisons et à nos projets » (Stengers, 2009, p. 37). La relation avec cette figure divine n'est pas possible. Elle ne suscite aucune religion qui par essence est censée opérer le lien entre les humains et dieu, aucune théologie qui définit ce lien. Stengers dépasse ainsi les oppositions entre religion et science et propose de « résister à la tentation d'une opposition brutale entre sciences et les savoirs réputés "non scientifiques" » (Stengers, 2009, p. 34). La Gaïa d'Isabelle Stengers est proche de la forme sacrée du *Mysterium tremendum* développée par Rudolf Otto (1995) qui est une prise de conscience de la nature effrayante de la puissance divine.

L'importance d'une vision holistique sacrale du monde rejoint les propositions de Robin Wall Kimmerer, biologiste à SUNY (The State University of New York), amérindienne issue de la Nation Potawatomi qui milite pour un « entrelacement de science, de spiritualités et de récits anciens et nouveaux » (Kimmerer, 2021, p. 12). Les visions du cosmos forgeraient « notre identité et notre vision du monde. Elles nous disent qui nous sommes » (Kimmerer, 2021, p. 24). Elle ne cherche pas dans une théorie scientifique des connaissances ou des éléments de compréhension sur ce que nous sommes et ce que l'avenir nous réserve, mais dans les savoirs autochtones spirituels qui dépassent la vision eschatologique biblique plaçant les humains comme des exilés sur terre depuis le péché originel en quête de leur véritable habitat le royaume des cieux.

3   Les sacralités populaires entre recours et redécouverte

Ces nouvelles propositions qui émanent principalement de milieux savants et cultivés s'inscrivent dans une perspective descendante, voire surplombante, peu apte à une large diffusion sociale. Or, *a contrario*, des pratiques discrètes, ne passant pas forcément par l'écrit ou par l'établissement de règles, proviennent des mondes vernaculaires et des cultures populaires.

3.1   « *Comment renforcer nos racines pour nous soutenir nous-mêmes, les autres et la Terre ?* »

Cette citation extraite de l'article de Valentine Faure sur l'écospiritualité (Faure, 2023) illustre l'appétence actuelle pour tout ce qui pourrait (re)créer une communauté entre les vivants. Ces stratégies, ou encore ces « bricolages » pour reprendre l'expression de cette journaliste, entrent en résonance avec des sensibilités et des pratiques présentes notamment dans les campagnes, qui, sans avoir jamais vraiment disparu, trouvent aujourd'hui un réel renouveau aux yeux des chercheurs. Il s'agit aussi bien de rituels festifs, comme la Saint-Jean ou le carnaval, basés sur le calendrier agraire, que d'activités qui, clandestines un temps, redeviennent davantage visibles, telles les médecines alternatives, avec les rebouteux, herboristes, shamans, sorcières et autres coupeurs de feu. Ces pratiques se greffent sur un fonds culturel ancien qui a coexisté en marge des cultures dominantes, plus officielles, portées notamment par le clergé catholique ou les autorités universitaires, mais avec de nombreuses hybridations (Le Quellec et Sergent, 2017). Leur résurgence signe une postmodernité beaucoup plus poreuse à des visions alternatives que la modernité issue des Lumières (Maffesoli, 1988 ; 2020).

   Les pratiques liées à l'écospiritualité apparaissent ainsi comme des tentatives de résistance, conscientes ou non, à une modernité vécue comme brutale, aliénante et déshumanisante. En outre, ces attitudes sont genrées : les femmes étant très présentes dans toutes ces pratiques alternatives (Haraway 2007, 2010, 2013 ; Hache, 2016 ; Kimmerer 2021). L'écoféminisme, en reliant la domination des hommes sur la nature à celle qu'ils exercent sur elles, conjugue ainsi deux luttes, celle en faveur des femmes mais aussi celle en faveur de l'environnement car, de fait, les femmes ont subi jusque dans leur chair cette objectivation du monde, notamment à travers la figure très ambiguë de la sorcière (Sallmann, 1989). Celle-ci subissait en effet un double opprobre, celui d'être femme et celui de sortir du cadre social ordinaire par des pratiques jugées déviantes et/ou dangereuses. Or, en examinant le dossier historique des pratiques de sorcellerie on retrouve des points communs intéressants avec les pratiques du chamanisme ou des hommes-médecine d'autres aires culturelles (Dupuy, 2010).

À cet égard, l'émergence de la figure de la sorcière contemporaine, devenue très positive[10], dans la lignée de la figure romantique imaginée par Michelet (1862), reprend des valeurs de résistance et de redéfinition d'une féminité malmenée par les hommes. Dans ce contexte, Starhawk représente bien cette résurgence actuelle d'une figure naguère décriée. Tout ceci pose, indirectement, la question de l'historicité de ces pratiques et de leurs ancrages social, culturel et religieux. En effet, ces sensibilités et connaissances sont-elles totalement neuves ou s'insèrent-elles, volontairement ou non, dans une histoire à la fois longue et méconnue ? Le recours de certains au fonds païen scandinave, mais aussi au bouddhisme ou à l'hindouisme par exemple (Faure, 2023), n'est-il pas un détour extérieur, presque exotique, pour renouer avec une culture locale oubliée ? Entre les positions officielles des Églises et les innovations contemporaines, se place ainsi un troisième terme qui a joué un rôle important dans l'édifice culturel européen et, plus largement, occidental, même s'il semble avoir subi une sorte d'invisibilisation, au moins dans les discours savants.

Celle-ci s'explique de différentes façons. Il s'agit tout d'abord de cultures populaires, majoritairement, mais pas uniquement, paysannes, dominées parce que constituées à l'ombre des cultures officielles, notamment celles promues par les Églises, qui les dénonçaient régulièrement comme des superstitions (Mandrou, 1961, p. 74 ; Matton, 2023 ; Mazel, 2021).

L'historiographie et les recherches historiques suggèrent que si les sociétés rurales de la première moitié du Moyen-Âge (Mazel, 2021) étaient christianisées, la révolution grégorienne inscrit une rupture avec la volonté politique de la papauté de reprendre la main sur le clergé et sur l'Église, notamment en sacralisant certains rites (l'eucharistie). Face à ce processus, les sociétés paysannes ont gardé discrètement des pratiques sacrales construites autour d'éléments naturels (Sajaloli et Grésillon, 2009a). En reprenant les thèses de Jacques Le Goff sur le « long Moyen Âge », selon lesquelles la modernité n'aurait pas pénétré les campagnes au même rythme que les villes, subsisteraient ainsi une singularité culturelle et une forme d'autonomie en termes de valeurs parfois oubliées mais pas effacées (Le Goff, 2004 ; Sergent, 2023 ; van Gennep, 1937-1958). Pour Le Goff, en effet, le Moyen Âge disparaîtrait totalement de notre horizon culturel au milieu du XXe siècle, pour la France, ce qui coïncide avec la fin de la paysannerie traditionnelle (Le Goff, 2004, p. 65, citant Eugen Weber, 1983). Avec elle, s'éteindraient aussi le folklore vécu (Le Quellec et Sergent, 2017, p. 512) et les cultures paysannes traditionnelles.

10　On le constate aisément en analysant la profusion de publications autour de ce sujet, souvent associée à la « féminité sacrée ».

Mais le legs de ces cultures vernaculaires reste encore accessible et d'autant plus remobilisable qu'elles ont été volontairement négligées par la recherche et l'historiographie pendant une bonne partie du XXe siècle, malgré quelques exceptions notables (Sergent 2023). Ce phénomène s'inscrit dans l'histoire récente, le régime de Vichy ayant en partie instrumentalisé, voire créé de toutes pièces le folklore pour en faire un enjeu politique lié à l'identité nationale, en relation avec l'idéologie de la Révolution nationale et surtout du retour à la terre (Faure 1989, 2021). Il avait donc des relents réactionnaires peu prisés par la recherche. Cette dépréciation du folklore se surajoute à un mépris séculaire, enraciné, dans le cas de l'Europe, dans la critique ecclésiastique des superstitions populaires. N'oublions pas que païen dérive de *paganus* c'est-à-dire l'habitant du *pagus*, autrement dit le paysan...

Cela explique une sorte de *hiatus* générationnel dans la connaissance de ces cultures populaires, véritables mondes disparus. Néanmoins, frappante est la convergence des imaginaires entre les cultures populaires ancestrales et les pratiques actuelles comme la géobiologie ou la radiesthésie, qui se fondent sur une lecture énergétique des lieux et leurs qualités propres. Cela pose la question de la rupture ou de la continuité entre d'une part des cultures élaborées majoritairement par des populations paysannes et, d'autre part, leur redécouverte, réappropriation ou reformulation actuelle par des populations majoritairement urbaines. Cela forme une sorte de chiasme à la fois sur un plan historique et anthropologique. Le contexte de la mondialisation des échanges et des connaissances rend quant à lui possible un très fort mélange d'influences, qui finalement désenclave puissamment ces ensembles de récits et de pratiques (Stricot, 2023). Cette forme de déterritorialisation demeure cependant relative, car elle s'assortit dans le même mouvement d'une réappropriation spatiale de ces récits et de ces pratiques dans de nouveaux contextes, de nouveaux territoires par différents acteurs.

Cependant, ce fonds folklorique correspond à une politisation totalement différente : si les études de folklores de la première moitié du XXᵉ siècle pouvaient être rattachées à des courants considérés comme passéistes voire réactionnaires, la tendance actuelle renoue avec l'aspect dissident, alternatif, de ces cultures : elles s'inscrivent ainsi dans une sorte d'avant-garde des luttes environnementales et féministes, et constituent en somme une forme de subversion consciente des cadres existants (Faure, 2023 ; Stricot, 2023).

3.2 Une vision du monde imprégnée de surnaturel et de merveilleux déjà réactualisée ?

Restées vivantes, ces cultures populaires européennes, qui remontent au moins à l'époque celtique et préceltique (Sergent, 2023), ont été reformulées en permanence par les communautés qui les faisaient vivre (Dontenville, 1948 ; van Gennep 1924). Elles constituent donc une *tradition* au sens authentique du terme à prendre en compte dans ce bouillonnement de solutions à la crise environnementale actuelle. Ce fonds culturel se niche dans un ensemble de contes et légendes parvenu à travers des collectes, réalisées depuis le début du XIXe siècle (Pourrat 1948-1962), mais que l'on retrouve déjà dans les contes de Charles Perrault et bien d'autres recueils compilés parfois par de grands écrivains comme George Sand en France ou les frères Grimm en Allemagne. Ceci montre bien à quel point la coupure entre cultures savante et populaire est ténue et poreuse.

Henri Dontenville parle ainsi de mythologie française, expression prenant toute la mesure de l'importance de cette culture, mi-orale, mi-écrite. Ce domaine très riche et vivant est révélé par des publications, marques de leur époque mais oubliées ensuite, telles le *Guide de la France mystérieuse*, dirigé par René Alleau en 1964, ou encore *Au village de France. La vie traditionnelle des paysans de France*, de Pierre-Louis Menon et Roger Lecotté, paru en 1978 et préfacé par van Gennep. Roger Lecotté a par ailleurs contribué à la création du musée du Compagnonnage à Tours, ce qui le relie, en tant que folkloriste, aux traditions de métier[11]. Bref, ce corpus constitue un legs vivant dans la mesure où il demeure accessible et surtout, partagé et transmis par différentes communautés. Si la paysannerie en tant que groupe social a très fortement régressé, sa culture n'a pas complètement disparu, et les récits qui ont servi de support à sa vision du monde n'ont pas eux-mêmes été oubliés. Ils ont également été relayés par les villes qui ont aussi permis une sorte de métissage permanent entre des récits toujours fortement imprégnés de surnaturel mais souvent en opposition avec l'Église.

Le substrat de cette culture séculaire et populaire repose sur une vision et une pratique originales du monde et de la nature, à la fois distinctes et en dialogue avec les cultures plus institutionnelles, – et notamment le christianisme. Cela rejoint la conception de la religion populaire (Laliberté, 2010) à mettre en relation avec une sensibilité animiste jamais vraiment effacée par le travail d'évangélisation de l'Église, qui a tout au plus réussi à christianiser des rituels ou des pratiques parfois préchrétiens. Un bon exemple est celui des processions catholiques pour maîtriser les crues et inondations dans le Sud de la France, symbolisées par des dragons, étudiées par Philippe Reyt (2000) : les saints impliqués agissent dans un contexte fortement marqué par le paganisme...

Cette ontologie alternative considère le monde comme un ensemble de vivants, à la fois en concurrence et solidaires, dans tous les cas en étroite relation les uns avec les autres. La nature n'est pas du tout séparée des hommes, elle recèle du merveilleux, du sacré, et elle est imprégnée de surnaturel, qui s'y manifeste régulièrement. Cela a contribué à créer une topographie sacrée originale qui se retrouve dans la toponymie et les récits singuliers qui prêtent vie à ces lieux. Tout un ensemble de lieux sacrés parsème et structure les territoires et leur confère du sens. On y découvre ainsi une sorte d'ésotérisme de la nature, comme si une face cachée s'exprimait à travers les contes et légendes. Dans cette ontologie particulière, les mondes visible et invisible dialoguent et s'interpénètrent en

---

11 Les compagnonnages ont été récemment classés au titre de patrimoine immatériel par l'Unesco.

permanence. Les humains se métamorphosent en animaux et vice versa, tandis que la nature accueille et manifeste le sacré de multiples manières, ce qui révèle les aspects mythiques des territoires ruraux ou sauvages, – mais aussi urbains.

Dans la lignée de l'approche développée par Carlo Ginzburg (Ginzburg, 1980), ces récits particuliers ouvrent vers des univers culturels méconnus et à explorer. Nombre d'écrivains ont puisé dans ce fonds : des écrivains régionalistes comme Henri Vincenot (*les Étoiles de Compostelle,* 1982), ou d'autres à sensibilité plus écologique comme Jean Giono (*Colline,* 1929) ou Marcel Aymé (*La Vouivre,* 1943), mais aussi des compilateurs de récits et contes populaires, comme Henri Pourrat et Claude Seignolle (*les Évangiles du Diable,* 1967), qui décrivent tout un monde « enchanté » dans lequel baignaient nos ascendants, qu'ils fussent des villes ou des campagnes.

Un ensemble de thèmes et de figures parcourt ce corpus : des lieux enchantés marqués par la présence du sacré, la magie qui fait parler les animaux comme les pierres ou les arbres, les fées, Satan, les géants, comme Gargantua, les fantômes et les dames blanches, des dragons gardiens de trésors, des fontaines miraculeuses ou encore des loups-garous et des mares au diable... (Sajaloli, 2021). Ce corpus fournit une matière extrêmement riche sur l'histoire du merveilleux en France et en Europe, en tant que dépôt littéraire écrit et oral, et renseigne également sur la manière dont chaque territoire a tissé des liens entre des lieux sacrés et les personnages qui le manifestent. Comme l'affirme Bernard Sergent (Sergent, 2023), « la géographie [fait partie des outils du mythologue], dans la mesure où les légendes s'inscrivent dans un terrain bien particulier, et où l'on s'aperçoit que les grands thèmes culturels organisent le territoire ». Cette affirmation est extrêmement importante : elle constitue une sorte de feuille de route pour les géographes, dans la mesure où ces légendes ont contribué largement, et contribuent encore, à forger les identités, réelles ou recomposées, de la plupart des régions françaises, mais aussi européennes.

Toutefois, cette culture alternative, originellement locale, s'est en fait déjà largement mondialisée par l'intermédiaire notamment de la *fantasy.* Citons par exemple la forêt de Brocéliande qui utilise ces récits surnaturels depuis déjà longtemps (Moriniaux, 2022, p. 19). Apparemment naïves ou puériles, du moins selon la vision naturaliste, ces représentations renvoient en fait à une vision plus profonde, sacrée, surnaturelle, de la nature et des relations entre tous les êtres qui composent un monde. Mais elles expriment aussi une certaine nostalgie, comme on peut le noter, par exemple, chez Tolkien, dont on connaît l'hostilité au monde industriel de son époque (Ferré, 2012).

Ces cultures et pratiques interrogent les discours institutionnalisés sur la nature et proposent une alternative forte aux acteurs concernés en remobilisant une tradition toujours vivante et sans cesse réinventée. Cette créativité remet en mouvement une manière d'être au monde qui annule ou du moins tempère la coupure engendrée par la modernité. C'est pour cette raison qu'elle revêt un caractère quasi consensuel dans le contexte actuel de retour à la nature.

Conclusion

Constatant la fragilité de l'interprétation naturaliste et désenchantée de la nature, les religions monothéistes (Sajaloli et Grésillon, 2019c) et des intellectuels reconstruisent des pratiques et des représentations de la nature plus horizontales. Le retour d'un récit spirituel qui déplace les humains de leurs positions dominatrices sur les milieux naturels rejoint une nouvelle ontologie de la nature scientifique avec l'arrivée des concepts, Gaïa et vivant. Dans cette construction discursive l'écoféminisme (Hache, 2016) et l'anthropologie culturelle et historique offrent un recueil précieux de pratiques invisibilisées stimulantes de la nature en Occident puisqu'elles ont résisté au naturalisme triomphant.

En géographie, cette remise en cause du naturalisme ouvre des champs de recherches sur l'implication des pratiques totémiques ou animistes peu étudiées dans la construction des territoires, en particulier en Occident. Il ne s'agit pas de construire un nouveau discours religieux du monde mais de comprendre comment ses constructions sacrées participent d'une manière d'être dans le monde qui influence les usages de la nature. Le sacré délimite des discours sur la genèse ou la fin du monde, il borne une hiérarchie entre les différentes espèces, il construit des usages qui structurent les territoires. En dépassant la chosification du vivant qui apparaît de plus en plus comme décalée avec les dernières découvertes scientifiques (Bouteau, 2021 ; Mancuso, 2021 ; Grésillon *et al.*, 2022), il dévoile une double absence : celle du sens et celle de l'empathie nécessaire avec les autres vivants. Si l'on considère que le rite est ce qui permet de manifester du sens en créant du lien, alors on peut admettre sa nécessité, y compris dans des domaines qui pourraient lui paraître étrangers. Ce besoin se fait jour, jusque et y compris, dans des domaines dont il semble définitivement exclu, à savoir la recherche en biologie et, en particulier, la vivisection. En effet, Jean Estebanez (2023), rapporte que certains chercheurs ritualisent la mise à mort des animaux sur lesquels sont pratiquées les expériences pour rendre supportable, à la fois pour l'expérimentateur et l'animal, ce qui apparaît comme une violence expérimentale a priori objectivable et objectivante. Ce rituel au cœur même des pratiques de recherche les plus rationnelles, ouvre une brèche dans la construction de la science moderne et, partant, de ce que l'on peut dénommer la modernité tardive (Baumann, 2006 ; Rosa, 2012).

Cependant les approches religieuses et scientifiques sont intrinsèquement différentes. La première délivre des interprétations sur les manières de comprendre la terre, la vie, la mort et les relations entre les vivants alors que la seconde se construit avec une méthodologie explicite des savoirs. Pour comprendre le *logos* qui relie la géographie de la terre au cosmos (Derrida et Vattimo, 1996 ; Blanc et Grésillon, 2017), l'analyse des spiritualités nécessite une vision critique du système religieux (Grésillon, 2009) qui repose sur des croyances et des relations de domination entre les représentants spirituels des figures divines (shaman, prêtre, imam, rabbin, moine…) et les fidèles. Le scientifique n'est pas un simple transmetteur de la religion, mais son interprète. Il doit systématiquement montrer sa distance critique par rapport au sacré. Les remarques émises sur l'homélie écologiste de Bruno Latour (Lamy, 2017 ; Corrêa et Magnelli, 2021) dans l'ouvrage *Face à Gaïa* (2015) montrent bien la difficulté d'une étude du sacré. À l'heure de l'urgence écologique, le scientifique loin se muer en religieux pour délivrer un prêche moralisateur sur l'avenir de la planète, inclinaison répandue aujourd'hui surtout sur les questions de collapsologie (Servigne et Stevens, 2015), doit profiter du temps et de la richesse épistémologique disciplinaire pour fixer les limites et les forces des croyances religieuses (Pech, 2022). La géographie offre pour cette approche une matérialité de la terre à toutes les échelles et des dispositifs interprétatifs sur les pratiques et les représentations, notamment religieuses (Deffontaines, 1948 ; Chamussy, 1992 ; Claval, 1992 ; Racine, 1993 ; Raffestin, 1985 ; Pitte, 1996 ; Piveteau, 1996 ; Bertrand, 1997 ; Bonnemaison, 2000 ; Claval 2008 ; Dejean et Endelstein, 2013 ; Rozenholc, 2017) qui confèrent une place aux sacrés sous toutes ses formes (Bonnemaison, 1995 ; Racine et Walther, 2003).

Université Paris Cité
Bâtiment Olympe de Gouges
Place Paul Ricœur
75013 Paris
etienne.gresillon@u-paris.fr

Inspé de l'académie de Créteil
Maison de la Recherche et de l'Innovation
Rue Jean Macé
94380 Bonneuil-sur-Marne
brice.gruet@u-pec.fr

Université d'Orléans
10 rue de Tours
BP 46527
45065 Orléans
bertrand.sajaloli@univ-orleans.fr

Bibliographie

Abram, D. (1990), « The perceptual implication of Gaia », *in* Hunt E. Badiner (dir.), *Dharma Gaia : Harvest of essays in Buddhism and Ecology*, Parallax, p. 75-92.

Achard, L. (2022), *Manifeste pour un monde vivant. Faire émerger les possibles*, Éditions Libres et solidaires, coll. Mille raisons, 236 p.

Azria R., Hervieu-Léger D. (2019), *Dictionnaire des faits religieux*, Paris, PUF, 1458 p.

Bell, B. et Todd, D., (2001), *Gaia star mandalas : ecstatic visions of the living earth* de, Pomegranate, 110 p.

Berque, A. (2000a), Ecoumène : *introduction à l'étude des milieux humains*, Belin, Paris, 446 p.

Berque, A. (dir.), (2000b), *Logique du lieu et dépassement de la modernité*, Vrin, Bruxelles, 2 vol.

Berque, A. (2014), « Can we recosmize architecture ? », *The Japanese Institute of Architects* 2014 Congress, Okayama, keynote lecture.

Berque, A., (2015), "Subjecthood and Nature", Centre européen d'études japonaises d'Alsace, Colmar, 21-23 November 2015, International symposium *Japanese ecology and its conflicting edges*.

Berque, A. (2017), « Recosmiser la Terre, quelques leçons péruviennes », Conférence à la Pontificia Universidad Católica del Perú, Lima.

Bertrand, J.-R. (1997), « Éléments pour une géographie de la religiosité », *Norois*, vol. 44, n° 174, p. 215-233.

Bertrand, P., (2008), *Les attracteurs de Gaïa*, Editions Publibook, 304 p.

Bès, G., M. Durano et Rokvam Nørgaard A. (2014), *Nos limites : pour une écologie intégrale*, Paris, Le Centurion, 110 p.

Bineau, M. et Chopot, A. (2017), « Nous sommes la nature qui se défend contre l'économie. Imaginaire terrestre et coalition politique à l'heure de l'anthropocène », *ECOREV'*, 44, p. 43-51.

Blanc, N., Emelianoff, C. et Rochard, H. (2022), *Réparer la terre par le bas. Manifeste pour un environnementalisme ordinaire*, Lormont, Le Bord de l'Eau, coll. En anthropocène, 249 p.

Blandin, P. (2010), *Biodiversité, l'avenir du vivant*, Paris, Albin Michel, coll. Bibliothèque Sciences, 259 p.

Blanc, N., Grésillon, É. (2017), « La géographie est-elle un art de l'espace ? », *Géographie et Cultures*, 100, p. 47-61.

Blin, S. (2022), « Les droites dures s'enracinent dans « l'écologie intégrale », *Libération*, consulté le 18 avril 2023, https://www.liberation.fr/debats/2019/05/05/les-droites-dures-s-enracinent-dans-l-ecologie-integrale_1725128/.

Büscher, B., Fletcher, R. (2023) *Le Vivant et la Révolution. Réinventer la protection de la nature par-delà le capitalisme*, Arles, Actes Sud, coll. Nature, mondes sauvages, 336 p.

Bonnemaison, J. (1995), « Les mots de la terre sacrée l'exemple océanien », in Vincent J.-F., Dory D., Verdier R., *La construction religieuse du territoire*, Paris, L'Harmattan, p. 66- 73.

Bonnemaison, J. (2000), *La géographie culturelle*, Paris, Édition du CTHS, 152 p.

Bourg, D. et Swaton, S. (2021), *Primauté du vivant. Essai sur le pensable*, Paris, Presses Universitaires de France, 333 p.

Bouteau, F., Grésillon, É., Chartier, D., Arbelet-Bonnin, D., Kawano, T., Baluška, F., Mancuso, S., Calvo, P., Laurenti, P. (2021), « Our sisters the plants ? Notes from phylogenetics and botany on plant kinship blindness », *Plant Signaling & Behavior*, 16, 12 p.

Bredif, H. (2004), *Le vivant, les hommes et le territoire. Essai de biogéopolitique*, Thèse de doctorat, INA Paris-Grignon et ENS LSH Lyon, 820 p.

Bredif, H. (2019), « Rencontre des totalités : Humanité et terre-nature impliquées dans un projet spirituel supérieur. À partir d'une lecture de Pierre Teilhard de Chardin et Michel Serres », *in* Sajaloli, B. Grésillon, *Le sacre de la nature*, Presses Sorbonne Université, Géographie, p. 91-104.

Bredif, H. (2021), *Réaliser la terre. Prise en charge du vivant et contrat territorial*, Paris, Éditions de la Sorbonne, coll. Territoires en Mouvement, 412 p.

Bréchignac, F. et Cauvin, L. (2021), *L'écosystème. La dimension négligée du vivant*, Paris, L'Harmattan, 143 p.

Cailloce, L. (2021), Les nouvelles frontières du vivant, *Le Journal du CNRS*, paru le 8 février 2021.

Callicott, J. B. (2011), [1994], *Pensées de la Terre*, traduction de l'anglais (américain) par Pierre Madelin, préface de D. Bourg, postface de P. Descola, Marseille, Éditions Wildproject, coll. « Domaine Sauvage », 400 p.

Carmen Molina, C. Pérez-Garrido, M. (2022), « LAUDATO SI' and its influence on sustainable development five years later : A first LOOK at the academic productivity associated to this encyclical », *Environmental Development*, Volume 43, https://doi.org/10.1016/j.envdev.2022. 100726.

Caron, A. (2018), *Vivant. De la bactérie à l'homo ethicus*, Paris Flammarion, coll. « Témoignages », 272 p.

Caron, P., Valette, E., Wassenaar, T., Coppens, d'Eckenbrugge, G., Papazian, V. (2017), *Des territoires vivants pour transformer le monde*, Quae, 280 p.

Chamussy, H. (1992), « Religions dans le monde », in Pumain D., Bailly A. S., Ferras R., (dir.), *Encyclopédie de géographie*, Paris, Economica, p. 859-872.

Chartier, D. (2016a), *Répondre à l'intrusion de Gaïa. Amazonie, écologie politique orphique et Gaïagraphie à l'ère Anthropocène*. Habilitation à diriger des recherches, Paris, Université Paris-Diderot.

Chartier, D. (2016b), « Gaïa : hypothèse scientifique, vénération néopaïenne et intrusion », *Géoconfluences*, http://geoconfluences.ens-lyon.fr/informations-scientifiques/dossiers-thematiques/fait-religieux-et-construction-de-l-espace/corpus-documentaire/gaia-hypothese-scientifique-veneration-neopaienne-et-intrusion.

Claval, P. (1992), « Le thème de la religion dans les études géographiques », *Géographie et culture*, n° 2, p. 85-110.

Claval, P. (2008), *Religion et idéologie : perspectives géographiques*, Paris, Presses de l'Université Paris-Sorbonne, 235 p.

Collectif Agir pour le vivant, (2021), *Agir pour le vivant ≠ 1*, Arles, Actes sud, 224 p. https://www.agirpourlevivant.fr.

Collectif Agir pour le vivant, (2022), *Agir pour le vivant ≠ 2*, Arles, Actes sud, 251 p. https://www.agirpourlevivant.fr.

Cornil, C. et Subal, D. (2020), *La mémoire de la forêt. Un récit chorégraphique*, Éditions du Milieu, 219 p.

Crabbé, P. (2016), « Laudato si' », une responsabilité cosmique de la maison commune », *VertigO – la revue électronique en sciences de l'environnement* [En ligne], vol. 16, n° 2, http://journals.openedition.org/vertigo/17692.

Corrêa, D.S. et Magnelli, A.R.d P. (2021), « L'apocalypse de Gaïa : la cosmopolitique pour l'Anthropocène de Bruno Latour », *Natures Sciences Sociétés*, 28, 3-4, p. 314-322.

Callicott Baird, J. (2011), *Pensées de la Terre*, Paris, Éditions Wildproject, 392 p.

Conférence des Églises européennes (Éditeur scientifique), 1989, *Paix et justice pour la création entière*, Paris, Cerf, 527 p.

Coste, R. (1994), *Dieu et l'écologie. Environnement, théologie, spiritualité*, Paris, Éditions de l'Atelier, 272 p.

Coste, R. et Ribaut, J.-P. (1991), *Sauvegarde et gérance de la création*, Paris, Éditions Declée.

Deffontaines, P. (1948), *Géographie et religions*, Paris, Éditions Gallimard, 439 p.

Dejean, F. et Endelstein, L. (2013), « Approches spatiales des faits religieux », *Carnets de géographes* [En ligne], 6 | 2013, http://journals.openedition.org/cdg/908.

Descola, P. (2005), *Par-delà nature et culture*, Paris, Gallimard, Bibliothèque des Sciences Humaines, 640 p.

Descola, P. (2019), *Une écologie des relations*, Paris, CNRS Éditions, 640 p.

Derrida, J. et Vattimo, G. (1996), *La religion*, Seuil, Paris, 235 p.

Dontenville, H. (1948), *La mythologie française, Paris,* Payot, 227 p.

Doolittle, F. W. (1981), « Is nature really motherly », *CoEvolution Quarterly*, n° 29, p. 58-63

Drobenko, B. (2021), *Plaidoyer pour le vivant*, Paris, éditions Saint Honoré, 363 p.

Dupuy, J.-P. (2010), *La Marque du sacré*, Paris, Flammarion, 288 p.

Dutreuil, S. (2017), « James Lovelock, Gaïa et la pollution : un scientifique entrepreneur à l'origine d'une nouvelle science et d'une philosophie politique de la nature », *Zilsel*, 2017/2 (n° 2), p. 19-61.

Egger, M. M. (2023), « L'écospiritualité, un chemin entre terre et ciel », *Études*, n° 4302, p. 81-94.

Eliade M., (1965), *Le sacré et le profane*, Paris, Folio, 185 p.

Escobar, A. (2018), *Sentir-penser avec la Terre. L'écologie au-delà de l'Occident*, Paris, Seuil

Eslin, J.-C. (2015), « Racines historiques de notre crise écologiques » in Bourg D. et Papaux A. (dir.), *Dictionnaire de la pensée écologique*, Paris, Presses universitaires de France, p. 849.

Estebanez, J. (2022), « Humains et animaux, une géographie de relations », CNRS Éditions, *La Documentation française*, n° 8149.

Fauché, M., Maris, V. et Poirier, C. (2022), « Sauvages, naturelles, vivantes, en libre évolution... Quels mots pour dépeindre la terre », *Terrestres*, 10 février 2022, https://www.terrestres.org/2022/02/10/sauvages-naturelles-vivantes-en-libre-evolution/.

Faure, C. (1989), *Le projet culturel de Vichy : folklore et révolution nationale : 1940-1944*, Presses universitaires de Lyon, Lyon, 335 p.

Faure, V. (2023), « Les "écospirituels" ou la tentative de se réconcilier avec la Terre par la spiritualité », *Le Monde*, publié le 28 janvier 202, https://www.lemonde.fr/m-perso/article/2023/01/28/comment-les-ecospirituels-tentent-de-se-relier-a-la-terre-pour-la-sauver_6159630_4497916.html.

Ferré, V. dir. (2012), *Dictionnaire Tolkien*, Paris, CNRS Editions, 669 p.

François, (pape), (2015), *Loué sois-tu, Laudato Si'*, Encyclique, Paris, Bayard, Éditions du Cerf, Mame, 192 p.

Gardey, D. (2011), *Les féminismes change-t-il nos vies*, Paris, Textuel, 142 p.

Gardey, D. (2013), « Donna Haraway : poétique et politique du vivant », *Cahiers du Genre*, 2, n° 55, p. 171-194

Ginzburg, C. (1980), *Le Fromage et les vers*, Aubier, Paris, 220 p.Godin, O. *et al.* (2020). *La mesure du vivant*, Blois, Les Cahiers de l'École de Blois, 18, 144 p.

Girard, R. (1972), *La violence et le Sacré*, Paris, Librairie Hachette Littératures, 386 p.

Glowczewski, B. (2021), *Réveiller les esprits de la terre*, Éditions Dehors, 240 p.

Goldblatt, C. Lenton, T.M. Watson, A.J. (2006), « Bistability of atmospheric oxygen and the Great Oxidation », *Nature*, 443 (7112), p. 683-686.

Gould, S. J. (1997), *L'éventail du vivant*, Paris, Seuil, 1997, 210 p.

Grésillon, E., (2009), *Une géographie de l'au-delà ? Les jardins de religieux catholiques, des interfaces entre profane et sacré*, thèse de Doctorat, Université Paris IV-Sorbonne, Paris, vol. 1, 378 p.

Grésillon, É. et Sajaloli, B. (2015), « L'Église verte ? La construction d'une écologie catholique : étapes et tensions », *VertigO – la revue électronique en sciences de l'environnement* [Online], vol. 15, n° 1 | mai 2015, http://journals.openedition.org/vertigo/15905.

Grésillon, É et Sajaloli, B. (2019a), « Fait religieux et nature : état de l'art et problématiques », *Géo-confluences*, http://geoconfluences.ens-lyon.fr/informations-scientifiques/dossiers-thematiques/fait-religieux-et-construction-de-l-espace/fait-religieux-et-nature-presentation.

Grésillon, É et Sajaloli, B. (2019b) « Le sacré, l'autre langue de la nature », *in* Sajaloli, B. Grésillon, É., *Le sacre de la nature*, Presses Sorbonne Université, Géographie, 406 p.

Gresillon, É. et Sajaloli, B. (2020), « Environmental Forms : Landscape Sources of the Sacred » dans *Forms of Experienced Environments : Questioning Relations Between Humans, Aesthetics*, p. 118-141.

Hamant, O. (2022), *La troisième voie du vivant*, Paris, Odile Jacob, 285 p.

Harraway, D. (2007), *When Species Meet*, University of Minnesota Press, 440 p.

Harraway, D. (2010), *Manifeste des espèces de compagnie. Chiens, humains et autres partenaires*, Terra Cognita, Éditions de l'éclat, 112 p.

Haraway, D. (2016), *Staying with the trouble. Making kin in the Chthulucene*, Durham/London, Duke University Press, 312 p.

Jacob, F. (1970), *La logique du vivant ? Une histoire de l'hérédité*, Paris, Gallimard, 354 p.

Jean-Paul II et Bartholomaios I. (2002), *Signature de la déclaration de Venise*, https://www.vatican.va/content/john-paul-ii/fr/speeches/2002/june/documents/hf_jp-ii_spe_20020610_venice-declaration.html.

Kirchner, J. (1989), « The Gaia hypothesis : can it be tested », *Reviews of Geophysics*, vol. 27, n° 2, p. 223-235.

Kimmerer, R.W. (2021), *Tresser les herbes sacrées*, Vanves, Le lotus et l'éléphant, 496 p.

Hache, E. (2016), *RECLAIM, recueil de textes écoféministes*, Paris, Cambourakis, 412 p.

Lacroix, M. (1993), « La morale écologiste et le contrat avec la nature », *Raison présente*, p. 91-106.

Laliberté, M. (2010), « Définitions et approches diverses de la religion populaire », *Rabaska*, 8, p. 7 – 18.

Lamy, J. (2017), « Les compulsions de Noé. Que peut (encore) Bruno Latour pour les sciences sociales ? », *Zilsel*, 2, p. 387-411.

Larrère C. et Hurand B. (2014), *Y a-t-il du sacré dans la nature ?*, Éditions de la Sorbonne, Paris, 182 p.

Larrère, C. (2020), « Quand l'écologie rencontre la religion », *Archives de sciences sociales des religions* [En ligne], 190 | avril-juin, http://journals.openedition.org/assr/51062.

Larrère, C. et Larrère, R. (2020), *Le pire n'est pas certain, essai sur l'aveuglement catastrophique*, Paris, Premier parallèle, 195 p.

Latour, B. (1991), *Nous n'avons jamais été modernes. Essai d'anthropologie symétrique*, Paris, La Découverte, 212 p.

Latour, B. (1999), *Politiques de la nature. Comment faire entrer les sciences en démocratie*, Paris, La Découverte, 383 p.

Latour, B., (2023), *Face à Gaïa : huit conférences sur le nouveau régime climatique*, Paris, La Découverte, 384 p.

Latour, B. (2017), *Où atterrir ? Comment s'orienter en politique*, Paris, La Découverte, 127 p.

Latour B. (2021), *Où suis-je ? Leçons du confinement à l'usage des terrestres*, Paris, La Découverte, 186 p.

Latouche, S. (2019), « Décroissance et topophilie », *Topophile*, 13 novembre 2019. https://topophile.net/savoir/decroissance-et-topophilie/.

Le Bot, J.-M. (2017), « Bonne nature, mauvais artifice ? L'Église catholique et l'écologie : retour sur *Laudato Si'* », *VertigO – la revue électronique en sciences de l'environnement* [En ligne], vol. 17, n° 3, http://journals.openedition.org/vertigo/18742.

Le Goff, J. (2004), *Un long Moyen Âge*, Tallendier, 286 p.

Le Goff, J. (2005), *Héros et merveilles du Moyen Âge*, Le Seuil, Paris, 312 p.

Le Quellec, J.-L. et Sergent, B. (2017), *Dictionnaire critique de la mythologie*, CNRS Éditions, 1553 p.

Lenton, T. (1998), « Gaia and natural selection », *Nature*, n° 394, p. 439-447.

Lenton, T. et Watson, A. (2000), « Regulation of nitrate, phosphate and oxygen in the oceans », *Global biogeochemical cycle*, vol. 14, p. 225 – 24.

Léopold, A. (1948), *La conscience écologique,* 1948, édition française, 2013, Wildproject, coll. Domaine Sauvage, 224 p.

Léopold, A. (2019), *L'éthique de la terre,* suivi de *Penser comme une montagne*, Payot, 144 p.

Lombardi, D. (2012), « Les Français et le néo-chamanisme », in Fauches, A., Kaouès, F., Vanel, C. et Vilmain, V. (dir.), *Religions et frontières*, Éditions du CNRS, p. 157-167.

Lordon, F. (2021), Pleurnicher le vivant, [en ligne], *La pompe à phynance, blog du « Diplo »*, *Le Monde diplomatique,* https://blog.mondediplo.net/pleurnicher-le-vivant.

Lovelock, J.E. (1972), « Gaia as seen through the atmosphere », *Atmospheric Environment*, 6, p. 579 -580.

Lovelock, J.E. (1983), « Gaia as Seen Through the Atmosphere », *in* Westbroek, P., de Jong, E.W. (éd.) *Biomineralization and Biological Metal Accumulation*. Springer, Dordrecht, https://doi.org/10. 1007/978-94-009-7944-4_2.

Lovelock, J.E. et Margulis, L. (1974), « Atmospheric homeostasis by and for the biosphere : The Gaia hypothesis », *Tellus*, vol. 26, n° 1, p. 2-10.

Lovelock, J.E. (2001), *Une médecine pour la planète*, Sang de la terre, Paris, 192 p.

Lovelock, J.E. (2006), *The revenge of Gaia*. Basic Books, New York, 176 p.

Lovelock, J.E. (2008), « A geophysiologist thoughts on geoingineering », *Philosophical Transactions of Royal Society*, vol. 366, n° 1882, p. 3883-3890.

McNeely, J.A. (1990), *Conserving the world's biological biodiversity*, World Research Institute, 193 p.

Maffesoli, M. (1988), *Le temps des tribus : le déclin de l'individualisme dans les sociétés de masse*, Librairie générale française, Paris, 283 p.

Maffesoli, M. (2020), *La nostalgie du sacré : le retour du religieux dans les sociétés postmodernes*, Le Cerf, Paris, 354 p.

Manceron, V. (2022), *Les veilleurs du vivant. Avec les naturalistes amateurs*, Paris, La Découverte, coll. Les empêcheurs de penser en rond, 320 p.

Mancuso, S. (2019), *La révolution des plantes*, Albin Michel. 290 p.

Mancuso, S. (2021), *Nous les plantes*, Albin Michel, 182 p.

Mancuso, S. et Viola, A. (2018), *L'intelligence des plantes. Comment les plantes ont déjà inventé notre avenir*, Albin Michel, 242 p.

Mandrou, R. (1961/74), *Introduction à la France moderne (1500-1640) : essai de psychologie historique*, Albin Michel, Paris, 412 p.

Margulis, L. *(1999), Symbiotic Planet A New Look at Evolution,* Basic Books, Phoenix, 176 p.

Margulis, L., Asikainen, C. A., & Krumbein, W. E. (Eds.) (2011), *Chimeras and Consciousness : Evolution of the Sensory Self*, The MIT Press, Cambridge, 344 p.

Martin, N. (2016), *Les âmes sauvages. Face à l'Occident, la résistance d'un peuple d'Alaska*, Paris, La Découverte, 378 p.

Matton, S. (2023), « Superstition », *Encyclopædia Universalis* [en ligne], http://www.universalis-edu. com.janus.bis-sorbonne.fr/encyclopedie/superstition/.

Mazel F. (2021), « La réforme grégorienne. Un tournant fondateur (milieu XIe-début XIIIe) », dans Florian Mazel (dir.), Nouvelle Histoire du Moyen-Âge, Paris, Seuil, p. 91-306

Menon, P.L., Lecotté, R. (1978), *Au village de France. La vie traditionnelle des paysans*, Jeanne Laffitte éditeur, 126 p.

Midgley, M. (2001), *Gaia. The next big idea*, London, Demos, 52 p.

Moody, D.E. (2012), « Seven misconceptions regarding the Gaia hypothesis », *Climatic Change* 113, p. 277 – 284.

Moriniaux, V. (2022), « La forêt, France, XIVIIe-XXIe siècle », CNRS Éditions, *La Documentation photographique*, n° 8150.

Morizot, B. (2020), *Manières d'être vivant*, Arles, Actes Sud, coll. Mondes sauvages, 325 p.

Morizot, B. (2020), *Raviver les braises du vivant. Un front commun*, Arles/Marseille, Actes Sud/Wildproject, 204 p.

Noël, V. (2022), *Sur les chemins du vivant. Carnet de route d'un jeune naturaliste engagé*, Delachaux et Niestlé, 96 p.

Otto R. (2001), *Le Sacré*, Paris : Petite Bibliothèque Payot, traduction de l'allemand par Jundt A., 285 p.

Pech, P. (2022), *Le droit à la religion : Réflexions pour libérer les croyances des pouvoirs religieux*, Paris, L'Harmattan, 140 p.

Pitte, J.-R. (1996), « Géographie et religions », *Annales de Géographie*, n° 588, p. 115-118.

Pelletier, P. et Grésillon, É. (2020), « Controverse Lynn White » dans Cynorhodon, *Dictionnaire critique de l'anthropocène*, CNRS, Paris, p. 212-215

Pelt, J.-M. (2015), « Désherber l'âme », *Question de*, n° 2, p. 84-86,

Piveteau, J.-L. (1986), « Foi chrétienne et relation de l'homme au territoire », *Hérodote*, n° 42, p. 141-155.

Primavesi, A. (2000), *Sacred Gaia*, New York, Routledge, 224 p.

Primavesi, A. (2008), *Gaia and Climate Change : A Theology of Gift Events*, Routledge, Londres.

Pourrat, H. (1948-1962), *Le Trésor des contes*, Gallimard, Paris, 13 volumes.

Racine, J.-B. (1993), *La ville entre Dieu et les hommes,* Genève, Economica, 354 p.

Racine, J.-B. et Walther, O. (2003), « Géographie et religions : une approche territoriale du religieux et du sacré », L'Information géographique, vol. 67, num. 3, p. 193-221.

Raffestin, C. (1985), « Religions, relations de pouvoir et géographie politique », *Cahiers de Géographie du Québec*, n° 76, p. 101-107.

Revol, F. (2016), « Le pape et les sciences dans la lettre encyclique *Laudato si* », *Histoire, monde et cultures religieuses*, 40, p. 71-80.

Rey, O. (2003), *Itinéraire de l'égarement. Du rôle de la science dans l'absurdité contemporaine*, Paris, le Seuil, 328 p.

Reyt, P. (2000), « Les dragons de la crue », *Cahiers de géographie du Québec*, vol. 44, n° 122, p. 127-145.

Roussel, F., Grésillon, É., Alexandre, F. (2020), « Nature » dans Cynorhodon, *Dictionnaire critique de l'anthropocène*, CNRS, Paris, p. 372-375.

Rozenholc, C. (2017), « Penser les mobilités internationales à l'aune des lieux qu'elles produisent. Pistes de réflexion à partir du tourisme religieux (Israël, États-Unis, Europe) », *Revue européenne des migrations internationales*, 33.

Sajaloli, B. Grésillon, É. (2019a), *Le sacre de la nature*, Presses Sorbonne Université, Géographie, 406 p.

Sajaloli, B. et Grésillon, E. (2019b), « Les milieux naturels et le sacré. Esquisse d'une biogéographie spirituelle de la nature », *Bulletin de l'association de géographes français*, 96-2, 265-281.

Sajaloli, B. et Grésillon, E. (2019c), « L'Église catholique et l'anthropocène : 50 ans de positionnement doctrinal », *Nouvelles Perspectives en sciences sociales*, vol. 14, n° 2, p. 108-152

Sajaloli, B. (2021), *La dame des Marais. Une géohistoire surnaturelle des zones humides, in* Marie Delcourte, Marc Galochet, Fabrice Guizard, Emmanuelle Santinelli-Foltz, (2021) Environnement :

territoires, sociétés. Mélanges en hommage à Corinne Beck, Valenciennes, Presses Universitaires de Valenciennes, p. 293-308.

Sajaloli, B. (2022), « Le vivant, nouveau récit de la nature ? », *Dynamiques environnementales* [En ligne], 47 | 2021, mis en ligne le 1er janvier 2022, consulté le 20 mai 2023, http://journals. openedition.org/dynenviron/6246.

Schweitzer, A. (1969), *La civilisation et l'éthique,* traduction de Madeleine Horst du tome premier de Kultur und Ethik, Colmar, éd. Alsatia, 215 p.

Serre, M. (1990), *Le contrat naturel,* Paris, Éditions Bourin, 191 p.

Simon, L. et Brédif, H. (2022), « Face à la crise du vivant, quelle juste place pour les États ? » *Germinal.* https://revuegerminal.fr/2022/02/02/face-a-la-crise-du-vivant-quelle-juste-place-pour-les-etats/.

Sergent, B. (2023), *Société de Mythologie Française,* http://www.mythofrancaise.asso.fr.

Servigne, P. et Stevens, R. (2015), *Comment tout peut s'effondrer : petit manuel de collapsologie à l'usage des générations présentes,* Paris, Seuil, 304 p.

Stengers, I. (2009), *Au temps des catastrophes. Résister à la barbarie qui vient,* Paris, Les empêcheurs de penser en rond/La Découverte.

Stricot, M. (2023), « Les nouveaux spirituels rejettent toute institution qui nous imposerait ce que l'on devrait croire », *Le Monde des Religions,* https://www.lemonde.fr/le-monde-des-religions/article/ 2023/01/15/a-travers-le-refus-des-dogmes-les-nouveaux-spirituels-rejettent-toute-institution-qui-nous-imposerait-ce-que-l-on-devrait-croire_6157933_6038514.html.

Tarot C. (2008), Le symbolique et le sacré : Théories de la religion, La Découverte, Paris, 912 p.

Tillon, L. (2021), *Être un chêne sous l'écorce de Quercus,* Arles, Actes Sud, 230 p.

Tyrrell, T. (2013), *On Gaia : A Critical Investigation of the Relationship Between Life and Earth,* Princeton, Princeton University Press.

White, L., (1967), « The historical roots of our ecological crisis », *Science,* 155, p. 1203-1207, https://doi.org/10.1126/science.155.3767.1203.

Zhong Mengual, E. (2021), *Apprendre à voir. Le point de vue du vivant,* Arles, Actes Sud, 255 p.

❏ **Marie Bonte**

Nuits de Beyrouth, Géographie de la fête dans une ville post-conflit

Lyon, ENS Éditionsh, 2024, 348 p.

Nuits de Beyrouth est né d'un travail doctoral adossé à une recherche de terrain au long cours, menée entre 2013 et 2017 parmi les établissements nocturnes de la capitale libanaise. L'ouvrage propose d'emblée plusieurs niveaux de questionnements, dont on ne peut que saluer la pertinence et la finesse. Après avoir interrogé les enjeux de positionnement de la chercheuse dans le cadre d'un terrain où la place de chacun est scrutée voire mise en scène, Marie Bonte propose une étude « des spatialités, des pratiques et des discours nocturnes » de Beyrouth, en s'appuyant sur trois lectures de l'espace.

Lecture physique d'abord de la matérialité des espaces festifs beyrouthins, dont on suit l'évolution au fil du XXᵉ siècle et jusqu'en 2017, en s'appesantissant sur les reconfigurations intervenues dans l'après-guerre civile. Sont successivement analysées l'émergence et la désaffection successives des lieux de la fête, du centre-ville vers Hamra, la recomposition du paysage nocturne en partie au bénéfice des quartiers septentrionaux à majorité chrétienne durant les années 1980, puis la concentration, à nouveau, sur quelques rues et quartiers centraux (Gemmayzé, Mar Mickaïl, Hamra ou rue de l'Uruguay par exemple). Ces jeux d'apparition et de disparition de la « ville allumée » sont donnés à voir depuis l'échelle des établissements, dont on prend progressivement conscience de la volatilité, jusqu'à l'échelle du corps, soumis à des règles évolutives, en passant par le quartier ou la rue, dont l'auteure souligne tout à la fois l'homogénéité festive et la complémentarité des ambiances et des publics.

Lecture sociologique de la nuit ensuite, dont les différences et complémentarités avec le jour sont mises en lumière dans le chapitre 1, avant que les chapitres 4 et 5 ne développent les trajectoires, parcours et pratiques de ceux qui la vivent intensément : entrepreneurs de la nuit, employés des activités nocturnes, depuis les barmaids jusqu'aux voituriers, fêtards d'origines et d'aspirations diverses. C'est là que la démarche d'observation participante adoptée par Marie Bonte lui permet de saisir, tantôt comme serveuse, tantôt comme clubbeuse, toujours comme chercheuse, les modalités matérielles d'organisation de la nuit beyrouthine, mais aussi ses non-dits et ses accommodements.

Lecture politique enfin, qui rappelle combien la nuit est aussi un temps d'exposition de la lutte des places, au sein d'une société libanaise particulièrement morcelée et ce de manière très diverse. Affirmation du statut privilégié d'un côté, positionnement militant de l'autre sont ici rendus palpables au travers de la description et de l'analyse des pratiques nocturnes, de leurs us et coutumes, de leurs localisations respectives, des rapports de force qu'elles expriment. De manière transversale enfin, l'ouvrage permet de saisir avec nuance combien la nuit situation post-conflit de la nuit beyrouthine est encore traversée par les pratiques, les héritages et les brisures spatiales induites par les années de guerre.

Le panorama dressé par Marie Bonte saisit donc par la diversité des pratiques, des territoires et des acteurs de la nuit beyrouthine. Mais au-delà de ce tableau minutieux et vivant, ce livre est surtout une remarquable démonstration de ce que la géographie peut apporter à la compréhension de la nuit, de la ville, et plus généralement de ce qui nous lie à nos espaces communs.

V. Fourault-Cauët et C. Quéva

Ann. Géo., n° 756-757, 2024, pages 202-203, © *Armand Colin*

❏ Jean-Robert Pitte

La Planète catholique. Une géographie culturelle

Paris, Tallandier, 2020, 477 p.

La géographie française s'est long-temps assez peu intéressée aux religions et au fait religieux, néanmoins certains géo-graphes ont toujours accordé une atten-tion particulière à ces thématiques, et les premiers numéros de la revue *Géogra-phie et cultures* s'en étaient volontiers fait l'écho. Dans cet assez fort volume, illus-tré, accompagné de cartes, d'un index et d'une importante bibliographie, l'auteur s'attache à combler un manque en s'atta-quant à la géographie des catholiques et du catholicisme à l'échelle mondiale, c'est-à-dire un peu plus d'un milliard 300 millions de fidèles répartis sur tous les continents.

Entreprise risquée mais nécessaire du fait que le catholicisme, tout comme le christianisme en général, est devenu une religion mondiale et mondialisée dès les grandes découvertes en raison de son aspect missionnaire. Si l'Europe actuelle semble bien se déchristianiser, – même si cela peut être discuté –, le catholi-cisme est en progression partout ailleurs, tout comme les courants évangéliques, très actifs jusqu'en Corée du Nord... L'auteur passe en revue tous les aspects de ce que l'on pourrait dénommer la vie catholique et la vision du monde des catholiques. L'argent, le sexe, la mort, la politique, la nature, tous ces sujets essentiels sont abordés dans une perspective plutôt géo-historique bien adaptée à ce sujet. Le sous-titre, « une géographie culturelle » laisse clairement entendre qu'il est impossible d'être exhaustif avec un tel sujet, – ni tota-lement objectif. Les analyses, souvent très personnelles, sont autant de prises de posi-tions sur des sujets brûlants tels que la fin de vie, le genre ou la famille. On peut s'agacer de lire certaines analyses un peu trop tranchées, mais le propos est toujours stimulant et appellerait de nombreux com-mentaires, voire des débats.

Mais au-delà de ces thématiques bien connues, se dessine aussi un plaidoyer *pro domo* souvent inattendu, notamment sur la place accordée à la femme ou encore l'importance du plaisir, là aussi des sujets sensibles dans le débat sur l'attitude des religions, et du catholicisme en particulier, dans ces questions. Les critiques à l'en-contre des errements du clergé sont, elles, sans concession. Mais on y trouve aussi des passages très drôles, notamment l'échange entre Dali et Le Corbusier à propos de la valeur de son architecture... qualifiée par Dali d'architecture « de l'autopunition » !

Cet ouvrage, qui penche plus du côté de l'essai, dresse donc un portait géogra-phique d'un paysage catholique encore bien vivant mais chamboulé par une mon-dialisation de l'information qui rend com-plexe toute tentative d'analyse globale. Il permet néanmoins de se faire une idée plus précise d'un phénomène spirituel plané-taire massif et en recomposition constante.

Brice Gruet

CONDITIONS DE PUBLICATION

Les articles publiés dans la revue font l'objet d'un processus de sélection rigoureux, reposant sur des évaluations anonymes par deux relecteurs spécialistes des thématiques de l'article, afin de garantir la qualité et l'actualité des recherches publiées. La diversité des profils des membres du **Comité de rédaction** et des **Correspondants étrangers** reflète l'ambition généraliste et internationale de la revue. Le Comité de rédaction assure le suivi épistémologique, définit les grandes orientations et se porte garant de la qualité scientifique des textes retenus. Les **Rédacteurs en chef** veillent au strict respect des normes formelles (voir ci-dessous).

Recommandations générales
Les propositions d'articles, de notes ou de comptes rendus de lecture sont à adresser par e-mail au secrétariat de rédaction de la revue : annales-de-geo@armand-colin.fr

Volume des textes
« **Article scientifique** » : 50 000 à 60 000 signes, notes et espaces comprises (hors bibliographie).
« **Note** » : environ 30 000 signes, notes et espaces comprises (hors bibliographie).
« **Compte rendu de lecture** » : 3 000 signes au maximum, notes et espaces comprises.
Si le texte est accompagné d'**illustrations**, elles doivent être fournies séparément, de préférence au format .ai ou au format .jpeg. En raison de l'édition papier de la revue, toutes les illustrations doivent être en **noir et blanc**.

Présentation des manuscrits
Préciser en tête du manuscrit s'il s'agit d'un **article**, d'une **note** ou d'un **compte rendu**.
Indiquer en début d'article le **nom et prénom de l'auteur** ; sa **fonction** ; le **lieu d'enseignement et/ou laboratoire de recherche** ; l'**adresse administrative** ; un **e-mail**.
Les articles et notes doivent comporter des intertitres (trois niveaux au maximum. Exemple : 1., 1.1., 1.1.1.).

Résumé et composantes bilingues
L'auteur est invité à fournir **en français et en anglais** (prioritairement) le titre de l'article, le résumé (15 lignes au maximum), les mots-clefs (entre 5 et 10), les titres des figures.

Bibliographie
La référence d'un ouvrage doit mentionner, dans l'ordre :
- pour un **ouvrage** : Nom de l'auteur, Initiale du prénom. (Année de publication), *Titre de l'ouvrage*, Lieu de publication, Éditeur, pages.
Exemple : Pelletier, P. (2011), *L'Extrême-Orient : l'invention d'une histoire et d'une géographie*, Paris, Gallimard, 887 p.
- pour un **article** : Nom de l'auteur, Initiale du prénom. (Année de publication), « Titre de l'article », *Titre de la revue*, numéro, pages.
Exemple : Di Méo, G. (2012), « Les femmes et la ville. Pour une géographie sociale du genre », *Annales de géographie*, n° 684, p. 107-127.

Tarifs d'abonnement 2024 TTC (Offre valable jusqu'au 31 décembre 2024)

	France	Étranger (hors UE)	
Particuliers	☐ 105 €	☐ 125 €	Chaque abonnement donne droit à la livraison des 6 numéros annuels de la revue et à l'accès en ligne aux articles en texte intégral aux conditions prévues par l'accord de licence disponible sur le site **www.revues.armand-colin.com**.
Institutions	☐ 265 €	☐ 320 €	
e-only Institutions	☐ 210 €	☐ 245 €	
Étudiants (sur justificatif)	☐ 80 €	☐ 80 €	

Prix au fascicule : 20 €

Abonnements et vente au numéro des *Annales de Géographie*
Dunod Éditeur, Revues Armand Colin – 11, rue Paul Bert – CS 30024 – 92247 Malakoff cedex
Tél. (indigo) : 0 820 800 500 – Étranger : +33 (0)1 41 23 66 00 – Fax : +33 (0)1 41 23 67 35
Mail : revues@armand-colin.com

Vente aux libraires
U.P. Diffusion / D.G.Sc.H. – 11, rue Paul Bert – CS 30024 – 92247 Malakoff cedex – Tél. : 01 41 23 66 00 – Fax : 01 41 23 67 30